U0477687

本书为浙江省哲学社会科学规划课题“西方社会运动发生机制研究”（10CGZZ05YBB）、杭州市哲学社会科学规划研究基地“杭州师范大学社会建设和社会治理研究中心”重点项目“社会群体性事件发生及其治理机制研究：西方社会运动理论的视角”（2014JD32）的最终研究成果

本书获“杭州师范大学社会学学科平台建设项目”赞助

社会学丛书

西方社会运动发生机制研究

张孝廷 著

中国社会科学出版社

图书在版编目(CIP)数据

西方社会运动发生机制研究／张孝廷著．—北京：中国社会科学出版社，2015.6

ISBN 978-7-5161-6317-7

Ⅰ.①西… Ⅱ.①张… Ⅲ.①社会运动—发生机制—研究—西方国家 Ⅳ.①C916

中国版本图书馆 CIP 数据核字(2015)第 131096 号

出 版 人 赵剑英
责任编辑 冯春风
责任校对 张爱华
责任印制 张雪娇

出 版 中国社会科学出版社
社 址 北京鼓楼西大街甲 158 号
邮 编 100720
网 址 http://www.csspw.cn
发 行 部 010-84083685
门 市 部 010-84029450
经 销 新华书店及其他书店

印 刷 北京君升印刷有限公司
装 订 廊坊市广阳区广增装订厂
版 次 2015 年 6 月第 1 版
印 次 2015 年 6 月第 1 次印刷

开 本 710×1000 1/16
印 张 16.25
插 页 2
字 数 264 千字
定 价 59.00 元

凡购买中国社会科学出版社图书，如有质量问题请与本社营销中心联系调换
电话：010-84083683

序　言

人类社会的文明史，也是一部斗争史。最为激烈而壮观的莫过于革命，但是正如詹姆斯·斯科特所言：革命在人类历史上，却是极少数的现象，人类社会的抗争更多表现为“弱者的抵抗”。革命所付出代价是巨大的且成功的概率较低，而“弱者的抵抗”只是一种消极的抗争，收效甚微。抗争如何以较小的风险获得较大的受益，促发了抗争主体不断创新抗争形式，社会运动这一新的抗争形式于19世纪80年代开始逐渐兴起，并成为集体抗争的集合令，位于抗争家族谱系的中心位置。它具有一些与革命和弱者抵抗相似的地方，也有很多不同之处。社会运动是持续而公开的斗争政治，具体表现为制度外的集体挑战，具有组织化的共同目标和远景以及常备的表演剧目。另外，社会运动是WUNC展示的运动，它具有一定的价值追求（Worthness）、行动统一（Unity）、规模的人数（Numbers）和积极主动的奉献精神（Commitment）。

社会运动可以说是西方资本主义产生和发展的伴生物，并在资本主义社会中得以延续和发展，成为资本主义社会大众政治诉求和参与的表达方式，追求各项权益和政治道德理想的抗争手段。西方社会运动的兴起和发展，对整个资本主义现代化建设、民主政治建设起到了很大的促进作用（虽然在局部情况下，具有暴力性和破坏性），极大地改变了西方国家的社会结构和政治生态。正是社会运动的抗争剧目及其剧情表演所产生的功效，不同的国家纷纷效仿，各种社会运动在西方国家不断爆发，使得西方社会成为“社会运动的社会”。

西方学者对社会运动进行了大量卓有成效的研究，并形成了诸多的理论研究成果，包括群体与社会心理学、资源动员理论、政治过程理论、框架建构理论以及它们更多的分支。但是概括起来，这些理论大体可以分为理性主义、结构主义和文化主义三大流派，形成不同观察社会运动发生的视角和观点，各有优劣，但是彼此之间却常常处于忽略状态。这种分割性的研究方式，一方面使得对社会运动某些方面的研究得以深入，另一方面却不能完整说明社会运动发生的复杂性。于是西方的一些学者，如查尔斯·蒂利、道格·麦克亚当和西德尼·塔罗等人，开始尝试着超越流派间藩篱，从机制入手探求社会运动发生的原因，他们的研究方法是沿袭“事件——过程——机制”的论述模式，这样的论述使得社会运动的研究落入一个个具体运动的泥潭之中，同时也使得论述复杂化，更难以发现机制在社会运动发生过程中的作用。如有人对关于社会运动发生的机制进行统计，居然达到44种之多，而且还没有分析机制之间存在的相互抵触和消解的可能性。

论著作者基于前人的研究成果，将社会运动研究放在国家与社会关系视角下，立足于社会运动抗争者、抗争诉求对象以及他们之间的互动三重维度，把社会运动发生机制的研究放在“变迁——冲突——互动”的框架之中，以便清晰呈现社会运动发生的机制。

作者运用文献法、案例法和比较法对西方社会运动的发生机制展开研究，整合前人不同的理论研究成果，从静态和动态、宏观和微观的视角分析西方社会运动发生的社会机制、政治机制、组织机制以及对抗双方的互动机制，这些机制既包括促进机制，也包括阻碍机制。

作者在论著中首先分析对社会运动对抗双方产生影响的社会环境机制，具体包括市场化的资本主义、技术化的工业主义、阶级化的社会结构和激进化的启蒙运动，社会运动双方都要对此作出反应和回应。此外，社会运动必然受到国家形成、转型、崩溃以及国家性质的影响，同时政治机会结构的开放和封闭、机遇和威胁以及国家权力机器对社会运动的治理能力和处理手法也深深地影响着社会运动的发生。不可否认，社会运动的发生还受其自身组织机制的影响，组织机制包括社会运动领导的团结和分裂，现有组织的利用、社会运动参与者的动员，一方面要解决搭便车和机会主义问题，另一方面要做到广泛的资源动员、社会利用、居间联络和认同框架建构等；在新媒介时代，必须合理利用媒体的力量，通过媒体镜像展示和动员社会运动也是一个非常重要的内容。社会运动毕竟是对抗双方互动的社会现象，社会运动的类型不同，招致的回应也就不同。在这互动过程中，作者重点论述了三类互动机制：合法性的确认和撤销、认同感的建构和解构、边界的激活和钝化，他们从或积极或消极方面影响社会运动。在互动过程中，社会运动斗争手法的调整和创新，也对社会运动的兴起产生很大的影响，在暴力破坏性的斗争手法之外，社会运动创新了请愿、游行示威、罢工和静坐等斗争手法，极大地缓和了斗争双方对抗的剧烈性，有利于社会运动的生存和发展。在斗争过程中，斗争周期的转化意味着社会运动的兴起、衰弱或者消失的过程。

这篇论著的创新之处，在于对社会运动各自分化而互不联系的研究理论进行整合，从机制入手对社会运动展开研究，既分析了促进社会运动的机制，也分析了弱化或消解社会运动的机制，它们之间的交织演化对社会运动的发生和未来走向产生很大的影响。作者认为，不同机制的排列组合，将使不同国家社会运动的发生产生很大的差异。立足于此，作者对社会运动的未来前景持谨慎的态度，认为社会运动的未来，既有可能扩散，也有可能消解；既有可能在外部或内部促进民主化，也有可能去民主化；社会运动的抗争既有可能温和化，也有可能激进化。这一切都取决著作里所分析的不同机制的促进和阻碍的二重性，取决于诸种机制的排列组合。

作者虽然分析的是西方社会运动的发生机制，不过对于正在进行现代化和民主化建设的我国来说，跟踪研究社会运动的历史现象和当代形式，梳理社会运动的演化路径，避免重蹈西方国家的覆辙，推进我国国家治理体系和治理能力的现代化，促使我国国家和社会的良性发展，依然具有重要的现实借鉴意义。

张孝廷

2015 年 3 月于杭州师范大学

目　录

第一章　绪论

一　研究意义与问题的提出

西方社会运动可以说是资本主义产生和发展的伴生物，并在资本主义社会中延续和发展，成为资本主义社会大众表达政治诉求的方式，追求各项权益和政治道德理想的抗争手段。西方社会运动的兴起和发展，对整个资本主义现代化建设、民主政治建设起到了很大的促进作用（虽然在局部情况下，具有暴力性和破坏性），极大地改变了西方国家的社会结构和政治生态。对于我国正在进行的现代化和民主化建设来说，跟踪研究社会运动的历史现象和当代形式，梳理社会运动的演化路径，促使国家和社会良性发展，具有重要的现实借鉴意义。

（一）为什么是西方

“西方”，在国内学术界，似乎是一个隐含的不言自明的概念。它可能包含两个方面的理解；一是地域上的，即指英美和西欧等国家；二是政治上的，即指与社会主义相对应的发达的资本主义国家，甚至可能潜意识里将所有发达的资本主义国家统称为“西方”。从某种意义上来说，“西方”即指英美和西欧等发达的资本主义国家。

在西方，资本主义最先得以发育和发展，打破了传统国家的生活方式和生产方式，走上了与传统主义国家截然不同的发展模式，我们可以从安东尼·吉登斯的《民族—国家与暴力》以及卡尔·波兰尼的《大转型：我们时代的政治与经济起源》等著作中发现这些国家社会变化的剧烈性。这种转型不可避免地产生很多冲突和对抗，各种骚乱、政变和运动时有发生，甚至出现重大的革命，从不同的方面塑造着抗争的具体形态。社会运动从某种意义上发源于这些国家，并不断向西方之外蔓延，为西方之外的国家提供了可效仿的抗争形式。

另外，西方也是文艺复兴和启蒙运动的发生地，“人为自然立法”、“自由、平等、博爱”成为响彻世界的变奏曲，激励一代代人为之而奋起献身，也从另一个方面塑造了“公民不服从”的传统，成为激励西方公民不断抗争的信念框架。这种不服从的信念激励着西方社会的抗争运动从单纯的利益之争走向多元的权利和身份之争，社会运动也从被动型驱动的抗争转向主动型驱动的抗争，使得社会运动的家族谱系日益扩大，使得公民参与社会运动的数量和规模不断增加，也使得公民运动从全国向全球层面不断扩展。从社会运动的起源地开始这样的研究，有利于更为清晰地展示社会运动发生的基础条件和剧情表演的变化路径，也可以从这些国家治理社会运动的实践中收获更多的经验性启示。但是当社会运动成为一种世界性现象的时候，我们的研究可能也会偶尔离开西方这个区域，而走向西方之外的其他国家去探讨社会运动的发生情况，它们的发生一方面是对西方社会运动效仿的结果，另一方面也可能是西方国家参与和干涉的结果。这种偏离有利于我们更好地探寻社会运动发生机制的多元性，不同情境下社会运动发生的机制组合的差异性，以更好地理解和把握社会运动发生的复杂性，从而对处于发展转型时期的中国，具有更多的启发借鉴意义。

改革开放30多年来，我国经济、政治、社会已经进入了发展的关键期，同时也进入了矛盾的凸显期，各种群体性事件不断涌现，呈现逐年上升的趋势。公安部的统计数据显示，1994年到2003年10年内，我国发生的群体性事件年平均增长率为17%，由1994年的1万起增加到2003年的6万起，参与人数也由约73万人次增加到约307万人次。[①] 2005年我国发生的群体性事件数量达到8.76万起，平均每天达240起之多，比2004年增加6.6%；2006年开始以后每年的群体性事件都超过了9万起。[②] 到2011年，甚至平均每天发生500多起群体性事件。[③] 通过对西方社会运动发生及其治理的方法展开研究，从一定意义上，对我国治理和化解群体性事件，可能能提供反思性借鉴模式。

---

① 冯书泉：《构建和谐社会必须关注弱势群体》，人民网（http：//www.people.com.cn/GB/paper85/14142/1260355.html）。

② 杨敏：《群体性事件之政府答卷》，《决策》2009年第1期。

③ 《2011年，中国平均每天发生500起群体性事件，这意味着什么?》（http：//tieba.baidu.com/f? kz=1405744371）。

（二）社会运动的社会

作为一种社会现象的社会运动，具有自己独特的特征。社会运动出现在18世纪晚期，形成于19世纪[①]，因其组织化、规模化以及抗争手法的典型化而独树一帜，成为当前公民抗争的主流形式之一。随着两个多世纪的变迁演化，社会运动以其独特的生命力为公民追求利益权利、民族独立和社会正义发挥了重要的作用；同时也为对立的一方所利用，组成了逆向社会运动。当社会运动从单一性走向多样性，从暴力性走向温和化，从破坏性走向建设性，从零散性走向组织化的时候，社会运动已经成为公民抗争以实现诉求的重要手段，使当今西方社会成为社会运动的社会。

戴维·迈耶和西德尼·塔罗认为西方是“走向社会运动的社会”，主要体现在：一是社会运动由以前的偶发现象变成现代社会生活中的频发现象；二是和以前相比，抗争行为被各种各样的机构所使用以呈现非常广泛的行为诉求；三是职业化和组织化正将社会运动抗争诉求的主要工具变成常规政治的一种工具。[②]

和以前相比，社会运动已经成为西方社会日常生活和政治生活中常见的现象，也可以从一些研究者的实证调查的数据中看出。鲁赛尔·道尔顿在对美国、英国、德国和法国的调查中发现，每个国家非常普遍的政治活动，在20世纪后后25年后期比前期（1974—1990）更为常见。抗争已经成为西方发达工业化国家非常普遍的政治活动，如被调查的英国人签名请愿的比例从1975年的22%上升到1990年的75%，参与示威的德国人从1974年的9%上升到1990年的25%。[③] 在时间层面上，社会运动并不是线性发展的，而且在不同的国家社会运动发展也不是均等的。西德尼·塔罗认为存在一个斗争周期现象，社会运动可能会呈现一个波浪形的发展态势，甚至会出现向革命演化的迹象。欧洲的新社会运动理论家汉斯彼得·克里西和库普曼斯在对欧洲法国、德国、荷兰和瑞士的新社会运动的研究中，发现有个运动浪潮现象，德国、荷兰、瑞士在20世纪80年代后期有

---

① 查尔斯·蒂利：《社会运动，1768—2004》，上海世纪出版集团2009年版，第7—8页。

② David S. Meyer, Sidney Tarrow, *The Social Movement Society: Contentious Politics for a New Century*, Rowman & Littlefield Publish, Inc., 1998, p. 4.

③ Dalton, Russell, *Citizen Politics: Public Opinion and Political Parties in Advanced Industrial Democracies*, 2d ed. Chatham, NJ: Chatham House, 1996, pp. 75 – 76.

个突然的运动浪潮出现，而法国却基本保持平稳。[①]

这给许多研究社会运动的学者提出了很多值得研究的问题，即什么因素促使社会运动呈现一种普遍发展的、常态化的趋势；为什么在一定时段内社会运动呈现周期性波动现象；哪些因素使社会运动在不同的国家呈现许多相同和不同的发展局势；社会运动就其形成来说，蕴含着什么样的发生机理；社会运动的发展给民族国家带来哪些影响等。不同学科的学者对此都进行了卓有成效的探索。

二　社会运动研究的理论前沿

社会运动的研究可以说是近代社会的产物，作为一种重要社会现象，不同学科领域的专家学者对此进行了研究，随之形成了关于社会运动研究的诸多理论。具体包括群体心理理论、社会心理理论、资源动员理论、政治过程理论、框架符号理论等。这些理论从不同侧面解读或解释了社会运动问题，但是它们之间相互冲突的问题也客观存在，归纳起来，这些理论主要从理性、结构和文化三个角度进行社会运动的发生学研究。

20 世纪 60—70 年代，可以说是社会运动研究最蔚为大观的时代。将社会运动研究推向顶峰的，主要是两个方面的发展，即经济学、政治学和社会学研究的理性视角和结构视角被引入到社会运动研究中来，它们在社会运动为什么会发生的传统研究基础上，补充阐明社会运动如何发生的问题，使得社会运动在宏观和微观、个体和集体之间对行动的作用实现了一个有趣的联结，也使得社会运动研究得以向纵深演化。20 世纪 80 年代，以戴维·斯诺和本福德为代表的一批学者，继承了社会运动研究的心理学传统，结合了社会运动研究的主观性、意义性和身份性认知的文化自觉，将社会运动研究拓展到文化的视角上来，从而使得社会运动研究呈现三足鼎立的局面。

（一）社会运动中的理性主义

社会运动研究中这一视角的呈现来自两个方面：一是圈外人即非社会

① 汉斯彼得·克里西、库普曼斯、简·威廉·杜温达克、马可·G. 朱格尼：《西欧新社会运动：比较分析》，重庆出版社 2006 年版，第 132—138 页。

运动研究者的贡献；二是圈内人即社会运动研究者的贡献。圈外人对于社会运动研究的理性化思考的贡献主要来自于曼瑟尔·奥尔森和埃莉诺·奥斯特罗姆等人。作为一个经济学家，曼瑟尔·奥尔森思考“在一个理性人的情境下，集体行动何以可能”？曼瑟尔·奥尔森虽然考虑集团组织问题，但是他对于社会运动的集体行动同样也有有益的思考，毕竟社会运动也是一项多数人参与的集体行动的事业。理性人在关乎自身利益的分析中，更多考虑以最少的成本获得最大的收益，这样，在公共利益追求中，最好让别人付出更多，而自己坐享其成，即所谓的“搭便车”行为，但是事实上很多集团性集体行动的客观存在，使得曼瑟尔·奥尔森认为其中必然存在一些关键机制的作用。曼瑟尔·奥尔森认为是小集团现象以及选择性激励的结果，才可能使人摆脱理性人计算，使得集体行动成为可能。① 理性个体采取集体行动方面的持续研究体现在埃莉诺·奥斯特罗姆关于“公共池塘资源”治理过程中。通过实际考察，奥斯特罗姆认为公共治理存在一种自主合作性治理的制度演化逻辑，理性个人在公共池塘资源使用过程中，可能导致池塘资源的过度使用、拥挤或退化现象，因此在国家和市场之外，还存在第三种治理模式，即反复博弈之后的合作治理，以形成制度性供给、可信承诺和相互监督，使得集体使用公共池塘资源的行为得以持续。②

在理性主义者看来，所有对群体的解释必须通过个体方能得以理解。相应地，对人的理解必须借助对理性选择的目的性解释——指导行动的欲望与信念。换句话说，如果行动的采取是因为某些原因，那么，正是这些原因激发了这些行动。“利益”概念是这样的：如果 A 符合某人 P 的利益，那么 P 一定有能够采取 A 行动的理由。因为理性主义者关注跟随意图的集体过程与结果，或者个体理性行动的社会后果。这些后果经常是很不理性的：它们尽管是必然的，却是无意的、不想要的、不可避免的和出乎意料的。③

曼瑟尔·奥尔森被社会运动研究所接受的过程是缓慢的，这是因为在

① 曼瑟尔·奥尔森：《集体行动的逻辑》，上海三联书店、上海人民出版社 1995 年版，第 2—42 页。

② 埃莉诺·奥斯特罗姆：《公共事物的治理之道》，上海三联书店 2000 年版，第 273—286 页。

③ 马克·利希巴赫、阿兰·朱克曼：《比较政治：理性、文化和结构》，中国人民大学出版社 2008 年版，第 322—323 页。

某种程度上，他专注于解释集体行动为什么不能发生，而且他似乎将集体行动的动机限于选择性激励的物质诱因；但在20世纪60年代及以后，为什么有成千上万的人代表他们自身之外的利益而罢工、游行、暴乱和示威呢？那可是一个喧嚣和热闹的抗争政治的十年；此外，曼瑟尔·奥尔森虽然将自己的理论命名为“集体行动”，但关注更多的是在个人层次的动机和聚合上，理性选择如何与20世纪60年代的运动周期协调起来呢？社会运动研究者给予了理性的思考。

在20世纪60年代之前，关于社会运动的发生更多表现为对运动群体的心理学解释，集中关注那些具有社会的怨苦和不满的群体、那些具有剥夺感的人对社会的报复和反抗，因而也被认为是病态的非理性的行为。一些同情社会运动的年轻的教授们（如欧柏萧尔、麦卡锡、扎尔德、蒂利和麦克亚当等人）以及一些曾经参与社会运动后又对此进行研究的学者（如吉特林等人）对上述关于社会运动发生的解释给予了批判。正是通过对传统社会运动研究的批评以及对“奥尔森难题”的尝试性解答，运用理性思考社会运动的一批学者，形成了社会运动研究的资源动员理论，使得社会运动研究达到了前所未有的高峰。突出表现为1973年安东尼·欧柏萧尔的《社会冲突和社会运动》著作的出版，以及麦卡锡和扎尔德在一篇以《社会运动在美国的发展趋势：专业化与资源动员》为题的文章中，他们试图对20世纪60年代美国出现的众多社会运动的原因做出解释。1977年，麦卡锡和扎尔德又在《美国社会学杂志》中把他们的观点做了进一步的理论化。在此后的数十年里，这些文章数以千计地在各类文章和书籍中被反复引用。他们奠定了资源动员理论的基础。①

首先，麦卡锡和扎德尔对社会心理学进行了批判。他们指出，在绝大多数社会中，不平等和压迫随处可见，如果剥夺感是导致社会运动的根本原因，那么，我们应该每天都可以看到反抗运动。但事实并非如此，反抗运动往往集中出现在某些特定的时间和场合。传统理论认为社会运动是非理性的，因而也是病态性的。而20世纪60—70年代的研究者则开始质疑这样的观点，并针锋相对地提出参与社会运动是理性行为。在描述社会运

① McCarthy, John D., and Meyer N. Zald, "*Resource Mobilization and Social Movements: A Partial Theory*", *American Journal of Sociology*, Vol. 82, 1977; Oberschall, Anthony, *Social Conflict and Social Movements*, Englewood Cliffs., N. J.: Prentice - Hall, 1913, pp. 102 - 160.

动参与者的动机时，研究者抛弃含怨恨或剥夺感等带有感情色彩的字眼，转而采用利益、兴趣等带有理性选择意愿的概念。欧柏萧尔写道："正是那些造成一部分贫困和疾苦的制度，使得一部分人拥有自由和安全。自由、安全以及足够大的物质财富，不会轻易端到弱势群体前面。……既得利益者对变革坚韧不拔的抵制，使得社会冲突成为不可避免的事实。"①言下之意，参与社会运动和抵制社会运动都是基于维护利益的一种理性选择。同时，公民参与社会运动不是冲动的愤怒和不满的结果，而是手中可以动员的资源多了，那些运动企业家向经营企业一样地经营着运动产业，努力扩大有利于运动的个人资源扩张、专业化和外部财政支持，是专业化的运动组织推动了社会运动的发生。由麦卡锡和扎尔德发展而来的资源动员理论认为，社会运动不是某种形式的非理性或病态行为，不是个人疏离感或病态心理的表达，也不是隔离、拔根或离群行为的结果，而是根源于人生经历、社会支持和亲身生活环境的正常行为。②

其次，资源动员理论关注使社会运动形成和成功的社会过程理性化，是对外部资源的有效性利用。相比大众社会理论和相对剥夺理论，麦卡锡和扎德尔给予了政治和经济因素以更多的注意力，关注社会运动中的组织和领导。资源动员理论假定，不管人们感觉多么不安、愤怒和挣扎，如果没有组织和领导，他们不可能有效地发起社会运动，推动社会的变化。一个社会运动的新形式，即职业化的社会运动组织已经产生，领导者和主要的积极分子，是职业化的改革家，以追求改革事业为职业。改革家们在不同社会运动中走动，贡献他们的筹款技巧、公共公关、组织和领导能力，资金主要从第三方筹款得来，像教会、公司，甚至是政府。他们进行公关，向新闻媒体传播运动，通过电子邮件和通信接近潜在的支持者。欧柏萧尔认为，如果社会运动组织越是被组织、越是结构性的、越是正式的，它们越有可能完成它们的目标。任何一个社会运动组织必须是能成功地管理可利用资源的组织。这些资源包括物质资源（如工作、收入和捐款）

① Oberschall, Anthony, *Social Conflict and Social Movements.* Englewood Cliffs., N. J.: Prentice - Hall, pp. 33 - 34.

② McCarthy, John D., and Meyer N. Zald, "The Trend of Social Movements in America: Professionalization and Resource Mobilization", pp. 337 - 391, in M. N. Zald and J. D. MaCarthy, *Social Movements in an Organizational Society: Collected Essays*,, New Brunswick, N. J.: Transaction Books, 1973; "The Enduring Vitality and Resource Mobilization Theory of Social Movements", in J. h. Turner. *Handbook of Sociological Theory*, New York: Kluwer Academic/Plenum Publishers, 2002.

和非物质资源（如权威、道德贡献、信任、友谊、技巧等）。任何一个潜在的社会运动组织，最有效的资源必须被管理好，像劳动和金钱；一些工作必须做好，像运输、印刷、广播费用等。

再次，社会运动的发生是对社会群体的理性动员的结果。一个社会运动的成功和失败，必须依赖许多人怎么加入组织，他们是如何决定的，愿意做出什么样的牺牲以及他们对对手情况的了解程度等。使旁观者愿意加入，否则群体不会壮大；使支持者愿意奉献他们的金钱和时间，否则组织将用光资源；这些决定将对个人产生影响。理性动员使参与者感觉到他人正在为公共事业做出贡献，愿意加入进来做同样的奉献。这将涉及以下几个因素：组织和领导者、目标和鼓励动员的因素等。欧柏萧尔写道，社会运动组织为了实现它的目标必须成功处理三个主要的任务：第一是把“搭便车”者转化为运动的贡献者；第二是克服组织化的反对者；第三是实现组织的目标需要创造、获得管理维持组织和完成集体行动所必须的资源。[①]社会运动的领导者必须聚焦于动员的问题、不满的操纵、策略、社会基础设施等促使社会运动成功的必需品的选择。起初的工作已经在现存的组织中做了，现在主要是进行联合的事情。一个有效的领导者需要把每一个人聚合在运动里，创造共同的忠诚，领导者有时候必须迎合成员的需要。他们之间相互塑造，并相互控制。在社会运动的起始阶段，组织是非正式的，领导者必须和潜在的成员进行面对面的接触活动，一旦运动进入正轨，就需要正式的组织结构。欧柏萧尔认为，现存处于分割状态的群体很容易被动员以形成社会运动。一个社会中群体越分割，动员加入社会运动组织的可能性就越大。成员是相似的，他们的欲望也是相似的。重要的是，这些群体能够被很容易动员起来，是因为他们已经有了自己的联系网络，特别是动员资源，具有对现存成员的领导技巧和参与的传统。他们已经有了确定的领导者、成员、会议地点、行动路线、社会联系以及共享的信仰、符号和共同的语言等。

最后，参与社会运动的理性化。麦卡锡和扎尔德文章的关键逻辑是，二战后美国经济的持续繁荣使美国已成为一个名副其实的中产阶级国家，这种社会转型给美国的社会运动发展带来的主要影响是人们手中的可自由

---

① Oberschall, Anthony, *Social Conflict and Social Movements*, Englewood Cliffs: Prentice Hall, 1973, pp. 102 – 160.

支配的时间和资源增多了。白领工人职业的优越性和不可替代性，使得他们可支配时间的能力增强；学生参与运动，是因为他们还处于社会的边缘，没有负担，年轻人敢闯敢干，在社会上同质性最好，年龄、阅历和知识构成相近，容易组织等。麦卡锡和扎尔德认为他们理性参与社会运动在于，付出成本非常小，收益可能很大：（1）传统社会运动的资源主要产生于社会运动的内部，如工会资金和工人所缴纳的会费。而60年代以后的美国，社会运动的资源将主要来自外部的各类捐款和基金。（2）由于社会运动不再依赖于来自内部的资源，来自运动成员内部的贡献对该运动发展的重要性就大大下降了。在许多场合，这些新型的社会运动参加者所需做的就是填个表、签个名。麦卡锡和扎尔德预言这种只有挂名成员的社会运动组织会变得普遍起来。[①]

（二）社会运动中的结构主义

在20世纪60—70年代，社会运动研究另一座高峰是结构主义视角。在那个时代，一批政治社会学家扎根于马克思、马克斯·韦伯的结构、历史和组织唯物主义之中，出版了一批有影响力的比较/历史研究的丛书。尽管他们在理论血统和理论重心上存在很大的差异，但都努力处理巨大的历史变迁问题，尽力阐明大规模过程（包括分化、国家构建、战争、资本主义、工业化、都市化以及思想、人员、资金和物品的跨界流动等）和制度（可理解为合作、承诺和冲突解决的规则聚集，也可理解为正式的组织）实际相遇的场所。与理性主义和文化主义不同的是，结构主义认为形成身份、利益和互动的最重要的过程是现代性的大型特征如资本主义发展、市场理性、国家构建、世俗化、政治和科学革命以及思想传播等。这个方向上的"社会"由过程的结构性连锁替代。尽管在任何严格的意义上，这些东西不是行为的决定因素，但它在特定时空内，通过创造供个体思考、互动和选择的环境秩序，确定了认知和行为的概率。根据这个观点，人们是被嵌入的能动者，运作于相关的结构领域之内，该领域将可能的与不可能的、较多可能的与较少可能的区别开来。[②]

---

① 赵鼎新：《社会与政治运动讲义》，社会科学文献出版社2006年版，第188—189页。

② 马克·利希巴赫、阿兰·朱克曼：《比较政治：理性、文化和结构》，中国人民大学出版社2008年版，第109—112页。

结构主义者并不否认理性个体的利益计算，但是他们认为一项集体行动的可能性建立在环境决定论和结构冲突之上。马克思的生产方式动力论所致的阶级冲突是主要的依据之一。马克思从辩证唯物主义和历史唯物主义的结构规律，即生产方式的结构性矛盾推导出阶级（资产阶级和无产阶级）的结构性对抗，进而论述工人阶级运动乃至革命的必然性现象。马克斯·韦伯关于国家与社会发展过程中的互动是另一个主要依据。结构主义者关注人们之间的政治、社会和经济联系。扎根于历史并建立在物质基础之上的分配、冲突、权力和支配的过程——被认为推动着社会秩序和社会变迁。

社会运动研究中的结构主义将社会运动放置于国家与社会的关系之中，一批研究关注于国家之间；另一批研究关注于国家内部，或者两者兼而有之，它们主要体现在关于革命和社会运动的研究之中。在探讨现代化转型的过程中，巴林顿·摩尔寻求将唯物主义的阶级分析与其他类型的国家和政体后果联结起来。他认为现代转型过程中的不同国家处理农业问题以及不同阶级之间互动方式不同，使得英国、美国、中国、俄国以及日本和德国这些国家走上了不同的现代化道路。于是，20 世纪 60—70 年代历史宏观分析的大量著作努力将马克思主义延伸至被证明为与资本主义共生的第二种现代性宏观过程，即主权国家以及主权国家的后西方系统的创建和发展。巴林顿·摩尔的学生西达·斯考切波最成功地创造了一种强结构主义宏观分析，其一只脚在马克思式的阶级分析那里，另一只脚在马克斯·韦伯的国家分析那里。她在效法巴林顿·摩尔的结构性分析的同时，也试图超越他。她委婉地批评了巴林顿·摩尔强调阶级统治和阶级关系的结构和过程，她没有明确说明任何社会阶级都需要的政治机制，这种机制不能简化为阶级利益和阶级控制。每种产权制度，每个市场，都需要政治支持。需要提出的重要问题不是这种支持存在与否，而是谁控制着政治机制，以及他们是如何组织的——西达·斯考切波在不放弃阶级分析的情况下，企图考虑独立国家的可能性——它既可以支持阶级关系，也可能与之冲突。她企图将我们的视域延伸到民族国家本身的边界之外。这样，她坚持认为现代化发生在国内外压力之中。①

西达·斯考切波在《国家与社会革命：对法国、俄国和中国的比较

---

① Skocpol, Theda, "*A Critical Review of Barrington Moore's Social Origins of Dictaorship and Democracy*", *Politics and Society* Vol. 4, 1973, pp. 1 – 34.

分析》一书中认为，国家解体、农民革命和国家重建具有结构性的原因。她认为，“对社会革命的充分理解需要分析者对革命的原因与过程采取一种非意志性论的结构性视角”[①]。因此，任何对革命的有效解释都有赖于分析者超越参与者的立场观点，并采取一种非人格化和非主观性的视角。西达·斯考切波因而喜欢强调各种联系起来的、受处境限制的群体与国家间的客观关系和冲突，而非革命中具体角色的利益、看法或者观念。她写道：“如果不以国际结构和世界历史的发展作系统的参照，就不能有效地解释社会革命……另外，为了解释社会革命的原因和结果，必须将国家理解为行政和强制性组织——这些组织在社会经济利益和结构中享有潜在的自主性。”

她强调了国家与革命的结构—冲突—变迁的三种结构。第一是国际与世界历史环境的影响。经济发展、商业和工业变迁所致的国际格局、国家间关系和战争对国家在世界交往中的地位以及互动产生的影响。第二是国内阶级冲突。历史的具体制度安排如“土地阶级与地方政治结构”，影响着阶级内与阶级间的关系，特别是支配阶级与被支配阶级之间的关系。第三是国家的本质与阶级之间的关系。西达·斯考切波认为国家是渗透进社会并控制人民和领土的“行政性的与强制性的组织”，是独立于社会主导阶级与从属阶级具有“潜在自主性”的组织。她否定了目的论的革命图景，“革命不是制造出来的，而是自然发生的”。[②]

对于社会运动结构主义研究的另一个主要影响来自于道格·麦克亚当、查尔斯·蒂利等人发现的政治过程理论。其首先来自于道格·麦克亚当（Doug McAdam）1982 年写的《美国黑人运动的政治过程和发展：1930—1970》一书[③]。道格·麦克亚当认为，经典的社会运动理论像大众社会理论和相对剥夺理论太过于关注运动追随者的心理动力，而“精英主义”视角的理论像资源动员理论太过于重视物质资源和外在的帮助。它们都没有给予政治环境以足够的重视。在政治过程理论中，外在的和内在的因素对社会运动来说，都具有同等重要的作用。政治过程理论试图从

---

① 西达·斯考切波：《国家与社会革命：对法国、俄国和中国的比较分析》，上海世纪出版集团 2007 年版，第 14—33 页。

② 同上书，第 18 页。

③ McAdam, Doug, *Political Process and the Development of Black Insurgency*: *1930—1970*. Chicago: University of Chicago Press; 1982, pp. 37–59.

更为历史和政治的视角将大众社会理论、相对剥夺理论和资源动员理论联系起来。

道格·麦克亚当具体解释的是一个具体的社会运动，即美国20世纪60年代黑人解放运动的起因和发展。他把黑人运动的发生归因于20世纪30年代以来美国南方大型农庄的没落、黑人群体在城市中比例的增大以及由黑人占统治地位的黑人选区的形成。这些变化大大增加了黑人群体的组织资源（特别是黑人教堂和黑人组织的扩展，以及黑人学生数量的增加），造就了黑人运动得以发生的政治机会，表现为南方棉花种植庄园主政治势力的下降和黑人政治势力的上升导致了美国的地方乃至国家精英的政治计算和行为的变化，从某些方面，也改变了美国黑人群体的思想状况，这些因素加在一起促进了美国黑人运动的形成。

政治过程理论相似于资源动员理论的地方，就是它们都关注运动如何形成和成功的因素。政治和经济的因素被认为比个人的因素更重要。不过政治过程理论允许个人形成他们自己的社会运动去反对那个统治的社会。道格·麦克亚当强调了宏大的社会经济过程如战争、工业化、人口变迁等对于社会运动的发生具有巨大影响，但它只是社会运动发生的必要条件，而非充分条件，社会运动发生还需考察以下三个至关重要的因素。

1. 组织的力量

一个特定的群体越有组织性，那么他们越有可能发起社会运动并获得成功。像资源动员理论一样，道格·麦克亚当注意到现存组织在形成新的社会运动中的重要性。现存的组织提供了潜在的成员、"团结激励"的确定结构、一个联系的网络和组织领导。道格·麦克亚当认为现存的社会群体提供了和其他人一起参与群体活动的社会和人际动机，这包括参加新的社会运动。群体成员如果没有和他们的同伴一起参加社会运动，他们有负罪感，或许被社会忽略甚至受到惩罚。他指出，一个社会运动的组织资源取决于以下因素：（1）社会运动组织的强度，以及那些可能成为该社会运动基本群众的组织性程度；（2）社会运动组织内部是否存在能增加社会运动成员的凝聚力和认同感，以及能防止产生"搭便车"现象的各类激励性机制；（3）社会运动组织所控制的通信网络的广度；（4）社会运动组织内是否存在被广泛认同和尊重的领导成员和积极分子。

2. 认知解放

相同的人们感觉到成功越多，他们成功的可能性就越大。潜在的成员们形成了这样一个思想，他们所处的现实环境是不正义的，通过集体行动，镇压的条件可能发生变化。换句话说，他们必须形成一种相对剥夺感，并认为这种剥夺感是正确的，决定所从事的事业是正当的，并相信解决他们问题的方式是结构性的。道格·麦克亚当从没有使用过“相对剥夺感”这个词语，但是他的思想与此是相似的。在从事社会运动之前，必须有一群人想要一些东西，并相信通过集体行动能够得到它。

3. 政治机会

在政治领域里联合的群体越多，促使政治系统变化的可能性就越大。道格·麦克亚当认为，政治机会是最重要的。为了实现自己的目标，社会运动组织必须获得一定的政治权力。社会运动不是存在真空里，它们是社会和政治环境的产物。它们可以利用现实中不稳定的环境获得利益。社会可能变得更开放并对社会运动更友好，也可能变得更严格，使社会运动很难形成。所有的社会运动必须航行于它们社会系统的政治环境里，组织资源的维持是最重要的。只有组织中有充足的资源支持，政治和社会因素在决定运动群体是否成功方面才是最重要的。社会运动不得不适应社会中的政治经济环境条件以维持生存。对于社会运动的存在来说，道格·麦克亚当列举了四个政治机会关键性决定因素：（1）制度化政治系统的相对开放和封闭。（2）各种各样相互联系权力群体的稳定程度。（3）社会权力之间的联盟存在与否。（4）国家镇压的能力和倾向。①

道格·麦克亚当强调，认知解放过程与政治机会的扩展和社会运动组织力量的增强这两个条件密不可分。一个政治机会使一个社会运动群体与其对手的权力力量对比能朝着有利的方向发展。当一个社会运动群体与其对手的权力力量对比变化后，他们就有可能产生认知解放。此外，当一个社会群体有着很好的组织和社会网络基础时，就更有可能经历所谓的认知解放。道格·麦克亚当认为，一个社会运动就是在政治机会、社会运动组织力量和认知解放三个要素的共同作用下造就的，具体如图 1—1 所示。

政治过程理论更多地聚焦于政治联系而不是物质资源。一个社会运动被看作政治现象，而不是心理现象。它需要被看作一个持续的政治现象从

① In Doug McAdam, John D. Mccarghy, and Mayer N. zalor, eds. , *Comparatiue Perspectioes on Social Morements*, Politial Opportanitities，参见赵鼎新《社会与政治运动讲义》，社会科学文献出版社 2006 年版，第 192—194 页。

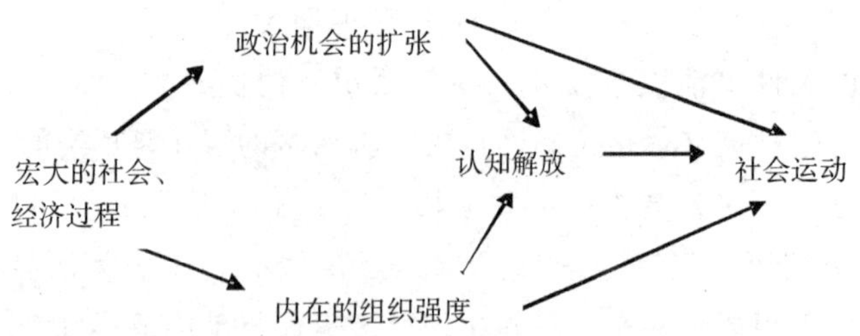

图 1—1　道格·麦克亚当关于运动发生的政治过程模型

形成到衰落，但它并没有被看成是僵化的步骤。道格·麦克亚当认为财富和权力集中在少数人手中，大部分人对影响他们生活的决定很少有发言权，社会运动被看作是理性的尝试，即那些被排除在外的人们通过它获得了推动他们集体利益的政治杠杆。所有的社会运动都是同社会和政治权力的镇压做斗争。

蒂利在 1978 年出版的《从资源动员到革命》一书中提出两个模型①，也是关于社会运动结构主义研究的奠基之作。第一个模型为政体模型，如图 1—2 所示。蒂利的政体模型可以说在对传统理论批判的基础上重新定义了社会运动，他根据人们与政治体制的亲疏关系将之分为三类：普通人群、挑战者、政治体及其联盟。而挑战者又可以分为两类；一类是那些通过常规渠道低成本获得政治体控制资源的挑战者，我们现在可将之称为利益集团的行动者；另一类是通过体制外抗争以挑战政治体的挑战者，蒂利及其同事将他们称为抗争者。人们为了自己利益而可能与政府机构以及其他挑战者争夺权力，权力决定了自己的付出所能取得的回报。在权力斗争过程中，挑战者都会采取各种形式的联合行动，以便增强自己的实力，提高成功的机会，从而形成社会运动等集体行动。

蒂利的第二个模型被称为动员模型②，如图 1—3 所示。蒂利认为，一个成功的集体行动将由以下因素决定：运动参与者的利益驱动、他们的组织和动员能力以及所具有的权力、社会运动所受到的阻碍或推动力量、面临的政治机会或威胁。

蒂利认为，一个社会运动的动员能力取决于为社会运动成员所控制的

---

① Tilly, Charles, *From to Mobilization to Revolution*, Reading, Mass.: Addison - Wesley Pub. Co, 1978. pp. 53 - 56.

② 赵鼎新：《社会与政治运动讲义》，社会科学文献出版社 2006 年版，第 190—192 页。

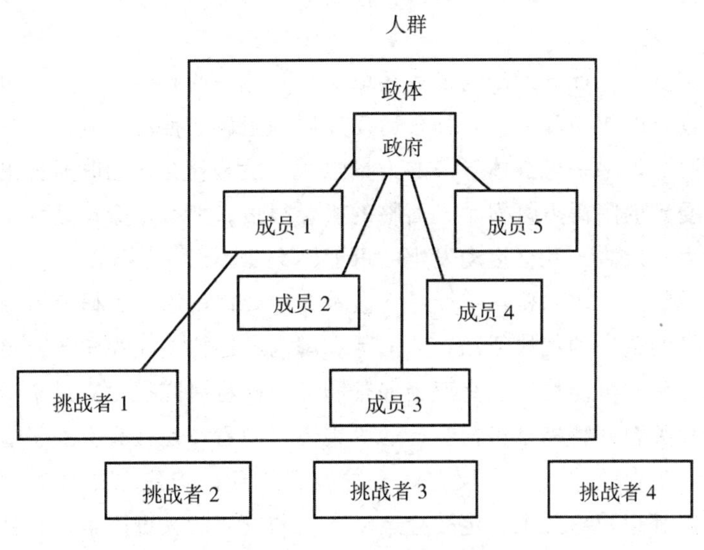

图 1—2 蒂利的政体模型

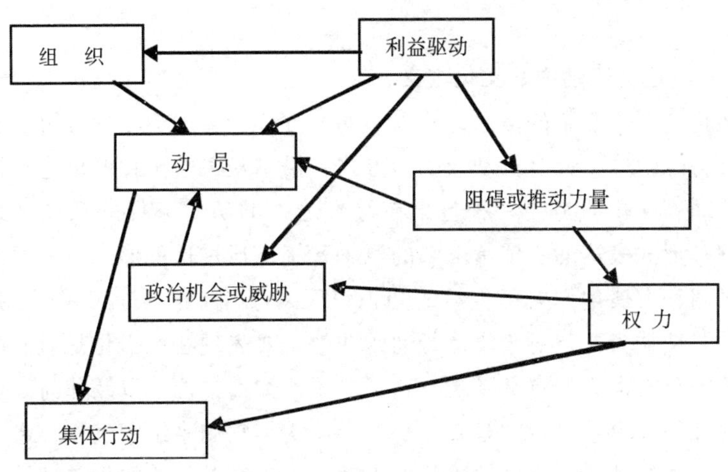

图 1—3 蒂利的动员模型

资源要素（土地、人力、资本和技术等）的总量以及将其转换为社会运动资源的能力，也取决于运动参与者利益所在以及他们的组织能力。一个群体把群体利益转换为一个社会运动的动员能力，关键在于组织力量。组织力量依赖于群体之间的共同特征和群体内部的联系程度。当一个群体中成员的主观自我认同感增强后，该群体的共同特征也会逐渐增强。总之，蒂利认为，一个群体成员的共同特征和群体内部联系越大，该群体的组织能力也就越强。

蒂利认为，社会运动的形成还取决于其他一些政治性因素，包括一个群体所具有的权力和力量、社会运动发展的阻碍或推动力量，以及政治机会或威胁。如果一个群体自身的力量强大，发起社会运动时所付出的代价很小，受到的阻碍力量很小，面临的机会很多，那么社会运动发生的可能性会更大；反之，社会运动发生的可能性会变小。

巴林顿·摩尔和西达·斯考切波等人主要以国家作为研究对象，探究革命这样的重大的集体行动，从国际和国内的结构主义视角研究革命发生的可能性和不可能性。麦克亚当和蒂利等人则将研究视角立足于国家内部的结构性关系，特别是将社会运动等集体行动看作是社会上处于边缘地位的人们对现存政体的一个反抗。不过他们的理论均建立在这样一个基础上：他们都想找出几个决定社会运动产生和发展的关键因素及其这些因素之间的一个固定的逻辑联系，并以此为基础，构造一个对社会运动或革命研究具有指导性解释意义的结构模型。

（三）社会运动中的文化主义

文化是一个复杂的概念，它以不同的方式涵盖了关于社会组织、核心价值、特殊信仰、社会行动或生活方式，格尔茨关于文化的概念获得了广泛的认同：文化即是“一种包含在符号之中的历史遗传的意义模式，一套以符号形式表达的、传承下来的概念系统，通过这种形式，人们可以交流、巩固和发展他们关于生活的知识以及对于生活的态度”。[①] 马克·霍华德·罗斯认为文化对于集体行动的功效主要表现在：文化是人们用来管理纷繁的日常世界的意义系统，是影响人们如何排位，以及如何处理周围事务的社会和政治身份的基础，是一个架构，它用来组织世界，定位自我与他人，让行动具有意义并诠释他人动机，为利益分析提供基础，将集体身份与政治行动联系起来，以及鼓励人们和群体倾向某些行动，避免其他行动等。[②]

① Geertz, Clifford, "Religion as a Cultural System", In Clifford Geertz, *The Interpretation of Cultures*, New York: Basic Books, Harper Torchbooks, 1973b, p. 89.

② 马克·霍华德·罗斯：《比较政治分析中的文化和身份》，转引自马克·利希巴赫、阿兰·朱克曼《比较政治：理性、文化和结构》，中国人民大学出版社 2008 年版，第 57—58 页。

社会运动研究的文化视角经历了三个阶段，并逐渐走向文化整合主义的解释路径。第一个阶段是群体心理学取向；第二个阶段是社会心理学取向；第三个阶段是文化社会学取向。

第一阶段，群体心理学阶段。群体心理学研究的源头可以追溯到法国著名群体心理学家古斯塔夫·勒庞。古斯塔夫·勒庞在《乌合之众：大众心理研究》和《革命心理学》关于法国大革命的研究中，详细阐释了运动中群体的心理特征。古斯塔夫·勒庞认为，一个社会运动和革命的兴起，是由"领袖的指引和群众的情感加速度"相互作用产生的。"大众对领袖的盲从以及情感加速度揭示了法国大革命的暴力行为。"[①] 每一个个体都是有理性、礼貌而又有教养的，但是一旦进入一个群体领域，理性因素渐渐消失，而非理性因素不断膨胀，人们将敏感、轻信、盲从、缺乏远见。究其原因，古斯塔夫·勒庞认为，在大众行为中除"理性逻辑（rational logic）这一向来被我们视为行为之唯一指南的逻辑之外，还存在着与之截然不同的其他形式的逻辑：情感逻辑（affective logic）、集体逻辑（collective logic）和神秘主义逻辑"。领袖人物正是利用这些逻辑，运用"断言法、重复法和传染法"来影响他们的头脑。影响大众的是有说服力的名言警句，而不是论证，为了让断言在人们头脑中生根，就是不断重复，传染给群众，使他们不断模仿。高明的政治家就是看中了大众群体心理特征，不断通过断言、重复、精神传染以及打造声势，像一颗燧石，利用大众盲从和轻信点燃了激情之火。人们在这种方式的引导下，由个人有意识变成群体无意识，开始使自觉的个性消失，情感和思想发生转向；群体开始变得冲动、易变、急躁，情绪单纯而夸张，群体行动变得偏执而专横，群体的道德经常放纵自己低劣的本能，也不时树立起崇高道德行为的典范，时而可以为名誉、光荣和爱国主义慷慨赴义，时而可以杀人放火、无恶不作。[②] 正是理性的弱化和情感的强化，革命性运动才得以发生，集体行为变得越来越野蛮和非理性。

在古斯塔夫·勒庞的《乌合之众：大众心理研究》出版不到十年的时间，美国社会学者罗伯特·帕克（Robert Park）于 1904 年出版了他的

---

① 古斯塔夫·勒庞：《革命心理学》，吉林人民出版社 2004 年版，第 4、8、17 页。

② 古斯塔夫·勒庞：《乌合之众：大众心理研究》，中央编译出版社 2005 年版，第 17—40、102—104 页。

博士论文《群众与公众》，随后又和爱纳斯特·博格斯在1921年联合出版了《社会学导论》，书中他们简要重申了古斯塔夫·勒庞的群体心理学思想，并给予了更多的经验和社会心理的分析①。帕克认为集体行为的产生更多是基于“紧急互动”（emergence interaction）的原因。在压力和无序的情况下，人们会进行“紧张的互动”，比他们在平常时期更多地进行积极的协调，他们的行为更多受到彼此的影响，他们在影响中无意识地接受和强化了互动中形成的规范，以致使每个人都有相同的想法和行动，使群体的每个人都接纳了这个行为。循环反应产生了传染，最终使每个人都采取相同的行为。

帕克认为一旦群体进入这种紧急互动状态，群体成员就失去了他们清晰的理性的思考能力，他们互相模仿，人们像那个最暴力的成员一样的暴力，像那个最冲动的成员一样的冲动，像那个最没有理性的成员一样的没有理性，他们受感情和暗示奴役，成员们不再考虑所做事情的对与错。这个过程的出现，是通过社会的相互作用和传染产生，经历了一个像动物一样的磨合期（milling），人们开始被煽动并兴奋起来，从而使行为变得非常冲动。

帕克在勒庞的基础上进一步细化了群体心理的内在机制，同时还突出了群体形成的交往特性以及传染中的互动特征，但和勒庞一样都强调群体行为的非理性特征。帕克的分析更多地影响了美国的符号互动论理论家布鲁默（Blumer），并形成了较先进的大众社会理论。布鲁默认为，有一种机制能够使人们采取集体行动打破确定的规则和日常的群体生活，在正常情况下，人们的行动都是基于理解式互动（interpretive interaction），能够了解别人的话语和行动。不过群体情况下，人们进行的是“循环反应”，在反应达到一个点后，人们停止了理性的思考和行动，这个机制就是集体磨合期（milling）、集体兴奋期（collective excitement）和社会传染期（social contagion），如图1—4所示。布鲁默的集体磨合期在帕克的基础上更进一步，他认为任何一个集体行为都开始于无目的的、随意的方式。他们注意力都在群体成员身上，敏感而彼此回应，很少注意外在的道德规范；兴奋期是比磨合期更紧张的形式，人们的情感被唤醒，不能也不会回应逻辑的东西；传染期是精神、冲动和行为的快速的、疯狂的、非理性的扩散过程。他们集体无意识，冲破一切阻挡，

① David A. Load, *Collective Behavior*, Pearson Education, Inc., 2002, pp. 16 - 23.

他们无思，快速回应身边的任何事情，追随的就是冲动，像野火在群体中燃烧，形成共同的注意和信仰，采取统一的行动。

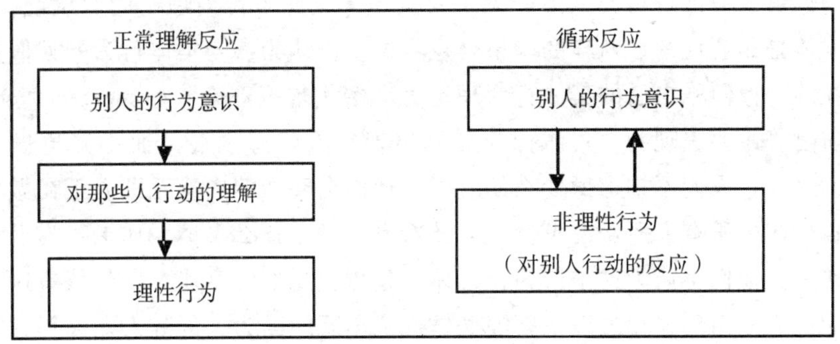

布鲁默的理解互动对应循环反应

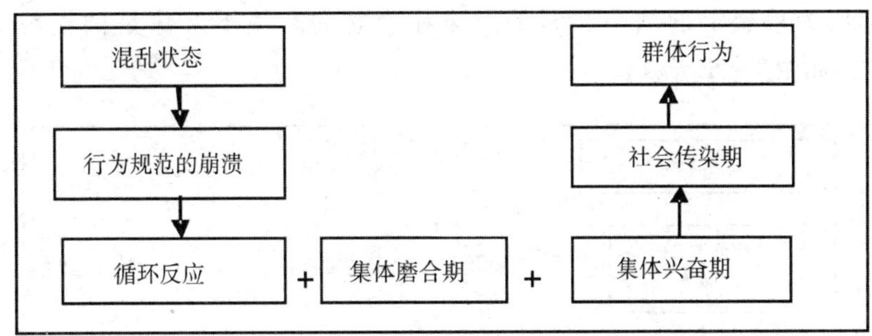

图 1—4　布鲁默集体行为的循环反应理论

群体心理理论认为，个人在群体中从事的行为在他们单独时是不会做的，从勒庞开始，传染学的理论家们更多专注的是恐怖的和暴力的群体性行为是如何发生的，他们都认为规范性思考的崩溃，导致人们随时可能聚集，勒庞认为崩溃是会传染的，但也认识到社会的因素也发挥着重要的作用，帕克扩展了社会传染可能性的社会和心理的机制；布鲁默认为循环反应比以前存在于人们之间的态度更重要，他完全聚焦于群体之中的人的心理变化。总的来说，他们的集体行为都假定在人的心理因素之上，并且认为这种心理是非理性的，失去了自我的控制，采取的是没有思考的行动。集体低智商、暴力行为得到强化，社会传染使善良的人也能够从事激进的和恐怖的事情。

不过，拉尔夫·特纳（Ralph Turner）和罗伊斯·克里安（Lewis Killian）在随后论证中发现，群体中的个人传染行为既不是普遍的也不完全是非理性的。他们在《集体行为》（1957 年出版，分别于 1972 年和 1987 年两次修订）一书中，从社会心理学的角度对所有集体行为进行解释。他们保留了大部分社会传染的理论要素，却放弃了传染理论的假设前提，即群体是非理性的、疯狂的、不合逻辑的，而认为参与集体行为的人们是理性的，他们称自己的集体行为理论为“突生规范理论”（Emergent Norm theory）。主要表现为：集体行为可能出现在人们感觉混乱而不知道做什么的地方；人们不知道做什么的时候，他们会环顾四周看看别人正在做什么；群体中所有人所做的事情，以及看看会发生什么事情，如果行为没有副作用，他们将认为这个行为在群体中是可接受的，可能大家都从事这种行为，通过循环强化过程，新的群体规范出现；因为大部分人在大部分时间内遵守这个规范，他们将追随这个新的突生的规范，他们做这个事情，不是因为思想上的缺陷，而是因为在当时的环境下好像是做正确的事情[①]，如图 1—5 所示。

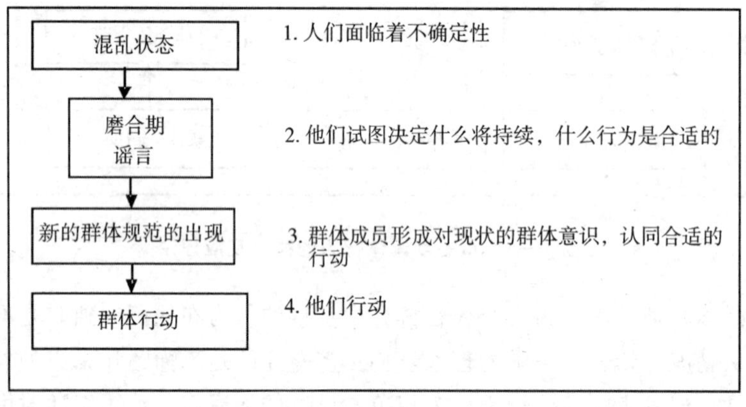

图 1—5　拉尔夫·特纳和罗伊斯·克思安的突生规范理论

如果说循环反应理论中的人们从事暴力行为是因为他们不知道自己是谁，不假思索地扔石块是因为他们被这样的思想所传染而无法抵制；而拉尔夫·特纳和罗伊斯·克思安的“突生规范理论”则认为，同样的人扔石块是因为每个人都在做这个事情，好像这个事情是正确的一样，大家都应遵从。

① David A. Load, *Collective Behavior*, Pearson Education, Inc., 2002, pp. 24 – 25.

拉尔夫·特纳和罗伊斯·克思安的集体行为理论是建立在“符号互动论”基础上的，在集体行为的背后是对意义和解释的强调，对周围环境的解释，并认为自己是在做正确的事情。拉尔夫·特纳和罗伊斯·克思安认为集体行为的发生有这样六个条件：（1）潜在参与者在一个环境中对什么是合适行为具有不确定性；（2）紧急，感觉有一些事情必须迅速要做；（3）和群体成员要有精神上的联系；（4）约束，人们应当遵守群体的规范；（5）所选择的对个人的教唆与暗示，个人思想上和可接受性以及与群体想象的一致程度；（6）许可，正常存在于社会中的态度和行为能够在群体内表达。①

第二阶段，社会心理学阶段。随着群体心理研究的深入，人们发现社会运动等集体行动的发生并不完全是人们感性心理以及传染和效仿的结果，人们在理性的情况下的认知和思考，也能够引发不满、愤怒，乃至集体行动。社会心理学的第一个有影响力的论述是斯梅尔塞的加值理论。1962 年，斯梅尔塞出版的《集体行为的理论》一书，表现出了他的理论与早期集体行为理论的重大分野。他认为促发集体行为发生的是社会结构因素，不是心理因素，他提出了加值理论（Value - added），声称此理论能够解释人们在什么地方、何时和如何发生集体行动。

斯梅尔塞认为社会运动不可能发生在平静的社会历史时期，运动像失眠一样，出现在动荡不安的时期。他认为集体行为出现在压抑已久的社会里，当这种紧张存在的时候，集体行为就潜在地存在着，紧张越大，爆发集体行为的可能性就越大。斯梅尔塞认为，集体行为的发生依赖一系列决定性因素。主要包括以下六个部分，如图 1—6 所示。②

斯梅尔塞的第一个要素是结构性诱导因素。如经济变动、通货膨胀等因素，导致人们收入下降、生活困难等。但这仅仅意味着社会有产生大众行为的可能性，在这个条件下，可以预期人口稀少的地区采取集体行动的可能性不大，而在人口稠密的地区，如城市、大学和工厂，有自发采取集体行动的潜在的可能性。第二个要素是价值和规范方面的结构性约束，如不同的价值冲突、对社会的不满和怨恨等。如美国 1968 年的公民不平等调查委员会（Citizen's Board of Inquiry）发布调查结果，认为美

① David A. Load, *Collective Behavior*. Pearson Education, Inc., 2002, pp. 29.

② 赵鼎新：《社会与政治运动讲义》，社会科学文献出版社 2006 年版，第 21 页。

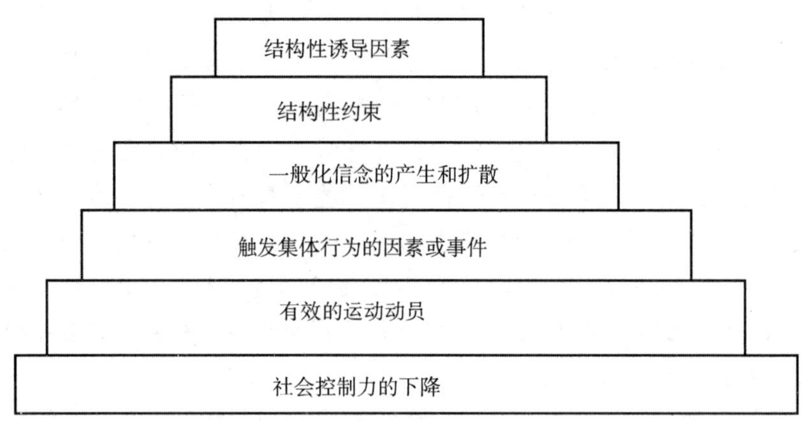

图 1—6 斯梅尔塞的加值理论模型

国有大量的饥饿和营养不良现象，但是美国联邦政府却通过支持给大农场主的基金转移走了 3500 百万英亩的生产土地，却不是用来生产谷物。这引发了人们的不满和怨恨。第三个要素是一般化信念的产生和扩散。结构性约束在人们的思想上还是模糊的，这时个人之间不安情绪在增加。一旦这种不安情绪和人们选择的一般化信念结合起来（如确定的个人、阶级、种族），或者通过其他途径（如谣言）等形成共同的认识，激进的动员就能够产生，并成为引发社会运动的重要因素。第四个要素是触发因素，这是社会运动触发的最直接的因素，体现高度情感性的事情，以剧烈的方式冲击约束。如 1965 年的瓦茨（Watts）骚乱，就是一个巡逻警察逮捕一个超速的黑人，但是谣言在黑人社区传播，说那个巡逻警察侮辱并殴打了黑人的母亲，触发群体骚乱，最后使事件升级到皇家警察来镇压黑人社区时发生枪击和抢夺事件。第五个因素是有效的运动动员。这说明引发社会运动的沟通说服功能，其中领导者的出现是重要的，通过陈述矛头的对象，运用象征符号团结盟友以反对共同的敌人。第六个因素是社会控制力下降。这个时候，精英内部出现分裂，社会控制力下降，从而使社会运动发生的可能性加大。

斯梅尔塞关于社会运动发生，更多是关于集体行为可能发生的潜能分析，主要是成员根据一般化信念对结构性约束的反应所致，是一个行动要素不断累加的结果，群体成员并没有减少“临时的疯狂”，也没有表现出非理性，他们界定当时的情况时是理性的，并没有丢失他们推理的能力，他们将他们的推理建立在一般化信念基础上，不管这个信念是真的还是假的，但都是理性的，只是这些行为因脱离了社会规范才被认为是非理性的。不同于循环反应理论和突出规范理论，斯梅尔塞的加值理论可以用来分析一切的集体行为，从非人性的集体行为（群体暴力和骚乱）到理性的集体行为（组织化的社会运动）再到愚蠢的集体行为（暂时的疯狂）。他对集体行为发生的预测不是根据参与者的行为，而是根据推动这些行为的动机和信念。如果斯梅尔塞的假设是正确的话，那么我们可以推测出集体行为的每一步及其发展的趋势，理解行为发生的每一个阶段。但这恰恰也构成了斯梅尔塞加值理论的功能主义分析的困境。即一旦开始分析集体行为，我们必须从其中寻找出加值因素，以致它很难真正被用来作为解释一个集体行为发生的工具。

社会心理学第二个有影响力的论述是格尔等人的相对剥夺感理论。在关于集体行为发生的心理学从非理性向理性转移、从群体内部行为转向社会外部因素分析时，其中影响最大的当数相对剥夺理论。相对剥夺理论聚焦于社会运动形成之后的心理推理。1970 年，格尔（Gurr）发表了他的代表作《人们为什么要造反》，书中讨论了社会结构的改变（包括社会变迁、政治危机、经济转型等）在社会运动和革命形成中的关键作用，但此书的核心是心理学的，即“相对剥夺感”，他认为，每个人都有某种价值期望（value expectation），而社会则有某种价值能力（value capacity）。当社会变迁导致社会的价值能力小于个人的期望值时，人们就会产生相对剥夺感。相对剥夺感越大，人们造反的可能性就越大，造反行为的破坏性也越强。他把这个过程称为“挫折—反抗机制”。根据价值期望和价值能力之间的不同关系，格尔定义了三种类型的相对剥夺感，即递减型相对剥脱感、欲望型相对剥夺感和发展型相对剥夺感[①]，如图 1—7 所示。（1）递减型相对剥夺感。如果一个社会中人们的价值预期没有变化，但社会提供某种资源的价值能力低了，就会产生递减型相对剥夺感。如在社会中，由于受到自然灾害、侵略者入侵、政策调整等，使生存环境恶化，而社会供给补偿能力大大下降，从而引发递减型相对剥夺感。（2）欲望型相对剥夺感。如果一个社会价值总量（价值能力）未变，但人们的价值期望变强了，就会产生欲望

① 赵鼎新：《社会与政治运动讲义》，社会科学文献出版社 2006 年版，第 78—82 页。

型相对剥夺感。如在中西方生活比较中，发现生活品质的差距，而产生了加大期望，从而对现有生活不满，产生出挫折感。（3）发展型相对剥夺感。当一个社会的价值能力和人们的期望均在提高，但社会的价值能力由于某种原因而有所跌落，从而导致价值期望和价值能力的落差扩大时，就会产生发展型相对剥夺感。发展型相对剥夺感常见于发展中的或处于改革中的社会。如马克思曾经说过，在资本主义社会中，工人工资的增长总是跟不上经济的增长，社会贫富差距因此而增大，工人也会因此产生相对贫困和相对剥夺感。

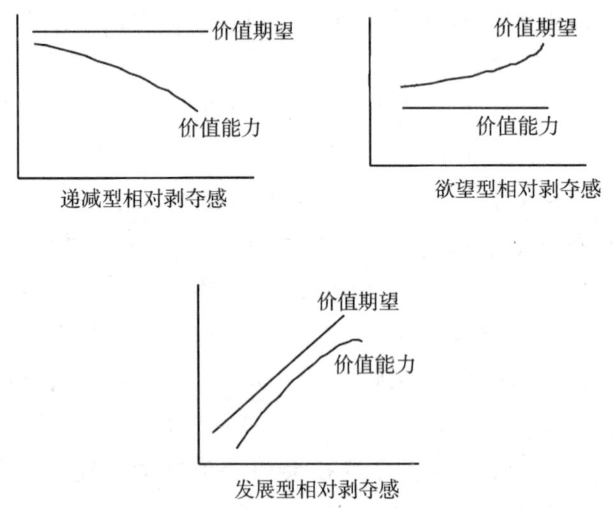

图 1—7 相对剥夺感的三种类型

莫里松将递减型与欲望型两种剥夺感与社会运动类型联系起来进行论述。[①] 他认为递减型相对剥夺感可能产生保守的和右翼的社会运动，打算让社会回到过去的社会上去。而欲望型相对剥夺感可能产生激进的和左翼的社会运动，计划用新的、激进的方式改变社会，有可能引发革命运动。莫里松区分两种递减类型的期望：一种是合法的期望；一种是堵塞的、不满的期望。合法的期望，就是人们都相信他们有权利期望它，并应该得到它。

① Morrison, Denton E., "Some Notes Toward Theory on Relative Deprivation, Social Movements, and Social Chance", *The American Behavioral Scientist*, 1971, pp. 675 - 690.

一旦人们认为他们的期望是合法的，那么没有得到满足，他们就会产生相对剥夺感。那个期望事实上合不合法并不重要，只要人们相信它就可以。为了使社会运动形成，人们必须意识到集体目标，相信它是可欲的，并是可以实现的。莫里松认为这可以通过社会接触得以发生，他们形成这种期望，并试图使别人也有同样的想法，从而促使大多数人都拥有这种想法。接下来的过程，就是需要处理那些期望有没有被堵塞的问题。如果人们认为他们只需要付出一点点努力，他们就不需要社会运动。如果他们相信这条路径已经被堵塞，他们将不幸福或者没有办法实现期望，不管这种堵塞是不是真实的，只要人们觉得是这样的，他们将会不安并期望做一些事情。

莫里松认为发生社会运动，第一，必须让大多数的人们有相对剥夺感。改变社会的想法必须与有相同体验的大部分人认识到现实社会的问题结合起来。第二，同一状况的人们必须有密切的接触和联系。有相同经验的人更多地联系交流，则社会运动发生的可能性就越大。第三，角色和身份上有很多共同的特性。共同性越多，社会运动发生可能性就越大。第四，社会中越存在死板的、明显的分层，社会运动越有可能发生。第五，社会中高度存在志愿者协会活动，社会运动发生的可能性比较大。

莫里松认为，社会运动起源于其背后个人不满的推动力。当大部分人想要一些东西，并认为应该得到它，但是社会又不能满足他时，他们可能发动社会运动去改变这个社会。因此，两种不同的状况将可能发生社会运动：（1）社会中期望的增加；（2）社会中机会的削减。但莫里松认为个人决定参加社会运动是一个艰难的事情，个人可能要付出成本，所以人们必须在群体中做一些事情像信仰这一类的，以解决他们称之为结构的社会问题。

赵鼎新在总结了格尔的相对剥夺理论的基础上，对此进行了很好的评价。虽然相对剥夺感是引发社会运动和革命的重要因素，但是如果没有领导者的作用、革命的组织、资源动员和可能的希望，如果没有引导走出压迫根源和解决之道的思想指引，相对剥夺感并不能必然地促发社会运动的产生。从某种意义上，格尔强调了社会运动引发心理的结构性条件，但是又过于夸大了引发社会运动的心理因素。如果社会被界定为问题，那么改变社会就变成解决方案，这或许并不能达到削减不一致的目的，但是它使人们相信，好像他们做了一些能够消除这种不一致的事情。另外，通过许多社会运动的案例，相对剥夺感并不能解释为什么美国北部的白种人在

20世纪50—60年代参加公民权运动，为什么那么多人参加堕胎运动。参与社会运动的并不是所有人都经历过相对剥夺感，而且不是所有有相对剥夺感的人都参与社会运动。这是一个复杂的经济、政治、社会问题。

第三阶段，文化社会学阶段。心理学视角在20世纪60年代之前一直主导着社会运动研究，但随着社会运动研究的结构主义和理性主义盛行以来，心理学视角开始逐渐式微，并受到了很多质疑和批判，认为它并不能解释社会运动的发生，特别是社会运动进入组织化、规模化和持续化以来，感性的心理学解释更加经不起推敲。但是仍有一群坚持文化主义视角的人，吸收了批判者的研究内容，努力对社会运动进行文化主义改造。首先，他们的考察有以下几个方面的思考：一是许多社会运动中存在“意识形态的话语符号”；二是社会运动的目标具有什么的价值观和目的性诉求；三是社会运动所进行的演讲、呼喊的口号、举着的标语和横幅，这些符号性行为意味着什么；四是社会运动为什么还有那么多大喊大叫、流泪、愤慨、写血书、自杀，甚至是自焚等方式来表达他们的情感并感染周围的人群的情况。无论如何，也不能忽视社会运动参加者的理念和情感在社会运动的发起和发展中的作用。社会运动不能摆脱情感性的动力，同时，他们也吸取了社会运动理性化的组织运作和动员策略，因而他们在更广泛的意义上寻找社会运动的解释方式，这就是文化主义视角的复兴。从某种意义上，文化既是继承的，也是改造的。这样，文化在社会运动中，可以是工具，文化就是一个工具箱，人与文化的关系就是工具箱主人和箱中工具的关系，社会行动就是行动者在文化工具箱中找出理想的工具并用于实践的过程。文化也是剧本，社会行动者的行为是由文化剧本中的内容决定的。

罗斯认为①，文化首先作为一种共享的理解界定了人群的身份，这种身份标示着群体与外人之间的差异，标示着“一种独特的生活方式”，并通过特殊的行为（习惯和仪式）（既包括神圣的也包括渎圣的）来表达，它们标示着其成员每天、每年以及一生的生活节奏，揭示着人们如何看待过去、现在和未来的事件，以及理解他们所面临的选择。文化既具有认知的意义（它描述了群体经验），也具有强烈的感情色彩（它强调独特的群

① 马克·利希巴赫、阿兰·朱克曼《比较政治：理性、文化和结构》，中国人民大学出版社2008年版，第60—70页。

体内纽带，几乎就像一种密码，它将一种群体的经验与别的群体区别开来)，表现强烈的心理取向，“我们是谁”以及“我们和他们”的心理判断和利益区分。这种共享的意义和心理认知既规范着人们的行动，同时也能召唤人们起来斗争。冲突实际上发生在所有的社群中，而所有文化都拥有关于什么是有理由为之斗争的东西，以及冲突如何得以管理等标准。文化形成着冲突，界定着什么是合适的社会行动，他人的动机应该如何被理解，以及什么是值得斗争的东西。

其次，文化诠释了他人行动和动机的框架。动机是文化分析的中心，它提供了将个体行动与更广阔的社会背景联系起来的机制，生产了“激励性努力”和“背景性依赖”的行动依据。纵使涉及利益，也是文化建构的产物，它不仅是私人的心理状态，同时也关乎公共文化层面上的合理性解释，意味着人们在某种环境中的或多或少的共同性解释和相似性行动逻辑。

再次，文化排列着政治优先级，行为、制度和社会结构不是文化本身，而是文化建构的现象。文化解释了个人和群体为何并如何像事实中那样行为，它既包括关于社会现实的认知和情感的信念，也包括一种文化中的人们和其他文化中的人们可能何时、何地以及如何以特定的方式行动。它定义着人们认为有价值和值得为之争斗的符号性的和物质性的目标，也定义着这些争斗发生的背景以及政治所赖以发生的和人们参与其中的（正式和非正式的）规则，这些规则往往影响着人们的利益以及如何追求利益。

最后，文化提供了政治组织和政治动员的资源。群体经常运用文化组织，实现不能直接追求的目标。科恩识别了由文化组织处理的六个政治问题，它们促进了群体团结和有效动员：（1）这种组织帮助定义了群体的独特性，并在相同的政治舞台背景下，通过关于起源的神话和优越性声明、血统和同族通婚、道德排他性、内文化、空间临近，以及同质性等，说明其成员身份和运作的范围。（2）文化组织满足群体内成员密切的内部沟通的政治需要。（3）文化组织提供着涉及群体所面临的一般性问题的系统表达的决策机制，并对一般性问题进行决策。（4）文化组织提供着权威以实施决策，并在合适的情况下代表该群体说话。（5）文化组织能够提供一种政治意识形态，它成长根植于血缘与仪式语言之中，它赋予权力以合法性，并将它转换成权威。（6）文化组织满足纪律的需要，通过礼仪和仪式将意识形态与社群的文化联结起来。①

20 世纪 80 年代，斯诺及其合作者整合了社会运动中的心理情感因素，以及作为社会积淀行动的思想文化要素，借用了戈夫曼的框架理论，形成了所谓的社会运动的“框架建构理论”，使得社会运动的文化主义成为与理性主义和结构主义相提并论的新的理论范式，也使得社会运动的传统研究得以在新时期复兴和创造性转化，使社会运动理论研究更为丰富。

在戈夫曼看来，框架即允许个体“去界定看待、辨认和标签”发生在他们生活空间内的或整个世界的事件。② 赵鼎新将其解读为一种能帮助人们认识、理解和标记周围所发生事物的解读范式。③ 总的来说，框架体现对生活世界的一个观念认知、情感态度和价值评判。戴维·斯诺及其合作者（David Snow et al.，1986）在研究社会运动微观动员时，借用了戈夫曼框架概念，把这一表意工作理论化、丰富化。框架理论涉及一定时空中的思想观点形成、发展、转化、变异和重塑等过程，主要包括主框架和框架联合。“主框架”指的是一定时空中形成并有重要影响的主流观点，成为引导人们行动的主导范式；“框架联合”指的是把若干具有相近的思想观念、价值目标通过一定的方式联合起来。戴维·斯诺提出了四种框架联合方式，即“框架沟通”（frame bridge）、“框架放大”（frame amplification）、“框架扩展”（frame extension）和“框架转型”（frame transformation）。这四种策略可能并不是互相排斥的，不过是在一个粗略的刻度盘上取得的不同读数。“框架沟通”：认知的微幅调整，指的是“两个或两个以上在意识形态上等同而在结构上不相联、有关某一特定问题或事项的框架的联结”；“框架放大”：认知的深度挖掘，指的是“对一个与特定问题相关的解释框架的详细阐述和补充说明”；“框架扩展”：认知的广度延伸，某个社会运动试图通过“把自己的目标和活动描绘成是和潜在的支持者的价值观和利益相一致的，从而扩展其支持者的后备力量”；“框架转型”：认知的激进创新，意味着“可能必须培育新的价值观并使

① Cohen, Abner, *Custom and Politics in Urban Africa*, Berkeley and Los Angeles: University of California Press, 1969, pp. 201 – 211.

② Goffman, Erving, *Frame Analysis: An Essay on the Organization of Experience*, Cambridge, Mass: Harvard University Press, 1974, p. 21.

③ 赵鼎新：《社会和政治运动讲义》，社会科学文献出版社 2006 年版，第 212 页。

它得到滋养，旧有的意义和理解被抛弃掉，而错误的信仰或误构必须得到重新架构”[①]。赵鼎新在戴维·斯诺的基础上提出了第五种框架联合的方式，即“框架借用”[②] 框架在社会运动中的主要表现如下。

（1）作为一种文化标识的框架，它是主导社会运动的必要前提和必然环节。框架承认情境因素在社会运动过程中的重要性，不过，更重要的是，框架可以把客观因素转化为主观上的认知体验，赋予其意义，并就行动过程的合理性和合法性予以解释。（2）框架作为认知和文化之间的一个沟通性概念，其认知、意识乃至思想观念的形成，与这个社会政治文化密切相关并发生互动，一个赋予人们的志向和行动以意义的参考框架，通过文化而传播，并以一种沟通性的方式组织起来。框架与文化的差别在于，框架是积极的，文化是消极的，且文化是框架编译的加工原料。（3）在社会运动过程中，框架之间存在竞争。框架建构论虽然承认事实是社会建构物，但认为不是事件本身的战胜，而是与之相竞争的框架战胜了原有的框架，前者在让它的阐释被人们所理解和接受这一点上做得更好。框架承认证据所隐含的意义，各框架之间的角逐，其实质就是哪一种证据被看作是相关的，而哪一种证据应被忽略。（4）框架“浸没”在日常生活网络之中，其生产意义、相互沟通、协商和制定决策的过程，是个体和集体之间互动的过程。毕竟，如果没有个体，就没有谁可与之分享；而如果没有集体信仰，则没有什么东西可以分享[③]，这样框架必然经历动员和被动员过程。（5）框架能否产生共鸣，成为主框架，需要经验上的支持和验证，其验证不仅要具有经验上的事实，还要具有经验上的可靠性、可测量度以及叙事的合理性。这使框架不断处于调整和整合的反复循环的动态过程之中。框架是一个动态过程，但是框架一旦形成，就会成为行动上的指导思想。在某个时段内，人们可能不再去询问它的真与假，而在于询问其对行动成功与否的有效性问题。[④]

---

① Snow David A. , E. Burke Rochford Jr. , Steven K. Worden, and Robert D. Benford, “Frame Alignment Processes, Micromobilization, and Movement Participation”. *American Sociological Review*, *Vol.* 51, 1986, *pp.* 467 – 473.

② 赵鼎新：《社会和政治运动讲义》，社会科学文献出版社 2006 年版，第 214 页。

③ 艾尔东·莫里斯、卡洛儿·麦克拉吉·缪勒：《社会运动理论的前沿领域》，北京大学出版社 2002 年版，第 95 页。

④ 张孝廷：《浙江基层民主兴盛创新思想根源的框架理论分析》，《浙江学刊》2012 年第 1 期，第 219 页。

戴维·斯诺及其合作者认为，社会运动中的框架整合是一个以社会运动领导者的活动为核心的策略性行为，框架整合即是策略性框架。他们这种对于社会运动话语形成过程的理性化理解与当时正处于顶峰状态的政治过程理论相吻合，但是框架整合理论同时又指出了微观层面上社会动员和话语在社会运动中的重要性。从这个意义上来说，他们的工作填补了政治过程理论中的一个盲点。因此，他们的文章一经发表马上带来了巨大的反响。从那以后，“框架化”这个概念已被运用于描述和分析占主导地位的意识形态、运动修辞策略、集体行动的符号意义以及政府、媒体对运动的反应等众多领域。

总而言之，文化提供了群体行动的理想“蓝图”，它动员了许多最强有力的情感，赋予人们行动的合法性，以及提供了资助、组织和管理行动的相关福利、教育和各种场所。同样，文化解释政治冲突的暴力水平和形式。在最近几年来有所增加的族群和身份争端中，特别是有着不同意义系统和不同身份的群体之间所发生的不可调和的冲突中，文化成为各方对争端进行定义的关键因素，也使之成为许多冲突的焦点和解释理由。

三　研究方法及其内容安排

总的来说，社会运动经历了从心理学研究走向社会学、政治学研究，从现代研究走向后现代研究，从传统历史研究走向形式推理研究，从宏观研究走向微观研究，从比较研究走向模型框架研究，从特殊案例研究走向一般规律的探索研究等过程。其研究的主要内容包括：社会运动行为是理性行为还是非理性行为的探讨；社会运动是病态社会特征还是常态社会特征；社会运动产生的机理分析是观念的、行为的还是关系的；集体行为、社会运动和革命的区别与联系；社会运动与社会变迁的关系；社会运动解释的具体类型研究和研究视角探析；社会运动与政治参与、政治民主化的关系研究等。

（一）走向综合式研究

马克·利希巴赫将理性主义、结构主义和文化主义的研究视角从本体论、方法论等方面做了比较，从而提出各自的优劣，如表 1—1 所示。①

马克·利希巴赫认为，理性主义者是方法论的个体主义，所有对群体行动的解释，必须通过个体才能得以理解。人的行动是一种理性引导的目的性意图，他们跟随意图关注集体过程和结果，或者个体理性行动的社会后果，因而他们倾向于从自身的偏好和认知的唯物主义视角来看行动的目的性结果，虽然很多情况下，会导致非意图性的社会后果，但他们总是会观察外部变化对内部关系变量的影响，以决定行动的成本利益分析。

表 1—1　　三种研究社群及其特性

	社群		
特征	理性主义	文化主义	结构主义
本体论	理性行动者；有意图的解释；行动、信仰、欲望；方法论个体主义	行动者之间的规则；主体间性；共同知识；共同价值	行动者之间的关系整体主义
方法论	比较静态学；个体理性行动的非理性社会后果；非意图的、不想要的、不可避免的、非预期的结果	意义和重要性作为原因的文化，建构现实、身份、行动、秩序	具有因果力量的社会类型；具有动力法则的结构
比较	实证主义；概括；解释	诠释主义；案例研究、理解	现实主义；比较历史；因果关系
缺陷	工具理性；主体性的机械行动观	同义反复；存在中的目的论；影响结果的原因中的目的论	铁笼；决定论；缺乏志愿主义
亚传统	人性的理性主义者；社会环境的理性主义者	主观主义者；主体间性主义者	国家—社会；多元主义—马克思主义—国家主义

文化主义者是方法论整体主义，他们考虑主体间的和超个体的规范，一个群体或社群的成员拥有共同的、相互的或共享的观念、倾向或看待世界的方式。文化主义本体论假定，扎根于文化的个体遵从构成个体和群体身份的社会规则。与理性主义者形成鲜明对照的是，文化主义者的利益不

① 马克·利希巴赫、阿兰·朱克曼：《比较政治：理性、文化和结构》，中国人民大学出版社 2008 年版，第 321—338 页。

仅仅是假定的/随意的，理智并非必要的和普遍的，而是有条件的和视情况而定的，而且理性思考的类别与理性的本质因文化而异。文化构造着共识和冲突，阶级意识构造着阶级关系和阶级冲突。一方面，阶级斗争“需要一个共享的世界观……除非存在关于什么是越轨、什么是可耻和无礼的共同标准（它才具有意义）；另一方面，阶级斗争的强烈程度伴随着共享价值观的背弃：所争论的不是价值观而是哪些价值观可能适用的事实”。[①] 文化关注人的情感、态度以及关于评价人类互动的价值与意义等其他主观倾向，只有深入了解角色所使用的意义框架，才能探究构成现实、身份、行动和社会秩序的行动法则，才能根据行动的意义来理解行动者的具体处境。人类社会必须从内部而非从外部来理解，必须超越理性主义思想对建立唯物主义因果联系的追求，探索行动的内在意义而非行动的外在原因。

结构主义者也是方法论上的整体主义者。他们研究某个系统中诸部分之间的网络、联系、依赖和互动。因而结构主义的论点总是关注个体、集体、制度或者组织间的——既是静态的也是动态的——关系。结构主义者关注人们之间的政治、社会和经济联系。扎根于历史并建立在物质基础之上的分配、冲突、权力和支配的过程——被认为推动着社会秩序和社会变迁。与理性主义和文化主义研究不同，结构主义者拒绝对行动者本身进行能动论和简化论的关注，强调各种联系起来的、受处境限制的群体与国家间的客观关系和冲突，而非运动中具体角色的利益、看法和观念。因而结构主义者注意现实主义的研究，强调社会之间的因果力，结构、过程和结果是相互关联的。

利希巴赫认为，理性主义者研究行动者如何运用理智来实现其利益，文化主义者研究构成个体与群体身份之间的规则，而结构主义者研究制度背景下行动者之间的关系，理性、规则和关系是他们不同的研究起点；理性主义者进行静态比较的实验，文化主义者生产诠释性理解，而结构主义者研究真实社会类型的历史动力。实证主义、诠释主义和现实主义分别是三者的备选哲学。理性主义者进行概括性研究，文化主义者进行特殊性研究，而结构主义者进行分类性研究。

---

① 詹姆斯·斯科特：《弱者的武器》，凤凰出版传媒集团、译林出版社 2007 年版，前言，第 4—5 页。

纵观三者的研究视角，可以看出他们具有各自的研究的本体论、方法论和论证体系，并显示了各自的优点和缺点。理性主义者认为个人基于成本利益的计算，会不可避免地轻视个体和群体的身份形成问题。当群体成员将利益权衡作为行动基础的时候，利益是社会秩序的障碍而非基础，他们在实证意义上视目标为随机的，在规范意义上视其为平等的，这意味着价值最终是在分化而非团结人民。总之，理性主义者牺牲了主体并交出了自我，分化着社会和毁灭着集体。

尽管文化主义者认为，阶级冲突与社会变迁的物质维度是不可否认的，但冲突与变迁最终要通过诠释来理解。他们所面临的困难在于，文化并不意味着做到因果的解释，文化的解释有事后“密涅瓦的猫头鹰”的嫌疑，存在着不可证伪的现象以及目的论和论证反复与循环之嫌。另外，文化主义者并不试图区分物质的与理念的，因为他们假定物质必须根据理念来解释。

结构主义者认为，个体的行动、欲望和信念并不重要，他们只是客观结构决定的功能的“承担者”、“输送者”或“支持者”，结构主义者在考虑个体时，倾向于使其同质化。在同一类别下的所有人都是相同的，仅仅是缺乏个性的角色扮演者，人们似乎是机器人或木偶，不得不服从系统的摆布。也就是说，结构理论缺乏具有能动性的人，缺乏能够进行选择并采取有意义行动的行动者。因此，结构主义者生产了一种冷酷的社会科学，这意味着结构理论是决定主义的，即结构给定，结果自出。结构主义的理由如此强大以致所有事都变成可以预测的，即只有命令性没有可能性，只有必然性没有偶然性。总之，对于结构主义者来说，结构就是命运，这种视角导向历史宿命论，一种铁笼式决定主义，缺乏自愿的意志。

利希巴赫因此写道，理性主义思考终结于唯物主义；文化主义思想终结于唯心主义；而结构主义信条终结于决定主义。僵化的理性主义者丢失了价值与背景；真正信仰文化主义的文化主义者丢失了选择与约束；而顽固的结构主义者丢失了行动与方向。

每种研究传统各有所专，理性主义者强调个体利益，文化主义者关注规范，而结构主义者着重环境。当他们的研究项目严格坚持他们的传统内核，忽略甚至排斥其他研究的成果时，会大大忽视了复杂的经验世界，因此会产生关于社会生活丰富性的不能令人满意的解释。麦克亚当等人认为，“近年来，在描述和解释各种重要斗争形式方面，一些专门从事此类研究的学者已经取得了重大进展，但总体来说，他们彼此之间对各自在研究中的新发现却少有关注。例如，从事罢工研究的学者就极少利用种族动员方面的研究成果，反之也是……另外，研究社会运动、种族动员、宗教冲突、劳资争斗和民族主义的学者们都经由各自的研究而独立发现了仪式在政治生活中的突出影响，在仪式进行的场合，一方对另一方的支持者们公开展示各种符号、数字、承诺以及对有争议地区提出各种要求。不过，这些专家们却几乎不曾留意其邻居们的工作，遑论对不同背景下的仪式做系统性的比较了”。[①] 因此，“理论上的整合主义”对于每种研究社群来说开始显示了经验上的吸引力，开始愿意添加其他研究方法的要素来补充完善自己的研究体系。道格·麦克亚当、西德尼·塔罗和查尔斯·蒂利认为：对于某些学者来说，研究社会运动的各种方法提供了一个战场，在战场斗争出了结构主义、理性选择和文化方法之间的差异。但是，尽管许多研究者在争论哪一种是“正确”的方法上面费了很多口舌，花了很多笔墨，但在占有这个领域的竞争中很少有什么收获……由于新知识更富生产性，所以，更有挑战性的是，“岔道”的数量也增加了，或者受这些方法中的某一种训练的学者试图从别人那里吸收洞见。[②]

理性主义者研究个体行动与社会结果，他们视理性为行动的原因，但是他们可以扩展理性主义方法的边界，其方式是深入微观而研究文化，探索宏观而考察制度。如美国经济学家罗伯特·贝茨，在探索肯尼亚农业发展的奇迹的时候，既坚持了理性主义的立场，又走向结构，他将环境既看作原因又看作结果（尽管他没有完全倒向结构主义的立场，并探求结构如何影响行动者自身的构成），探求肯尼亚的制度性安排、政党组织和官僚组织的结构性调整对于肯尼亚不同种族人的行动以及肯尼亚农业经济发展的影响；他也将偏好（尽管他没有完全转向研究角色本身是如何通过价值来建构的）与信念（尽管他没有完全转向并变成认知心理学家）既看作原因又看作结果。[③] 文化主义者研究主体的和主体间的价值与信念，

---

① 道格·麦克亚当、西德尼·塔罗、查尔斯·蒂利：《斗争的动力》，凤凰传媒集团、译林出版社 2006 年版，第 12 页。

② 马克·利希巴赫、阿兰·朱克曼：《比较政治：理性、文化和结构》，中国人民大学出版社 2008 年版，第 199 页。

③ 罗伯特·贝茨：《超越市场奇迹：肯尼亚农业发展的政治经济学》，吉林出版集团有限责任公司 2009 年版，原书新版前言，第 3—4 页。

但也开始通过分析文化如何决定选择和结构扩大其阵地，探讨文化如何构成选择背后的决定规则，葛兰西式的霸权文化主义者与帕森斯式功能主义者代表着一种整合的取向。结构主义者包括多元主义者、马克思主义者和国家主义者，他们研究公民社会、国家和由国家构成的国际体系，但他们也开始注意结构中的理性与非理性如何表现在行动与倾向上面，探索集体行动与社会规范的物质化驱动力，从而夯实自己的方法。麦克亚当、塔罗和蒂利在他们后期的斗争政治过程的研究中努力体现着这种整合的转向，虽然他们本身都来自于结构主义的传统，但他们在研究欧洲和北美地区的形式广泛的斗争政治过程中，将策略性互动、意识和作为历史积淀的文化因素考虑在内。

麦克亚当等人写道："对从社会运动研究的核心领域兴起的三种主要的研究方法进行综合，比不同流派之间的无休止的争吵对于理论的发展来说有好得多的前景……如果不更自觉地关注能够包含这些研究的方法论，那么对斗争政治进行比较研究的任何严肃的尝试都不可能成功。一个潜在的统一方法论——对斗争时事件进行系统的跨时跨域比较——在这方面有远大的前景。"①

（二）基于机制的研究

社会运动涉及的是一项有关抗争性的事件，意味着一群人为了特别的目标而组织起来反抗另一个特定的人群（主要是政治当局）的事件。这其中涉及一些需要予以考察的要素。为何相互共存的人群之间既相互妥协又相互抗争？这两类群体之间各自具有什么样的特征和行动方式，使得社会运动得以产生和阻隔？两类人群之间进行了什么样的策略性互动使得抗争具有周期性的反复？因此，辨明斗争政治中的行动者、他们的要求、他们的要求所针对的对象以及对提出要求所作的反应成为社会运动研究需要解决的问题。

早期的社会运动的研究，选择了其中的某一横截面予以解释其发生。有的学者（特别是以欧洲社会运动研究的学者为代表，如阿兰·图海纳）注重从宏观的社会背景的变化说明人们传统生活方式受到的冲击和影响而产生的

---

① 参见马克·利希巴赫、阿兰·朱克曼《比较政治：理性、文化和结构》，中国人民大学出版社 2008 年版，第 215 页。

抗争行为，要么是保守传统回归过去，要么是激进变革期许未来。有些学者注重从精英层面的体制化和制度化层面分析影响社会运动的构成性要素（如彼得·艾辛格和西德尼·塔罗）。有些学者开始从下层抗争民众的组织化、资源动员等方面探讨社会运动（如查尔斯·蒂利）。这种分割性的研究方式，一方面使得对社会运动的某些方面的研究得以深入；但是另一方面不能完整说明社会运动发生的复杂性。当人们对社会运动的要素性构成（如机会结构、动员结构、集体行动框架和斗争手法等）即社会运动的静态性特征给予详细的关注时，还有必要关注社会运动这些构成要素的有机运作的方式和过程，特别是其动态性的联结方式。这样社会运动研究就必然需要走向两种研究方法上来：一个是对社会运动研究的整合性视角；另一个是完整的看待社会运动，需要从不同社会运动中看到相似的运行方式，找到解释社会运动发生的因果关联。这种一再出现在不同社会运动中的相似性的构造方式和动作原理，我们称之为社会运动研究的“机制性”解释。

“机制”一词最早源于希腊文，主要是指机器的构造和动作原理，后来生物学和医学通过类比借用此词，用以表示有机体内发生生理或病理变化时，各器官之间相互联系、作用和调节的方式。后来机制一词被引用到社会科学领域，表示各构成要素之间相互联系和作用的关系及其功能。罗伯特·默顿把社会机制定义为“对于社会结构的特定部分具有特定作用的社会过程”①。默顿等人更多地将机制定位在静态理解的制度和结构上，相对来说，也就忽视了动态的社会机制。赫德斯特姆和斯维尔伯格则挑战了这种机制理解，详细说明了各变量之间相互连接起来的机制，即转向动态性机制的探索。② 麦克亚当、塔罗和蒂利在赫德斯特姆和斯维尔伯格等人的基础上，将机制看成是“明确限定的那类重大事件，它们在各不相同的条件下，以同样的或者极为相似的方式，使特定要素之间的关系发生改变”③。

结合上述两种机制的理解，结合社会运动研究的三种视角，从某种

① Merton, Robert K, “The Self - Fulfilling Prophecy”, *in Social Theory and Social Structure*. New York: The Free Press, 1968, pp. 43 - 44.

② Hedstrm, Peter and Richard Swellberg, eds. 1998. *Social Mechanism: An Analytical Approach to Social Theory*. Cambridge: Cambridge University Press. pp. 8 - 9.

③ 道格·麦克亚当、西德尼·塔罗、查尔斯·蒂利：《斗争的动力》，凤凰传媒集团、译林出版社2006年版，第30页。

意义上，社会运动发生的机制大致包括环境的机制、认知的机制和相关性机制①。所谓环境的机制，意指从外部产生的、对社会生活产生影响的各种条件的影响力。如人口的迁移和增减、城市化、工业化、资本主义、环境变化等。此种机制能够直接发挥作用，也可以和其他机制相互结合发挥作用。认知的机制指的是通过个人和集体的感知起作用。如承认、理解、重新解释和分类这样的词汇体现了认知机制的特征。当我们判断参与一项社会运动是一项正义的事业，是一项没有风险的行动，或者是对政治机会的确定性把握，以及获得足够的支持可以获得成功的信念时，或者是对社会运动给予广泛的同情或认同时，认知的机制在社会运动发生过程中可能发挥重要的作用。相关性机制指的是使人们、群体和人际关系网络之间的联系发生改变。社会运动在不同的地方的社会性利用、资源动员、居间联络、规模扩大和行动效仿从一定意义上是相关性机制的体现。

不同的机制可以单独发挥作用，也可以联合起来发挥作用，它们之间的不同的次序、组合，将使它们在社会运动中发挥不同的作用，或者在不同的环境中，发挥相同或相似的作用。同时也应记住，相同的机制往往可能导致不同的结果。如“发信号机制”可以暗示着信心百倍地参与到社会运动中来，也可能暗示着危险的来临，需要取消社会运动等。探求社会运动内在机制，就是将其中可能导致情况变化的要素和运行机理识别出来。一个社会运动中往往可以发现各种不同的机制的序列和组合，从而将不同形态的、变化不定的和自我建构的行动者、认同以及各种行动的互动形式展现出来，根据它们可能的面貌来解释社会运动的发生情况，分析这些机制将成为解释社会运动发生的关键所在，从而也能展示社会运动发生的过程以及整体事件的完整描述。

麦克亚当等人在对前述经典社会运动机制研究进行总结的基础上，认为关于社会运动的抗争研究必须进行相应的改造，如图 1—8 和图 1—9 所示②。

他们认为经典的社会运动的机制研究，如图 1—8 所示，主要关注社会

① 同上书，第 32—33 页。

② 道格·麦克亚当、西德尼·塔罗、查尔斯·蒂利：《斗争的动力》，凤凰传媒集团、译林出版社 2006 年版，第 21—22、55—57 页。

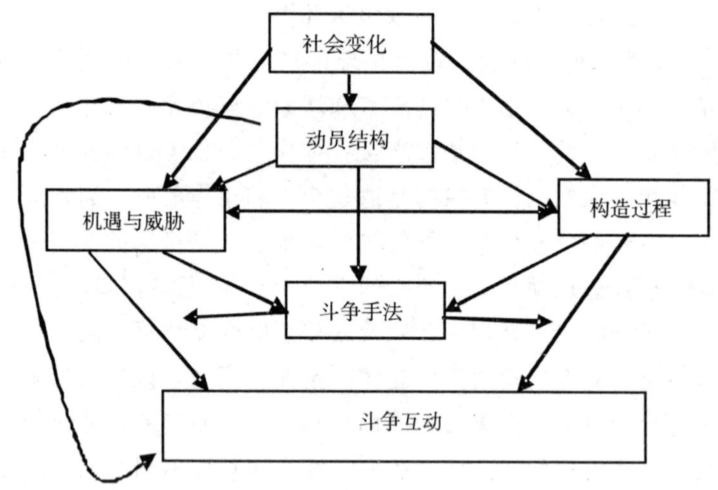

图 1—8 解释斗争政治的经典社会运动议程

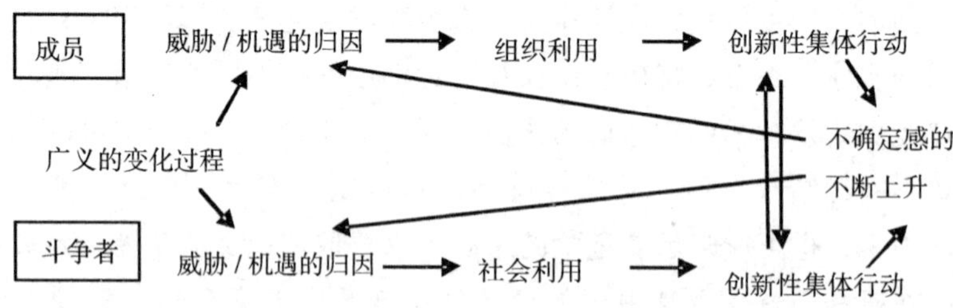

图 1—9 斗争政治之动员的动态的、互动性的框架

变化是如何以及在何种程度上影响到对潜在行动者产生影响的机遇，促进潜在行动者内部沟通、协调和做出承诺的动员结构，产生对于当前正在发生的事态的共同界定的构造过程；结构在何种程度上以及如何形成机遇、形塑构造过程和斗争中的互动；机遇、动员结构和构造过程在何种程度上以及如何决定了斗争的常用手法——斗争政治的参与者提出集体要求的一系列方式；现存的斗争方式在何种程度上以及如何一方面调节机遇与斗争之间的关系，另一方面又对构造过程与斗争性互动关系加以调整。

道格·麦克亚当等人认为这些关于社会运动机制的研究都是静态的而非动态的，集中关注的是单个运动而不是单个运动只是作为其中一部分的更为广泛的斗争事件，它对历史和文化构成未予以特别的明确，因而他们力图将这些静态的机制融入动态的构造之中。

从图1—9中可以看出道格·麦克亚当等人的努力，他们努力在社会运动等斗争政治研究中体现环境的机制、认知的机制和相关性机制的综合性的、动态性的发现和阐释。但是作为政治过程研究的开拓者们，他们提出的社会机制，据库普曼斯统计，达到44种（麦克亚当在著作中对机制和过程进行了区分，但是在后续的论述中，似乎两者界限并不分明），既分不清哪些机制起着至关重要的作用，也难以看出这些机制之间存在什么样的规律性联系。[①] 麦克亚当等人不仅对机制的分析显得庞杂而模糊不清，而且他们将这些机制放在一个个具体的事件中，通过动态的过程来分析这些机制的存在，并没有说明这些机制和社会运动之间的因果关联，从某种意义上，更多是描述性的，而非是解释性的。在麦克亚当等人关于这些机制研究的著作《斗争的动力》出版以后的一次学术讨论会上，此书受到了一些合理的批评，即认为该书出现了12种机制和过程，却未曾对此加以细致的界定，也未能提供翔实的证明，遑论精确地显示它们是如何发挥作用了。该书对于从事斗争政治研究的学生和学者们可据以检测其解释之可靠性的方法和证据，依然不甚了了。该书未能对其要义做直截了当的陈述，而是沉醉于复杂的情况、不着边际的铺陈与实际的例证之中。[②]

（三）研究的内容

前人的研究成果成为指导本书写作的重要的知识源泉，特别是麦克亚当等人关于斗争政治的三种概括性的机制理解，成为本书写作的基本指南，以及他们提出的整合社会运动研究的三种理论方法，也成为本书努力的一种方向和使命性追求。但是我们将摆脱他们的“事件—过程—机制”的论述模式，这样的论述使得关于社会运动的研究落入一个个具体运动的泥潭之中，同时也使得论述复杂化，更难以发现机制在社会运动发生过程中的作用。

从某种程度上来说，社会运动是关于一种抗争的集体行动，特别是对于政治当局的一种抗争行动。因此社会运动研究可以放在国家与社会关系

① Koopmans, Ruud, “A Failed Revolution - But a Worthy Cause”, *Mobilization* Vol. 8, 2003, pp. 116 - 119.

② 查尔斯·蒂利、西德尼·塔罗：《抗争政治》，凤凰出版集团、译林出版社2010年版，第2页。

视角下，通过社会运动抗争者和抗争对象之间各自对社会运动，以及他们互动对社会运动产生影响的三种机制进行分析，以便清晰地呈现社会运动发生的机制。通过这样的结构性安排，我们努力将导致社会运动发生或者阻碍其发生的宏观与微观的要素、静态和动态的机制结合起来，展示其内在运行机理和行动方式。我们把社会运动发生机制的研究放在“变迁—冲突—互动”的论述之中。

不过，依然需要澄清的是，关于社会运动发生机制的论述，并不意味着这些机制决定着社会运动的必然发生，但是可以肯定的是，如果没有这些机制的作用，社会运动绝对不可能发生。同样需要说明的是，这些机制的序列、组合，使得社会运动可能具有不同的走势，产生不同的结果。我们努力的方向是不断辨析那些一再出现的因果机制，并使之明晰化，以识别社会运动得以发生的可能性和不可能性。为此，在绪论之后，我们的论述内容将包括以下一些方面，如图 1—10 所示。

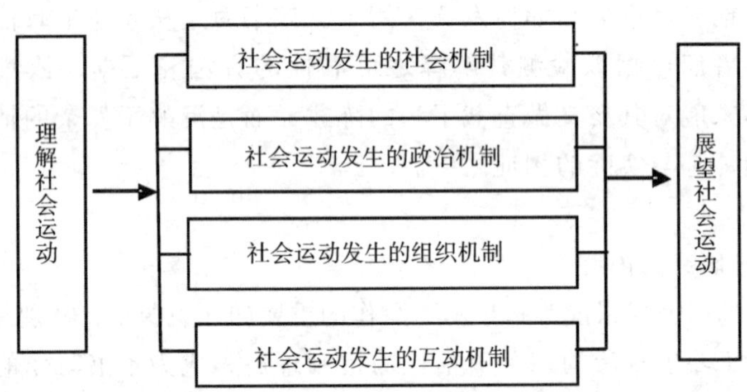

图 1—10　社会运动发生机制的研究框架

1. 社会运动作为研究对象，必然要对其概念、特性进行厘清和辨析，以更好地把握社会运动内在的发生机制。为此，将通过其家族相似性的比较方式，以及不同学者对其界定的共同性来理解社会运动。

2. 宏观社会环境的变化，将对社会运动的对抗双方以及第三方都产生一定的影响。他们对环境变化的理性认知、受其影响程度，特别是生活方式的变化程度，促发各自的行动性反应和互动性反应，成为社会运动发生的情境性机制。这些环境的变化包括经济变化、社会风气的变化、人口变迁、资本主义化和无产阶级化等。

3. 作为社会运动抗争对象的一方，政治当局的性质、体制、政治机会结构、对社会运动的认知判断以及所采取的手段，这些机制的不同组合，从一个侧面影响社会运动发生的可能性和不可能性。

4. 作为社会运动抗争的一方，其领导能力、资源拥有量、组织动员、行动框架以及抗争手法的利用，也是影响社会运动发生可能性和不可能性的重要机制。

5. 社会运动抗争双方的策略性互动、合法性确认与撤销、边界激活和钝化、认同建构与改变，使得社会运动呈现周期性的变化。

6. 通过对社会运动的展望，探求社会运动发生的现实形式和未来趋势。通过对社会运动当下治理的行动概述，探索治理社会运动的合理化路径，以增强预见性和预防性，使得社会运动的发生从无序走向有序、从暴力走向温和、从破坏性走向建设性，以期在社会运动频发的时代，建立国家和社会良性互动的建设性关系。

第二章　理解社会运动

托马斯·库恩认为，任何一项研究需要在一个公认的范式中进行。一个范式（Paradigm）就是一个公认的模型或模式（Pattern）……这既不是说它能完全成功解决某一个单一问题，也不是说它能明显地解决任何目的问题。范式就相当于把研究的问题塞进一个盒子里，而那些没有被装进盒子里的现象，常常完全被视而不见。范式所表明的是特别能揭示事物之本质的那类事实，通过运用这些事实解决问题，能使这些事实以更大的精确性和在更多样的情况下得以确定。①

一个范式包含学术共同体广泛认同的前提假定和核心概念。不过，越是重要的术语越可能被滥用②，社会运动也不例外。从知识社会学的观念来看，社会运动、叛乱、恐怖主义、革命、改革、激进主义、骚乱、暴力、恐怖等概念，要么就是民族中心主义、时代中心主义的，要么就是以阶级为基础的，其类似的标签归因于大众传媒、政府官员和涉及其中的群体。必须从这些政治标签中建立概念性框架，去理解围绕这些标签形成的条件和动机，探求理解和解释特定形象的范式框架，概念锁定在学术群体特定的认知之中。

学术研究需要对其进行澄清，辨析其中的内涵，了解它的外延，从而更好地分析其中存在的运作机理和行动方式等。这是一个研究领域乃至学术共同体形成的重要前提。一般来说，对于概念的辨析主要从两个方面入手：第一是从相似概念入手进行辨析，理顺概念“家族相似性”之间的异同；第二是从不同学者对概念的理解中寻找相似性的特征要素。在社会运动的概念辨析中，其家族相似性主要表现为“集体行为、社会运动和革命的异同比较”。在这三者的比较中，不同学者的认知理解和研究取向

① 托马斯·库恩：《科学革命的结构》，北京大学出版社2003年版，第22—23页。

② 彼得·卡尔佛特：《革命与反革命》，吉林人民出版社2005年版，第1页。

的差异被贯穿起来。通过这样的比较，社会运动的内涵、所具有的本质特征、包含的要素等被界定。

一　家族相似性：从革命、集体行为到社会运动

社会运动、革命和集体行为都是多数人集体参与的行动，从这个意义上来说，它们都可以称之为“集体行为”。但是，当我们赋予集体行为特定含义的时候，即把它界定为奇怪的和不同寻常的群体行为时，革命、社会运动与集体行为就有很大的差异，仅具有家族的相似性。大多数集体行为的理论家（特纳、基里安和斯梅尔塞等）认为社会运动只是集体行为的一种，但是也有许多社会运动理论家将社会运动与集体行为和革命区分开来，认为它是独立的现象（如查尔斯·蒂利和西德尼·塔罗等人），不过，正是因为家族的相似性特征，在具体的社会运动历史和案例研究中，特别是解释社会运动发生的内在机制时，很难将它们决然分开，所以蒂利等人在后期的研究中，将其统一归入斗争政治的研究领域。在这家族相似性研究中，最先给予关注的是“革命”这样的社会现象。

（一）聚焦革命

由于集体行为对社会的影响力的不同，学者们一开始给予革命更多的关注，因为革命对社会的影响力和颠覆力，是其他集体行动所无法比拟的。因而革命成为最主要的解释对象，特别是对世界历史产生巨大影响的法国革命、英国革命、俄国革命和中国革命等。革命研究的兴趣一直不减，何俊志、王学东在斯考切波的《国家与社会革命：对法国、俄国和中国的比较分析》的译者序中认为，革命的研究已经经历了四代学术上的理论创新。[①]

革命是个复杂的术语，在20世纪40年代之前，可能不存在理解上的困难，但是之后，革命的理解却出现革命与反革命中的“什么才是革命”的难题。一方面认为，革命是变革的希望；另一方面，革命是对自由世界的价值观的最大威胁。革命卷入了意识形态阵营划分之中，每个人都声称

① 西达·斯考切波：《国家与社会革命：对法国、俄国和中国的比较分析》，上海世纪出版集团2007年版，译者序第XI页。

自己所做的就是革命，革命是一种热切的、动荡的、令人兴奋的术语。但是无论如何，革命都表现为一种集体行动的事件，其中很多学者对革命的理解做出知识性贡献。

彼得·卡尔佛特认为，“革命”一词在政治学中的使用，始于15世纪的意大利，指的是在政治方向上的突然变动。1688年所谓的光荣革命的时候，这个词依然呈现的是“新的统治者或政治组织通过武力取代旧的统治”。然而，到了18世纪，由于1688年的事件不再被认为仅仅是孤立的事件，而是以英格兰内战为起点的一系列变革过程的结束或顶点。当人类历史经历过法国革命、俄国革命和中国革命以后，“革命”一词开始改变其含义了，虽然它还保留着原有的、广泛的含义。“革命”这个词扩展成为指涉政治动乱和社会剧变之后恢复政府秩序、参与政府的概念，以及变为向一个更文明的社会进步的意义上的术语。这时所谓的革命，严格意义上，是政治系统的一场全面的暴力变革，不仅仅改变社会的权力分布，还导致了整个社会结构的重大改变。在政治科学里，其主要的含义是：有所准备的、有所意图的，而且经常是暴力性的，由一个新的统治阶级领导动员其民众反对现存体系、推翻旧统治阶级。[①]

马克思正是在这个意义上形成了自己的革命观。马克思在《〈政治经济学批判〉序言》中认为“当社会的物质生产力发展到一定阶段，便同它们一直在其中运动的现存生产关系或财产关系（这只是生产关系的法律用语）发生矛盾。于是这些关系便由生产力的发展形式变成生产力的桎梏。那时社会革命的时代就到来了”。[②] 马克思的革命观点是基于技术革命而形成的矛盾运动过程，必然发生政治革命；如同马克思和恩格斯在《共产党宣言》、《路易·波拿巴的雾月十八日》和《法兰西内战》中，使用革命这一术语的方式，“可能最为紧密地与马克思主义相联系，它意味着对国家政权的武力攻击，由新的社会阶级或社会组织接管国家政权”[③]。继之政治革命之后是执政的适应生产力的新生力量的阶级对社会进行彻底的改造，从而发生社会革命，毫不奇怪，马克思假设——而非说服或证明——实现社会主义社会的一个工具是革命的、新的、伟大的力

① 彼得·卡尔佛特：《革命与反革命》，吉林人民出版社2005年版，第3—5页。

② 《马克思恩格斯选集》第2卷，人民出版社1995年版，第32—33页。

③ Gavin Kitching, *Karl Marx and the Philosophy of Praxis*, London and New York: Routledge, 1988, p. 121.

量。马克思在对无产阶级和资产阶级的比较分析中，认为革命是历史的火车头，是一种大规模社会转型的术语，是具有超越性意义的事件，标志着人类历史的一大进步。正是在对马克思关于社会革命的理解基础上，斯考切波通过对法国、俄国和中国革命的比较分析来界定社会革命。这些革命深深地改变了国家组织、阶级结构和支配性的意识形态。社会革命是一个社会的国家政权和阶级结构都发生快速而根本转变的过程，与革命相伴随，并部分地实施革命的自下而上的阶级反抗。社会革命之所以不同于其他类型的冲突和转型过程，首先在于它是两个同时的组合：社会结构变迁与阶级突变同时进行，政治转型与社会转型同时展开。相反，造反行动，即使在取得成功的时候，或许包含有被支配阶级的反抗——但是其最终结果并不是结构变迁。政治革命所改造的是政权结构而非社会结构，而且并不必然要经由阶级冲突来实现。①

安东尼·吉登斯以一个社会学家的谨慎来界定革命，他首先说明革命不是什么，一场仅仅用一批领导人更换另一批领导人的政变并非“社会学意义上的革命”，革命必须包含一场群众运动，导致大规模的改革或变革过程，而且涉及运用或威胁运用武力。因此，他的定义是：“群众运动的领袖通过武力方式取得国家权力，并随之以其用来发动大规模社会变革。”②

卡尔佛特在对几种革命模型分析的基础上得出革命是一个复杂的术语，至少包含四个方面。首先，它指一个过程：一些重要因素不再留恋既有政权，并转向反对这一政权的过程。其次，它指一个事件，一个政府被武力或威胁使用武力而推翻的事件。再次，它指一个计划，新成立的政府试图改变它所要负责的社会的各个方面的计划。最后，一个但并非最终一个方面，它指一个政治神话，讨论得更多的是应该是什么而非实际上是什么。由于每个方面都在起因上和其他几个方面相互独立，因此其共同的因素是第二个方面——事件，只有通过观察是否发生了这一类事件，我们才能判断是否发生了革命。

据此他认为革命具有这样四个特征：首先，革命是突发的。所有社会

① 西达·斯考切波：《国家与社会革命：对法国、俄国和中国的比较分析》，上海世纪出版集团2007年版，第3—5页。

② Giddens, Anthony, *Sociology*. Oxford, Polity Press, 1989, pp. 604 – 605.

缓慢发生的政治、社会和经济变革都能，且确实引起了重大的变化，但是它们都不是革命。其次，革命是暴力性质的。所有政治系统最终都依赖武力的运动，而且在定义上政治系统就是享有对物质强迫手段运用的合法垄断。但是在革命中暴力并非最终手段，而是保证变革进行的关键手段。所有被广泛认可的革命都伴随着高度的物质暴力。再次，革命是政治演替。它要求一个统治集团为另一个统治集团所取代。因此，革命属于那种其本质需要在发生之后才能被确定的事件。任何旨在推翻政府、掌握政治系统、带来长远影响的变革的不成功的尝试都不能算作是革命。最后，革命是变革。如果没有什么变化，那也不是革命。但对于革命之后将发生什么变化、或多大变化却基本上没有共识。变革的本质在很大程度上是政治主导的，因此革命是一个本质上充满争议的概念。[①]

20世纪革命这一术语涉及民族解放、共产主义以及意识形态，革命这一概念由于其内在争议性的特征而被一些学者所摒弃，而采用其他一些他们认为更有意义的或更“圆滑”的概念，如内战、冲突以及政治不稳定等，但是它们都不能完整解释革命所包含的内在意义。革命意味着整个社会的反叛和广泛参与以彻底废除国家并予以重建，指的是国家范围内的社会各阶层的最广泛参与，以用一个新的政治社会秩序来推翻或替代原有的政治社会秩序。它完全不同于反叛。反叛（rebellion）经常被限定在努力推翻国家政权。[②] 从这个意义上说，反叛、暴动起义指的是对政治权威的拒绝和背叛，在某种程度上说，意味着是社会上一部分民众对政治权威的背叛的集体行动形式。虽然冒犯政权是起义、反叛和革命一个共同的因素，但相对于革命而言，它们的范围和影响都是有限的。革命并不在于使用暴力手段以使社会组织发生深刻的变化，而在于它有能力促发社会各阶级关系的重大转变。[③] 革命从某种意义上意味着整个社会的重塑。从这个角度而言，（人类历史上）只发生过很少的几次革命。经常被举出来的例子是英国革命（在英国还经常被称为内战）、美国革命（在英国尚被称为

---

① 彼得·卡尔佛特：《革命与反革命》，吉林人民出版社2005年版，第20—22页。

② Schuman, Fredrik, "Insurgence", in R. Edwin and A. Seligman (eds), *Encyclopaedia of Social Sciences*, vol. VⅡ—VⅢ, pp. 18－116. New York: Macmillan, 1948, p. 116.

③ Meusel, Alfred, "Revolution and Counter Revolution", in R. Edwin and A. Seligman (eds), *Encyclopaedia of Social Sciences*, vol. VⅡ—VⅢ, pp. 367－375, New York: Macmillan, 1948, p. 368.

美国独立战争)、法国1789年革命、墨西哥1910年革命、俄国1917年十月革命、中国1949年的革命，以及1959年的古巴革命。可能从中国1912年的革命一直到1979年尼加拉瓜和伊朗革命，另外还有十几场革命被广泛——如果不是普遍——认可为是主要的社会革命的合法的例子。[①]

（二）骚乱与集体行为的转向

在人类历史长河中，革命毕竟是极为罕见的现象。詹姆斯·斯科特在《弱者的武器》一书中认为，像革命这样大规模的、公开的、有组织的导致重大结果性变迁的社会现象，在大部分历史过程中，是极少的，甚至罕见得以成功。[②] 当人们的研究视线从革命移开以后，既关注集体行动对社会的影响力，又关注其在日常生活中的发生频率时，“骚乱”开始成为人们关注的社会现象。骚乱是个笼统而又难以界定清楚的概念，可能因人们处在不同的位置和立场而给不同形式的行为贴上不同的标签。骚乱包含两种类型，一种是针对政府的骚乱。因社会中的等级制结构、残酷的社会不平等以及社会的不公正等，而发动的指向政府当局的具有暴力倾向的动乱，其中包括谋反、暴动、起义、叛变、兵变、政变等，甚至包括小规模的恐怖主义行动和游击战争；格尔将其界定为有限民众参与的政治暴力行为[③]。这样谋反性骚乱主要来自两个方面：一个是体制外的民众发动的叛乱性行为，包含着暴动、起义、暗杀、游击战争等；另一个是体制内成员发动的谋反性的叛乱，具体包括政变、兵变等行动。一般而言，谋反性骚乱已经包括很强的目标规划性和组织性，使其冲突超越偶然性骚乱所无法达到的程度，而使社会冲突程度达到更高的级别。但是谋反性骚乱和革命相比较而言，其社会冲突的剧烈程度和对社会的变革程度，依然处在一个较低的层面。另一种骚乱是因即时性情况而发生的偶发性的、无目的的、稍纵即逝的集体性动乱，如斯梅里（Smellic）认为，骚乱是“一种临时的、暴力性的大众动乱行为的爆发”[④]。它是突然的爆发，伴随着一腔怒火去反对目标群体，然后很快消失，有时可能会带来死亡和破坏。格雷·

---

① 彼得·卡尔佛特：《革命与反革命》，吉林人民出版社2005年版，第6页。

② 詹姆斯·斯科特：《弱者的武器》，凤凰出版传媒集团、译林出版社2007年版，第2页。

③ Gurr, Ted R, *Why Men Rebel* , Princeton, NJ: Princeton University Press, 1970, p. 11.

④ Smellie, K, “Riot”, in R. Edwin and A. Seligman (eds), *Encyclopaedia of Social Sciences*, vol. XIII, pp. 386 - 391. New York: Macmillan, 1948, p. 386.

马克斯（Gary T. Marx）认为，“骚乱是一个相对自发的群体以暴力行为去反对传统的规范”①，也有可能是带有目的性的、突发性的、暴力性的动乱。如斯梅尔塞在关于集体行为分析的框架中认为，“骚乱属于敌意的突然发生”（hostile outburst）的集体行为，其敌意的突然爆发是在敌意信念之下的一种动员式行动。② 格尔在对政治暴力界定的三种类型中，认为骚乱是许多民众自发参与的、非组织化的政治暴力行为，包括暴力性的政治罢工、暴动闹事、政治冲突、地方反叛。③

与其他集体行为不同的是，骚乱一直是暴力的，骚乱可能因宗教、派别、社区、经济、政治和种族争端而爆发。值得注意的是，有时候，敌意的集体行动像骚乱可以导致大规模的持续的社会运动，甚至革命。发动革命和骚乱的主体可能是体制内的，也可能是体制外。区分这些一般性集体行动的依据是在于其暴力性、规模性、彻底性、时间性以及组织化程度。但是它们并没有在国家与社会之间进行一定的区分，从而混淆了体制内抗争、体制内力量利用社会力量发动的抗争以及体制外发动的抗争之间的区别，同时也混淆了抗争针对的是政治上的、社会上的集体抗争的类型，使得研究术语还是呈现混乱的局面。

集体抗争家族群进一步得以细分，20 世纪 20 年代，一批学者（如帕克、特纳和布鲁默等人）开始对一种体制外的、无目的的、非组织化的、非理性的群体行为的研究，他们称之为“集体行为”。这些集体行为大体等同于大众行为、集体动力学和大众现象等。④ 此后多年，对集体行为研究局限在“乌合之众的行为”（mob behavior）或者叫“大众的疯狂行为”（mass hysteria）之中。一旦人们失去理性或一时的疯狂，集体行为就会出现。关于群体非理性、疯狂和暴力等集体行为的研究，使得集体行为的学术意义区别于它的常识性理解，即一群人聚在一起从事一项活动的行为，这项活动可能是偶然的、突发的，也可能是经常的、可预期的；可能是非制度化、非组织化的，也可能是制度化、组织化的；可能是暴力的，也可

① Marx，Gery T，“Issueless Riots”，in James F. Short JR. and Marvin E. Wolfgang（eds），*Collective Violence*. New York：Aldine Atherton，1972，p. 50.

② Smelser，Neil J.，*Theory of Collective Behavior*. London：Routledge and Kegan Paul，1962，p. 3，226.

③ Gurr，Ted R. *Why Men Rebel*，Princeton，NJ：Princeton University Press，1970，p. 11.

④ Smelser，Neil J. *Theory of Collective Behavior*，London：Routledge and Kegan Paul，1962，p. 2.

能是非暴力的；可能是有持久目标的，也可能是暂时目的性、临时起意的等。概念如果囊括所有内涵，可能因为其过于宽泛而失去解释的力度和分析的精确性。因此学术界把集体行为作为一种研究对象，其内涵区别于集体行为的常识性理解，并在其中给予一定的限制性规定。

戴维·洛克认为，集体行为就是“一群人从事不寻常的事情”。所谓“不寻常”是指行为超出了人们的预期，或者超过了特定场境中的惯常做法或一般情况下的惯常做法。[①] 集体行为超出了正常的期望和特定社会群体中标准的行为规范。当然，洛克在论述中同样提醒我们，集体行为能够采用多种形式出现，有的很明显地不寻常，有的却不是。这主要可能因为在一个特定情形中是不正常，在另一个情形中却视为理所当然；在某一时间段是不正常的，在另一时间段却习以为常。

印度学者拉金德拉·斯林（Rajendra Singh）区分了群体行为和集体行为、冲突性集体行为和日常性集体行为。[②] 各种形式的个人之间的互动、没有共同目标的冲突，即使是群体性的，也不能称之为集体行动，顶多是一个群体行动，即是一群不知姓名的乌合之众行为，它缺少组织和结构，这些乌合之众往往围绕一个即时性的争端突然爆发的行动，它消失得也很快，这些突然的、短暂的群体行动现象是非制度化的，它可能涉及暴力，也可能没有暴力。拉金德拉·斯林认为不是所有的集体行动都是冲突的，那些规范导向的、制度化的和日常性的集体行动，如庆典活动、节日活动和宗教仪式活动，虽然也涉及大多数人参与，但是不同于非制度化的冲突性的集体行动，像那些群体性暴力活动、骚乱群体、反叛群体和革命同志以及恐怖主义团体活动等。

拉金德拉·斯林所认为的集体行为首先是非制度化的集体行为。从有组织的、但是非暴力的和消极的集体抵抗像静坐、联合抵制和罢工、工人纠察队与和平地喊口号的游行示威，到有暴力的集体冲突像骚乱、反叛、革命，有时甚至是社会运动。其次，关注集体行为的冲突性。根据这些集体行动成员可以评估和认识他们的争端、目标和价值。依靠组织的水平，冲突性集体行动的形式可以得到发展，覆盖面可以是小范围的，也可以是

---

① David A. Locher . *Collective Behavior*, Pearson Education, Inc, 2002, pp. 1 – 2.

② Rajendra Singh. *Social Movements*, *Old and New*: *A Post – Modernist Critique*. Sage Publications : New Delhi Thousand Oaks Calif London, 2001, pp. 29 – 37.

大范围的；持续时间可以是短暂的也可以是长久的，参与的群众可以是有限的、地方性的，也可以是广泛的、大范围的。最后，斯林提醒我们集体行为在于非制度化和制度化、非冲突性和冲突性之间的转化性。那些非制度化的，但却是非冲突性的集体行动，如自愿地去救助那些受到灾难（如洪涝、疾病传染和地震等）打击的受害者的集体行动。这种保护同伴的集体行为是非冲突性的，不过，这些行动如果被其他群体的人挑战、质疑和反对，这些非冲突性的、非制度性的集体行动可能转变成冲突性的集体行动。赵鼎新对集体行为的定义与斯林相类似，认为集体行动（collective action），就是有许多个体参加的、具有很大自发性的制度外政治行为。[①]

这些研究集体行为的学者在群体心理学理论的影响下，认为社会运动也是一种非制度化的、体制外的非理性的抗争行为，不过具有了目的性的、组织化的集体行为，不过是集体行为的一种形式，因而并不需要从集体行为研究中单独区分出来。斯梅尔塞曾经认为，“集体性的社会运动是集体的努力去调整漫长时间内形成的规范和价值”[②]。实际上，斯梅尔塞“规范和价值导向”的社会运动概念包含了革命和“敌意的突然爆发”的其他形式[③]。虽然也有学者认为，社会运动不同于革命或其他集体行动，但是社会运动可能倒向或转化为革命，当它转向成为革命的时候，运动本身的特征停止了，它变成了另一种形式的集体行动。正如图海纳（Touraine）利用博内尔（Bonnel）的1914年俄国经常发生的却又独立的劳工运动的历史资料所进行的质疑。图海纳认为，每一个关于新的政治社会秩序的革命行动的创造都意味着建立在它之上的社会运动的毁坏，农神萨坦吞食了他的孩子，而革命却吞噬了它的父亲[④]。不过这并不是像查尔斯·蒂利所认为的那样是“从动员到革命”的线性路径。这使我们清晰地理解了社会运动与革命的区别。虽然骚乱、反叛、起义、革命和社会运动都是非制度化的集体行动，但是它们不是相同的。社会运动是不同于集

① 赵鼎新：《社会与政治运动讲义》，社会科学文献出版社2006年版，第2页。

② Smelser, Neil J., *Theory of Collective Behavior*, London: Routledge and Kegan Paul1962, p. 3.

③ Ibid., pp. 313, 319, 271－272.

④ Tourain, Alain., "An Introduction to the Study of Social Movements", *Social Research*, vol. 52, No. 4, 1985, pp. 787－49, 754－755.

体行为的一种社会现象，有其独特的行为特征。

（三）走向社会运动

18 世纪后期在西欧的集体抗争家族中出现了一种有别于革命、骚乱和集体行为的方式，特别是自发的工人阶级运动转变为自觉的工人阶级运动时，尤为如此。而且到 20 世纪 60 年代，这些抗争行为类型的差异性尤为明显，体现在种族运动、公民权利运动、女权主义运动、学生运动、抵制越南战争运动以及随后被效仿而发起的环境保护运动、和平运动等与骚乱等集体行为的区别上。这些运动虽然也是一种非制度化的抗争和不同寻常的集体行为，但是其目的性更强，具有组织化、规模化以及在时间上更为持久的特性，同时这些社会运动并不是非理性的行为，而是理性化的、经过深思熟虑的行动，他们越来越淡化暴力行为（虽然有时也爆发暴力冲突），他们发展起来的一套行动的表演方式，完全不同于以前的暴力行动，如静坐、示威、游行以及佩戴袖标、呼喊口号等象征性符号的行为，已经成为社会抗争中广泛为之效仿的典范。这种社会现象客观存在，但要对其在学术上进行清楚的界定，并达成学术上的共识，却是一个漫长的过程，也是一项艰难的使命。

从各自的位置、观察的视角，针对同一个事物，所做的界定千差万别。没有人拥有“社会运动”这一术语的所有权，不论是社会运动的分析者、批评者，还是社会运动的参与者，都可以按照自己的想法使用这个术语。但是雷恩·罗伯特和罗伯特·卡洛斯认为，界定社会运动有三个理由是至关主要的。第一，标准问题，运动是怎样被挑选出来的以及运用什么样的概念来论述这些运动？第二，价值问题，当分析这些选择的运动及其概念时，什么样的价值是含蓄的、清晰的以及相关的。如把一个事物称作暴动、骚乱或种族灭绝，所表达的是对事件参与者的针砭；而把一个事件称作压倒性的选举胜利、军事胜利或和平解决，所表达的则是对事件组织者的褒扬。第三，因果关系问题，在当今社会科学中，在假定对事情因果分析的情况下，按照有益的条件和动机，如何对运动进行有意义的解释？① 概念被锁定在一定的社会背景和认知理解之中，概念能够探索这个

① Ron E. Roberts and Robert Marsh Kloss, *Social Movement: Between the Balcony and the Barricade*, The C. V. Mosby Company, 1979, p. 3.

范式背后所包含的现实、对象、价值观和判断标准。

“社会运动”这一术语是19世纪的发明。1842年，德国社会学家洛伦茨·施泰因出版了《法国社会运动的历史》一书，在这部著作中，他通过统治阶级和被统治工人之间的冲突来说明法国社会运动，首次提到西方工业化国家劳工运动。8年后，他对这个版本进行扩充，命名为《1789年至今的法国社会运动史》，在这部著作中，他把“社会运动”这一术语引入到有关大众政治反抗的学术讨论之中。在他看来，“社会运动”一词最初所表达的，是指作为整体的工人阶级获得自我意识和权力的自成一体和持续不断的过程。他在一个较大的社会网络里看到了社会运动的原因，经济制度（资本主义）促使了工人阶级的依附性、异化、冲突和矛盾，引发抗争运动，走向社会主义。在他看来，社会运动就是工人阶级走上社会主义的运动。[①]

同一时期的马克思和恩格斯在《共产党宣言》中也采取了与之相同的表达方式，他们宣告，“过去的一切运动都是少数人的或者为少数人谋利益的运动。无产阶级的运动是绝大多数人的，为绝大多数人谋利益的独立运动”。[②] 马克思虽然没有特别撰写运动社会学的著作，但是他系统地论述了阶级斗争，以至构成了广泛的社会变迁理论。马克思认为运动和阶级行动将最终从一个阶级与另一个阶级力量的对抗中产生，在他那个时代就是无产阶级与资产阶级的对抗。这种冲突将在社会结构基础和上层建筑的控制之上。运动是历史的必然性，由于统治阶级在他们登上历史舞台之后，试图对产品进行控制，因而工人阶级革命的生活方式是不可避免的，伴随着这种解释，其他的运动都是附属性的。马克思此后的整整一个世纪，社会运动对欧洲人来说就是社会主义——共产主义的劳工运动。今天，这个狭窄的概念不再得以维持，二战之后的社会学家开始在广阔的背景下看待社会运动。

洛伦茨·施泰因和马克思关于社会运动的理解都是基于实际运动，特别是使用工人阶级运动的描述来说明社会运动，并从社会运动的对抗性特征展开分析。这也促发其他学者从不同的侧面观察社会运动。社会运动具

① Lorenz Von Stein, *The History of the Social Movement in France* 1978—1850, Kaethe Mangeberg, translator, Totawa News Jersey: Bedminister Press, 1964, pp. 81 - 82, 315.

② 《马克思恩格斯选集》第1卷，人民出版社1995年版，第283页。

有不同的面向。如古斯塔夫·勒庞对集体行为中的大众特征做了经典表述，马克斯·韦伯谈论了宗教运动，罗伯特·米歇尔谈论了民主运动，列宁谈论了运动中组织的必要性。既是对马克思等人关于社会运动理解的追随，也是对20世纪以来群体心理学对社会运动界定的非理性、病态性认知的摒弃，对社会运动给予进步性的理解和界定。

杰露米·戴维斯在其自称是美国出版的关于现代社会运动第一本教科书《当代社会运动》一书中认为，"社会运动是指人们对社会生活中的不当调整引发精神和生活上的摩擦所表现出来的不满状况的反应，运动作为一种努力试图产生和谐"。[1] 赫伯特·布鲁默认为"社会运动就是建立一个新生活秩序的集体性的事业"。[2]

当社会运动带有主观性判断时，社会运动的理解往往会出现一定的偏差，在20世纪中期，当行为主义理论盛行，价值中立成为学术研究的主要方法的时候，一些学者开始中性地界定社会运动。鲁道夫·赫贝尔，一个移民美国的德国人，在他1951年出版的经典著作《社会运动：政治社会学导论》中，将社会运动界定为："社会运动目标就是造成社会秩序基本变化。"[3] 基于社会背景的变化，特别是民族主义和极权主义的兴起，阶级运动逐渐衰微，而殖民地民族解放运动的出现，使赫贝尔认为，社会运动的研究需要转向更广泛的领域，如东欧地区的农民运动以及民族解放运动等。这个背景的变化，赫贝尔敏感地提取出社会运动的本质，修正了施泰因和马克思的关于社会运动的趋势论，即社会运动是在内在规律，特别是生产方式的制约和支配下的集体努力，它不是计划的产物，而是必然的现象，认为社会运动是一种变化，是追求变革和新秩序的自主性行动，综合了一系列基本的思想和意识形态。[4] 赫贝尔既看到了社会运动中所蕴含的对社会的不满，同时也看到了社会运动中所涉及的政治，至少它们意味着指向社会基本制度权力关系的转变。赫贝尔提醒我们所有的社会运动有两个重要的方面，就是社会运动的基本思想和所有的社会运动都起源于

---

① Jerome Davis, *Contemporary Social Movements*, New York: The Century Co., 1930, p. 8.

② Herbert Blumer, "Collective Behavior", in Alfred M. Lee, editor, *New Outlines Principles of Sociology*, ed. 2, rev. New York: Barnes & Noble Books, 1951, pp. 167 – 222.

③ Herberle, Rudolf, *Social Movements: An Introduction to political Sociology*, New York: Appleton – Century – Crofts, 1951, p. 6.

④ Ibid., p. 11.

一批民众——一个社会阶级、一个民族或者具有共同利益的一个群体这样的事实。汉斯·托奇（Hans Toch）在1965年出版的《社会运动的社会心理学》一书中，综合了赫贝尔的观点，认为一个社会运动意味着一大群人集体解决共同面对的问题的一种努力。[①]

"社会运动"这个术语的界定，对于从工人阶级运动以及类似的关于种族运动、学生运动、女权主义运动、绿色环保运动等的现实中存在的运动，却存在各种各样的认识理解。一些人强调运动中的集体行为，一些人趋向于把社会运动与集体行为分开；一些人强调政治暴力，然而另一些人却贬低它；一些人强调快速的、规模性的变化，另一些人却忽视它。自从19世纪社会运动由施泰因和马克思陈述以来，所有的观点都是不一致的，多数都是从一个横截面来看待，并将这些所有的表现形成统称为社会运动，以使社会运动的内涵模糊不清。查尔斯·蒂利认为，关于"社会运动"，很多情况下都具有一个泛化、概化和虚化的现象，所谓泛化，是指让它包揽古往今来一切种类的公众集体行为。例如，女权主义者会追溯到1750年以前的数个世纪，把历史上的巾帼英雄都列入妇女运动的范畴，而对于环保主义行动者来说，一切旨在保护环境而进行的公开行动——无论发生在何处——似乎都是世界环境运动的组成部分。所谓概化，是指它与支持运动的群众、网络或者组织混为一谈，甚至认为支持集体行为的组织和网络本身构建了运动。这就好比我们看待一场环境运动，不是立足于人们所投身和参与的活动，而是拿运动的发起组织、环保主义的支持者及其人际网络说事儿。所谓虚化，是指它依稀成为作为整体的行动者的运动，从而模糊了以下两点：一是社会运动内部经常发生调配和重组；二是运动的参与者、支持者、目标对象、政府当局、盟友、对手、旁观者之间的相互作用，构成了社会运动的变化轨迹。这种泛化、概化和虚化的态度，在非正式的政治讨论中无甚大碍，甚至还有助于社会运动的招募、动员和道德感召；但是，对于描述和解释社会运动的实际运作状况，尤其对于界定历史中的社会运动则贻害至深。[②] 以致蒂利在早期研究中都拒绝使用这个术语，他认为这个术语混杂了太多的歧义——所混淆的甚至多于所澄清的。[③]

---

① Hans, Toch. , *The Social Psychology of Social Movements*, Indiannapolis: The Bobbs - Merrill Co. Inc. , 1965, p. 5.

② 查尔斯·蒂利：《社会运动，1768—2004》，上海世纪出版集团2009年版，第9页。

③ 同上书，第1页。

但是随着其他学者从不同的角度对社会运动的理解，通过社会运动理解的不断交锋，关于社会运动的概念理解越来越丰富、越来越清晰，其本质特征越来越具体化。如帕克和伯格斯把社会运动看作是一个“过程”；道森和格提斯清楚地说明了社会运动的阶段步骤；金强调了社会运动的地理空间和时间；克特和朗把社会运动看作是“集体动力学”；斯梅尔塞提出了包括运动在内的集体行动的系统理论。①

后来蒂利将社会运动与其相似家族类型进行比较研究，结合他对欧美社会运动等抗争行为的历史考察，以及对社会运动静态要素和动态过程的把握，发现社会运动在以下方面与其他集体行为的不同。他努力思考“普通民众怎样、何时、何处、为什么向政府当局、掌权者、竞争对手、敌人以及公众所反对的对象进行群体性的诉求伸张”，这可能既是革命的，也是叛乱的，也可能是其他的。在其中，他发现自18世纪晚期以来，特别是19世纪逐渐发展出来一种独特的抗争形式。这种抗争形式起码有以下几个方面的变化。即在1750—1850年间的西欧和北美，普通民众向他人伸张群体诉求的方式——即他们的斗争剧目——发生了重大改变；上述转变在其经历的每一种政权体系中——无论这些政权体系存在多么显著的差异——都以相互交织的方式竞相呈现；在斗争形式的交织变化中出现了运动、表演和展示的独特组合。② 这些独特的组合使它区别于以前学者强调不同的集体行为模式，他将之称为“社会运动”，他认为这是18世纪晚期西欧和北美的重大发明。蒂利认为，自1750年以来，社会运动源于三个要素的开创性结合，即：（1）不间断和有组织地向目标当局公开提出群体性诉求伸张。（2）政治行为方式的组合运用而形成的常备剧目：为特定目标组成的专项协会和联盟、公开会议、依法游行、守夜活动、集会、示威、请愿、声明、小册子等。（3）参与者协同一致所显出的WUNC，即价值（worthiness）、统一（unity）、规模（numbers），以及参

① Robert E. Park and Ernest W. Burgess, *Introduction to the Science of Sociology*, Chicago: University of Chicago Press, 1924; C. A. Dawson and W. E. Gettys, *Introduction to Society*, rev. ed., New York: The Ronald Press Co., 1935; C. Wendell King, *Social Movements in the United States*, New York: Random House Inc., 1956. Kurt and Gladys Lang, *Collective Dynamics*, New York: Thomas Y. Crowell Co., 1961; Neil J. Smelser, *Theory of Collective Behavior*, New York: The Free Press, 1963.

② 查尔斯·蒂利：《社会运动，1768—2004》，上海世纪出版集团2009年版，第1—2页。

与者和支持者所作的奉献（commitment）。[①]

蒂利在以后的著作中继续坚持这样的主张，即社会运动是历史的产物，并在历史中得以呈现。社会运动是提出要求的持续运动，该运动以维系这些活动的组织、网络、传统以及团结一致的基础。社会运动结合了以下几个方面：（1）提出要求的持续运动；（2）包括游行、集会、示威、创建特定的协会、举行公开会议、发表公开声明、请愿、写信以及开展院外游说活动在内的一连串公开行动；（3）通过采用诸如身着彩色服装、排着整齐的队列游行、炫耀性地佩戴着宣扬事业的徽章、不断重复地呼喊口号、在公开建筑物前安营扎寨之类的方式，反复地公开其有价值、团结及其组成人数与奉献精神；（4）维系这些活动的组织、网络、传统以及团结一致。[②] 他将社会运动的参与主体的目的性、组织性、规模性和持续性以及表现形式给予综合性提炼。这成为社会运动研究的主导性概念，并不断获得了广泛的认同。

二 何谓社会运动

社会运动不是泛指所有的公共行为，也就是说，社会运动不是人们出于某种缘故而采取的任何集体行动，社会运动是一套独特的、相互关联的、逐渐演化的、历史的、政治的交互行为和政治实践活动，是运动、常备剧目和 WUNC 展示的特殊结合体。对社会运动来说，尽管局部范围内的创新从未间断，所处的政治场景也时时变换，但是，它的各个要素却是作为一个相互关联的整体发展和传播的。社会运动有史可陈，它的历史使之与其他的政治形式——如选举活动、爱国庆典、阅兵式、授职仪式、集体悼念活动等——区分开来。目前，在世界的每一个主要区域，社会运动都已成为人们耳熟能详、备受信赖的大众政治手段。[③]

（一）制度外的集体挑战

作为一项集体性抗争活动，社会运动涉及三类活动主体，一群奋起抗

① 查尔斯·蒂利：《社会运动，1768—2004》，上海世纪出版集团 2009 年版，第 4—5 页。

② 查尔斯·蒂利、西德尼·塔罗：《抗争政治》，凤凰出版传媒集团 2010 年版，第 14 页。

③ 查尔斯·蒂利：《社会运动，1768—2004》，上海世纪出版集团 2009 年版，第 9—10 页。

争的诉求者，某些诉求的对象（既可以是当局，也可以是资产所有者或者宗教群体，以及那些对诉求者的福祉造成深远影响的人）裹挟着其他各种旁观者、同情者以及往来于公共诉求活动的媒体等。这项集体行动中，运动双方包含着必然的对象关系，甚至有直接的破坏性，对抗的形式是公开的诉求表达和为了表达诉求而展示各种表演形式。

挑战常常是以打断、阻碍他人活动或导致他人活动的不确定为标志的。挑战可以以个人的方式进行，也可以以集体的方式进行。社会运动的集体挑战不同于集体行为的群体性行为。群体行为往往表现为无意识的、突发的、偶然的、随兴的集体行为。而社会运动的集体挑战，这种集体主要是向政府当局发起的抗争，以获得生活状况的改变（如追求工资收入的增加、工作条件的改善），或者某种理想目标的实现（反对种族歧视或者性别歧视），或者对当前某些现状的改善（禁止醉驾运动）等。社会运动的集体挑战不同于制度内利益集团的集体挑战，制度内利益集团的集体挑战可以通过不断发展的专门技术来组织游说、资金支持与公共关系和竞选帮助等进行斗争。社会运动的集体挑战由于缺少这些有利条件，因而在制度外发起的集体挑战，表现为请愿、示威、游行、静坐等方式展开集体挑战，运动利用这种集体挑战或者成为支持者的关注，引起对立者或者第三方的重视，创造一批能代表他们利益的选举人。社会运动的集体挑战不同于骚乱的集体挑战，它逐渐从暴力对抗的形式中走出来，更加关注以文明有效的方式来展开，如通过呼喊口号、服装或音乐展示，以各种引起共鸣的抗争性符号来获得对运动的支持，同时它更是以组织化的方式展开常规性的抗争行动。社会运动的集体挑战不同于革命的集体挑战，这些集体抗争虽然都针对政府提出要求，但社会运动并不以推翻政府为其目标，而是渴望通过政府来关注他们的诉求，通过政府来实现自己的目标。

（二）组织化的共同目标和愿景

社会上有各种各样的集体行为，有的以狂欢和娱乐为标志，如通过一场疯狂的音乐会或者一场古怪的酒会，或者一场行为艺术，以表达对政府当局的不满，或者以一场暴徒式的可怕行为，来表达对政府或者精英的一种愤怒。虽然这些人都可能针对政府当局，但是这些参与人可能因为各种不同的动机参与一些集体挑战，或者是基于理想主义的不满、现实生活中的不顺、维权过程中的挫折，也不排除趁机起哄从中牟利者等。而作为社会运动的集体行为，却有着明确的目的诉求。蒂利认为，社会运动结合了三类诉求：纲领诉求、身份诉求和立场诉求。纲领诉求（program claims）是对运动的诉求对象所做的实际行为或拟议中的行为，所表示的是公开支持或反对。身份诉求（identity claims）是一种声明："我们"——诉求伸张者——是一股必须认真对待的统一力量。立场诉求（standing claims）强调的是与其他政治角色的关系。包括彼此之间的关联和相似。例如，是作为被排斥在外的少数派、合法组成的公民团体，还是作为现政权的忠实支持者等。有时，立场诉求——如排斥移民或剥夺移民的公民身份等诉求——会与其他政治角色的立场相牵涉。在某种程度上，纲领诉求、身份诉求和立场诉求传递的是各个国家特定的规范，这些规范由特定国家特定政治发展的历史所建构。在社会运动和社会运动的诉求者中，以及在社会运动各个阶段，纲领诉求、身份诉求和立场诉求的相对特色会发生显著变化。[①] 另外还有一个重要的诉求，即利益诉求，只要运动参与者承认他们的共同利益，运动缔造者就能通过动员舆论为刺激共同利益发挥重要作用。他们只有激起根深蒂固的团结一致感和身份认同，才能创造一场运动。为了这些诉求，社会运动往往都是组织化的抗争行为，他们可能仔细地设计行动战略、人员招募、资源动员、宣传策略、行动方式等。

（三）常规性表演剧目与 WUNC 的展示

社会运动是一种互动的方式，总涉及抗争表演和表演剧目。抗争表演，指的就是一些相对为人们所熟悉的、标准化的方式，运用这些方式，一群政治行动者向另一群政治行动者提出集体性要求。如利用请愿表达诉求，或者通过示威的方式表达，其中可能会发生登台献艺、着装打扮、抢夺谷物、袭击地主田地、在街头设置障碍物。抗争剧目指的是为某些政治行动者内部所知晓且可用的一些抗争表演。表演涉及一定的组合配对，如何让参与各方组合配对起来，所经常具备的剧目有罢工、怠工、公开集会、报纸宣传、大量发行小册子、媒体声明、示威或请愿等。抗争、静坐和请愿不是大多人日常生活的一部分，但却是社会运动者日常生活的典型行为。从而在抗争人数、规模、价值和团结方面表现得异常醒目，与其他集体行动区别开来，这就是 WUNC 的展示。所谓 WUNC 展示，是指借助

① 查尔斯·蒂利：《社会运动，1768—2004》，上海世纪出版集团 2009 年版，第 17 页。

于声明、标语、标志等形式——如公民正义联盟、请愿签署者联盟、宪法捍卫者联盟等——表达诉求者的价值、统一、规模和奉献。当然，这种群体性的自我表达，常常会呈现出某种令当地观众一目了然的表达方式。价值：举止冷静从容、衣着整齐洁净，有神职人员、世俗显贵以及带有孩子的母亲到场；统一：相同的徽章、头巾、旗帜或服装，列队前进，高唱歌曲；规模：总人数、请愿书上的名字、拥护者的呼声、水泄不通的街道；奉献：不为恶劣天气，行列中老弱病残赫然，抵抗压制，引人注目的捐助、捐献甚至捐躯。[①]

在社会运动的时代来临之前，流行于世界大多数地区的报复、造反和反抗的地方性套路，均极大地得益于一切可资利用的地方性知识和既有的人际网络。与之相反，运动、WUNC 展示和彼此协调的表演所凝结而成的社会运动，则往往需要——至少部分需要——预先制订计划、在机构之间建立联合，以及消弭地方性与地方性之间的差异。从社会运动诞生之日起，精明的政治企业家们就在着手打造运动、常备剧目和 WUNC 展示的基本轮廓。在 20 世纪和 21 世纪的社会运动发展历程中，专业的政治组织者、政治掮客和半自治的非政府组织扮演了越来越突出的角色。一旦社会运动在一种政治环境中安家落户，就能通过模式化（modeling）运作和彼此的沟通合作，促使社会运动被其他相关的政治环境所接受。

（四）持续而公开的斗争政治

许多集体行为往往是短暂的。一场骚乱可以持续几分钟、几小时或者几天，一时的风尚可能持续几个月，但是，许多社会运动可能要持续几年，甚至数十年。它们是经过组织化的、深思熟虑的为了实现目标诉求的抗争行为。一个单独的斗争事件，如一次骚乱或暴乱并不是社会运动，因为这些斗争形式的参与者的典型特征只是暂时性的团结，他们不能持续地挑战对手，虽然有时甚至骚乱也能表现出具有共同目标或团结一致的迹象。因此，像 20 世纪 60 年代席卷美国少数民族聚居区的骚动和 1992 年的洛杉矶暴乱，它们本身算不上社会运动。虽然它们都是由警察虐待少数民族成员而引发的，通过广泛传播的不公正感促发针对政府当局的抗争，但它们更多的是一场运动正在形成过程之中的标志，其本身不是社会

① 查尔斯·蒂利：《社会运动，1768—2004》，上海世纪出版集团 2009 年版，第 5—6 页。

运动。

运动不同于一次性请愿、宣言或群众大会。尽管社会运动包含上述行动，但社会运动作为一种运动，它超越于任何个别的活动。远在有组织的运动产生之前，历史舞台上就已出现多种斗争政治形式，包括粮食骚动、抗税、宗教战争和革命等。但只有通过持续集体行动来反抗对手，斗争事件才演变为社会运动。[①] 也有一些具有共同境遇（而非目标）的农民（詹姆斯·斯科特描述的马来西亚农民）或工人（E. P. 汤普森描绘的英国工人阶级）在面对强大的对手时，往往表现以“弱者”的方式展开抗争，如偷懒、装糊涂、开小差、假装顺从、偷盗、诽谤、暗中破坏等。[②] 它们虽然持续很长时间，但是它们都是秘密的、私下的一种抗争形式，尽管这种斗争形式在历史上领先于社会运动，而且在今天仍然伴随着社会运动，但它们并不是社会运动。社会运动以其公开的形式展示其抗争，甚至在某种意义上拒斥个人主义的恩怨而表现为一种集体诉求的对抗，具有共同目标、集体认同和可识别的挑战。如同马克思在《共产党宣言》中描绘工人阶级运动时所说的：“共产党人到处都支持一切反对现存的社会制度和政治制度的革命运动。他们都强调所有制问题是运动的基本问题，不管这个问题发展到什么程度……共产党人不屑于隐瞒自己的观点和意图。他们公开宣布：他们的目的只有用暴力推翻全部现存的社会制度才能达到。”[③]

社会运动的抗争诉求往往将政府卷入其中，纵使抗争事件与政府关系不大也是如此。因为政府是规则的制定者，控制着大量的强制性资源，如军队、警察、法庭、监狱等，只有它们才能对各种利益诉求的伸张具有决定性的影响力。所以当诉求互动双方不能达成一致意见的时候，必然要求政府参与进来。政府作为监督者、担保人、调解者或者仲裁者，以使抗争事件发生本质性的改变。但是政府的行为对社会运动的演化轨迹的影响有很大的不确定性，如果政府作为客观公正的仲裁者和调解者，事情的解决将是合法、公正的；如果政府基于自身利益考量而偏向的时候，抗争事件

① 西德尼·塔罗：《运动中的力量：社会运动与斗争政治》，凤凰出版传媒集团、译林出版社 2005 年版，第 8—9 页。

② 詹姆斯·斯科特：《弱者的武器》，凤凰出版传媒集团、译林出版社 2007 年版，前言，第 2 页。

③ 《马克思恩格斯选集》第 1 卷，人民出版社 1995 年版，第 307 页。

可能会不断恶化和扩散，甚至演化为暴力冲突，向更大的范围扩散。如果政府有足够的强制力，将使抗争事件得以暂时的遏制，但是其造成的负面影响，也会在一定的时机里使该事件得以反弹，甚至使社会运动发生抗争周期的转移。尽管并非所有的抗争都直接针对政府，但政府却形塑着抗争、对抗争做出回应、镇压那些超出其许可范围的行动者，并为那些愿意与各种机构进行互动的行动者提供潜在的盟友，抗争因此最终演化并围绕它而得以组织起来。

三　为什么是社会运动

在厘清社会运动这一研究对象的内涵后，接下来所要解释的是，在集体抗争行动的家族中，为什么挑选社会运动作为主要的研究对象。具体来说，包括以下几个方面。

（一）集体抗争的集合令

虽然不同的集体抗争形式在当前社会客观存在着，甚至有潜在的诱发性。但是肇始于18世纪后期的西欧、于19世纪在欧洲和北美等地扎下根基的社会运动，因其独特的表演形式，成为当下最有生命力的抗争类型。这是社会现代化程度的不断提高，工业化、城市化和全球化情势下公民社会的自组织能力不断增强，可以利用的资源不断增多的结果，当下西方社会已经成为社会运动的社会。社会运动对于那些无法在制度内进行抗争、满足或解决目标诉求的人们具有吸引力的原因在于，它们既继承了传统的许多抗争形式，如占道、喊冤和暴力行动等，又创新了许多新的抗争形式，如静坐、示威、游行等，使得很多社会运动可以获得大量的支持者、同情者，以共同追求价值目标。在社会发展的同时，国家得到了长足的发展，国家与社会之间的互动和谐度，成为衡量社会秩序和进步的试金石，社会运动指向的政府，可能既是问题的制造者，也是问题的解决者，而社会运动既考验着政府，也锻炼着政府。社会运动因其独特性、新颖性和有效性特征，使它得以从一个地域向另一个地域复制扩散，而成为抗争群体的常备手段，在20世纪乃至现在，“社会运动”已成为世界公认的抗争号角，是对抗专横暴政、以集体行动反抗大规模人祸的集合令。

（二）家族谱系的中心位置

在对社会运动家族谱系的区别性描述中，我们的中心词体现在“目标、组织、时效、规模、暴力和破坏”上。在形成集体抗争的光谱中，社会运动位于这个家族谱系的中端。相比集体行为，社会运动的目标更为明晰、组织化程度更高、时效性更强以及规模上要大得多；而相对于革命而言，它在上述几个维度上要弱得多。社会运动、集体行为、骚乱和革命都可能涉及暴力和破坏性。集体行为和骚乱涉及的暴力往往是短暂的，因而其破坏性也是有限的，但是社会运动一旦进入暴力模式，因其目标性、规模性和持续性等特征，使得社会运动的暴力强度和破坏性要大于骚乱。而革命则要求对国家和社会结构以及政治秩序的整个重建，因而其暴力程度更为激烈，它涉及国家领土范围内的所有人，因此它对国家和社会的影响力将更大、更为深远。

社会运动因其组织化程度、冲突的规模和持续性等方面的衡量，而处于集体抗争谱系的中端，在一个抗争周期里，通过对社会运动发生机制的研究，可以兼顾集体行为，观照革命。社会运动这个位置，可以借用其他类型的研究成果来研究社会运动，反过来，社会运动的研究成果也可以启发其他类型的研究。这样在各自的研究中，可以相互借鉴和有机地协调。因此，有人甚至用社会运动来涵盖其他抗争行为。如戴维德·洛克在他的著作中，将社会运动分类为：替换式的社会运动（alternative social movement），指的是在特定区域想要创造一种变化以改变人们的思想和行为的运动，如（抵抗药材滥用教育运动等）；救赎式的社会运动（redemptive social movement），创造一种剧烈的变化，以完全改变一些人的生活（如宗教改革运动等）；改革式的社会运动（reformative social movement），以有限的方式来改变一个社会，它不推翻现存的政府，甚至希望现存的政府来实现这些改革（如反种族歧视运动等）；革命式社会运动（revolutionary social movement），也就是所谓的革命。①

（三）中国关怀

中国是世界上最大的发展中国家，历史悠久、地域广大、人口众多、

① David A. Locher., *Collective Behavior*, Pearson Education, Inc., 2002, pp. 235 – 238.

民族众多，大国治理的难度非常高。虽然中国的国家建设和社会建设，取得了很多举世瞩目的成就，创造了世界性的奇迹，形成了所谓的“中国模式”，但是中国却处在现代化建设的快速发展期，发达国家在历史发展中逐次出现的治理难题，在发展中国家可能蜂拥出现，特别是公民抗争事件的出现将会越来越多，从当下中国经济发展过程中出现的群体性事件来看，这已经成为客观的事实，而且随着全球化趋势的增强、互联网络的普及、国外势力的干涉以及自身的效仿，组织化的集体抗争在我国也有苗头，甚至具有了社会运动的表演形式。因此，研究西方社会运动的发生机制，从某种意义上，对化解我国的群体性事件，预防社会运动的发生，具有重要的现实意义。

特别需要说明的是，对于马克思主义中国化专业的学生来说，除了重点研究马克思主义在中国继承、发展和创新之外，还需要关注西方马克思主义，特别是西方左翼学者当下研究的理论前沿以及特定的社会现象，以及它可能对中国的影响。马克思曾经说过，人类不仅要认识世界，而且要改造世界，但认识世界毕竟是它的第一步。书中因研究的重点以及篇幅框架的限制，虽未涉及中国，但相信读者以及笔者本人心中一定有这样的“中国关怀”。

第三章　社会运动发生的社会机制

集体抗争古已有之，但社会运动因其目的性、组织性、持续性、规模性和政治性等显示出与其他抗争形式不同的特性，意味着它是特定历史时期的产物。这个时期使得社会运动的组织得以产生，社会运动的抗争形式较以前有很大的创新且逐渐流行开来，抗争的规模不断扩大，抗争具有明确的指向性，更为重要的是，社会运动成为一种常规化的抗争形式。查尔斯·蒂利在对 1768—2004 年欧美社会运动的考察中写道："数千年来，尽管世界各地兴起过形形色色的群众运动，但是，作为一种政治形式的社会运动，却始于近三百年内：它肇始于 18 世纪后期的西欧，在 19 世纪早期的西欧和北美获得了广泛的承认，在 19 世纪中期凝结成为综合诸多要素的稳固的复合体，此后变化趋缓、却从未停顿，最终扩展到了整个西方世界，并被冠以'社会运动'之名。"[①] 雷恩·罗伯茨和罗伯特·卡洛斯也同样认为，社会运动不是出现在所有的社会里，而是一定社会里的特有现象，它是 19 世纪的发明。[②] 何以 18 世纪后期出现像"社会运动"这样的抗争行为，成为研究社会运动发生机制探寻第一个需要回答的问题。

在传统的农业社会中，社会似乎处于一种静止的状态，各种变化非常缓慢地进行，受制于技术水平以及生活条件的局限，人们往往在有限的空间里像他们的先辈们那样地生活交往。经济活动更多是自然经济现象，体现卡尔·波兰尼所谓的"互惠"经济和詹姆斯·斯科特所谓的"道义经济"的特征，商业活动非常有限。人们依附在庄园主和贵族的土地之上，因而针对政府的抗争也是稀少的，常见的是针对庄园主和贵

---

① 查尔斯·蒂利：《社会运动，1768—2004》，上海世纪出版集团 2009 年版，第 9 页。

② Ron E. Roberts and Robert Marsh Kloss., *Social movement: between the balcony and the barricade*, The C. V. Mosby Company, 1979, p. viii.

族的以及邻里部落之间的抗争，要么表现为骚乱，要么表现为“弱者的抗争”，抗争的规模也局限在有限的地域之内。但是到了18世纪，经济、社会的发展似乎出现了与以前不同的方式的转型与变化，表现为经济上的资本主义化、技术上的工业化、国家转型的行政官僚化、社会人口的阶级化、国际体系的帝国主义化等。卡尔·波兰尼将其称为“大转型”，安东尼·吉登斯称之为“断裂式”的发展，马克思也有同样的深刻感受：“资产阶级在它的不到一百年的阶级统治中所创造的生产力，比过去一切时代创造的全部生产力还要多、还要大。自然力的征服，机器的使用，化学在工业和农业汇总的应用，轮船的行使，铁路的通行，电报的使用，整个大陆的开垦，河川的通航，仿佛用法术从地上呼唤出来的大量人口，——过去哪一个世纪料想到在社会劳动力里蕴藏有这样的生产力呢?”[①] 社会的非计划性的变化，已成为不可逆转的趋势，却与人们过去的生活方式形成巨大的冲突，这些冲突意味着以往的抗争方式（偶发式的骚乱或者日常性的“弱者的抗争”）的软弱无力，必须进行组织化的、规模化的抗争来应对这些趋势，这种抗争要么是波兰尼式的抗争，即是对资本主义“破坏性创造”中的破坏性的一种反应，进而激起一种反向运动以寻求“对社会的保护”的钟摆式的、重复式的运动；要么是马克思式的运动，即是对资本主义“破坏性创造”的创造性的一种反应，进而激起一系列进步运动以寻求“对社会变革或改造”的发展式、创造性的运动。[②] 这说明环境的剧烈变化孕育着抗争形式的创新与实践——孕育着革命，但更为寻常的却是社会运动。下面将这两种运动结合起来，一并予以论述，因为环境机制对两种运动都是相似的。引发社会运动发生的环境机制主要包括：市场化的资本主义、技术化的工业主义、阶级化的社会结构、激进化的启蒙运动、官僚化的行政国家、殖民化的国际体系等。需要补充说明的是，殖民化的国际体系，涉及的是社会运动的国际化趋势以及在发展中国家的社会运动，本书主要探讨的是西方社会，特别是西方民族国家内部的社会运动，因而对此予以忽略。官僚化的行政国家涉及政治机制，将在第四章予以论述。

---

① 《马克思恩格斯选集》第1卷，人民出版社1995年版，第277页。

② 贝弗里·J. 西尔弗：《劳工的力量：1870年以来的工人运动》，社会科学文献出版社2012年版，中文版前言第2—3页，绪论第21—24页。

一 市场化的资本主义

前资本主义社会是一种自然经济的社会，人们相信和自然界之间的“天然轮回”，保持和自然界的和谐共生关系，商业活动也是为了生存的需要，受制于传统道义和互惠伦理，内嵌于社会之中，交换更多体现的是物物交换，交换的产品是生活的必需。经济行为古已有之，但是作为资本主义的经济行为，与前资本主义社会有着很大的差别。

在马克斯·韦伯看来，资本主义的发展变化不同于前资本主义社会，主要表现为这样一些独特的方面。①

首先，前资本主义社会的商业活动中以等值为基础的物物交换，让位于资本主义社会以货币为媒介的以赚取利润为基础的商品交换，前现代资本主义社会的经济行为以满足固定的生活和需求为目标，而资本主义社会的商业发展以扩大再生产为目的。前资本主义社会的生产主要是以家庭作坊或手工业的方式进行生产，而资本主义社会则建立了自己的企业，形成商业生产的固定资产，形成了与传统家庭作坊不同的生产与生活分离的场所，其中将生产设备、投资原料和劳动工人进行理性化的配置，加速了生产周期。

其次，在资本主义社会，韦伯认为资本主义商业化发展有这样一些武器，使得商业活动的规模和空间都达到了前所未有的高度：一是会计簿记和利润核算，以一种有效的方法来估算投资、折旧、浪费以及利润清算。二是货币不仅仅是媒介的交换物，也是必要的价值标准，货币本身也成为一种商品，使得交换从物物交换中脱离出来。货币商品化有利于资本主义对资源的储存和转化，从而成为资本主义生产扩展、时空延伸乃至权力获取的重要手段。三是金融核算的程序化知识的产生。金融学知识在实践中的运用，使得商品的生产、销售和流通更为快捷，现代金融制度为生产发展建立必要的信贷和融资渠道，保障了资本主义生产的稳定性和便利性，避免了市场交易中各种不确定因素（特别是资金短缺等的影响）。

再次，资本主义企业组织形成了明确界定且相互协调的任务。对企业

---

① Weber, M., *Economy and Society*Vol. Ⅰ,, Berkeley, University of California Press, 1978, pp. 83-84, 101-102, p. 165.

内部而言，马克斯·韦伯着重对资本主义企业的科层制进行了大量的研究。企业官僚制的形成，建立起来的官僚化的、程序化的管理制度和惩戒制度，使得资本主义企业具有了特定的行政力量，以保障资本主义之间的商业化生产；对于企业的外部而言，资本主义企业之间形成了广泛的市场交易场所，如各种产品市场和劳动力市场的建立，在货币机制的运行下，这些市场超过了传统物品交易的边界，扩大了交易的规模，摆脱了一定的时空限制，为资本主义资源配置、商品生产和流通提供了广阔的天地。

资本主义社会与前资本主义社会还有一个显著的不同，就是有大量的可供资本家利用的自由的劳动者。前资本主义时代，要么是不自由的劳动力（如奴隶），要么是为了家计生存而具有有限自由的劳动者（如农民），这在依靠土地生产的社会里，对不自由的劳动者是有利的。但是在资本主义企业中，劳动者的不自由将给资本主企业带来很多的不利条件，只有自由地雇用和辞退，资本的风险和投入的资金才会降低，从而有利于创造更多的利润。

最后，和前资本主义社会还有一个很大的不同，就是资本主义技术化的工业主义的产生，使得资本主义的生产力极大地提高了同时也带来结构关系的剧变和重组。这将在下一部分予以论述。

关于资本主义商业活动的特征，马克思与韦伯的论述大同小异，即资本主义商业都是以追求利润为目的的组织化的经济活动。但是韦伯在对资本主义商业活动的描述中，在以冷静理性方式阐释其商业活动过程的同时，他认为资本主义利润的赚取主要是资产阶级的理性算计、勤勉节俭和科学化的组织活动的结果。在这一点上，马克思和韦伯有截然不同的观点，马克思在分析资本主义社会的特征时，以敏锐独到的眼光，揭露了资本主义商业活动的秘密本质。马克思虽然在一般意义上，突出资本主义是生产力和生产关系矛盾互动所决定的产物，但是在具体对资本主义商业追求利润的方面，他创造性地强调了两点内容，即劳动力商品化和货币资本化，而这两点又归结到一点上来，就是资本家在对工人阶级剥削的基础上获得了对剩余价值的占有。

在他们（资产阶级）那里，货币和商品，既不是生产工具和生存手段，也不是资本。他们想将其转化为资本。但这种转变本身只有在围绕如下情况的某些环境下才得以产生：两种极度不同的商品所有者必须进行面对面的交易。一方面，货币、生产工具和生存手段的所有者，迫切需要通过购买他人的劳动力来增加归自己处置的价值量；另一方面，自由劳动者，即出卖其自身劳动力的人或劳动力的出卖者……由于商品市场的这种两极分化，资本主义的基本条件得以产生。①

资产阶级为了获取剩余价值，为了让劳动者商品化，首先让他们从土地的依附中摆脱出来，使他们获得自由。其中典型的就是圈地运动，而圈地运动带来的“征服、奴役、劫掠和谋杀”的残酷性异常刺目，历史学家和人类学家对此有大量的论述。从土地依附中解放出来的农民，获得了自由，却失去了自身，马克思称之为“人的异化”。再者，就是让他们受雇于资本家，为了谋生而出卖自己的劳动力。获得了自由的农民，却失去了以前赖以生存的方式，不得不到资本家那里出卖其劳动力来谋生，使得资本主义创造了一种不同于以往的生产方式，资本家以似乎平等的交易方式——以工资方式实现对劳动力的购买——遮蔽了其中隐藏的剥削本质——对工人抽象劳动的剥削。前资本主义社会，虽然剥削是明显的、赤裸裸的，但是被剥削者在对土地的依附中，起码基本的生存受到一定的保障（伦理互惠机制的作用），而在资本主义社会里，工人一旦失去了工作，意味着生存受到了很大的威胁，工人们常常处于这样的不稳定的、不安全的痛苦之中。马克思写道：“工人是以出卖自己的劳动力为其收入的唯一来源的，如果他不愿饿死，就不能离开整个购买者阶级，即资本家阶级，工人不是属于某一个资本家，而是属于整个资本家阶级。”② 詹姆斯·斯科特也从经济学、社会学和伦理学的角度，论证了“生存安全”是人类活动的第一原则，一旦受到威胁，抗争不可避免。斯科特写道：“对于那些处于生存边缘的人们来说，不安全的贫困比仅仅贫困更加痛苦，更加具有爆炸性……在古巴、美国、英国和德国等背景完全不同的地方，经济不安全，特别是失业的经验，早就使得工人倾向于富于战斗性的政治活动。”③ 斯科特认为这样的体验同样也适用于农民。

马克思和恩格斯从资本主义市场化、工业化和商品化的辩证的角度认为，18 世纪社会发生了翻天覆地的变化，特别是资本主义企业和工厂的形成，形成了新的生产方式和管理方式，也完全不同于前资本主义的生产

① Marx, K., *Capital* Vol. I., London, Lawrence and Wishart, 1970, p. 714.

② 《马克思恩格斯选集》第 1 卷，人民出版社 1995 年版，第 337 页。

③ 詹姆斯·斯科特：《农民的道义经济学：东南亚的反叛与生存》，译林出版社 2001 年版，第 42 页。

和管理方式。资本以雇佣劳动为前提，而雇佣劳动以资本为前提，这种相互交织的关系呈现出“资本的增加就是无产阶级增加”[①] 的情况。在这种情况下，工人阶级随着资产阶级的发展，也得到了发展，首先是他们的队伍不断得到壮大，并在不断地大规模地集结在工厂里，通过竞争，使越来越多的人不断加入到出卖劳动力的队伍中去，成为新的无产阶级而不得不到资本家的厂房里去劳动，从而使以往的零散式的、偶尔性的集体抗争，变成了规模化的、日常性的集体抗争事件。马克思、恩格斯写道：

> 随着工业的发展，无产阶级不仅人数增加了，而且它结合成更大的集体，它的力量日益增长，它越来越感觉到自己的力量。机器使劳动的差别越来越小，使工资几乎到处都降到同样低的水平，因而无产阶级内部的利益、生活状况也越来越趋于一致。资产者彼此间日益加剧的竞争以及由此而引起的商业危机，使工人的工资越来越不稳定。机器的日益迅速的和继续不断的改良，使工人的整个生活地位越来越没有保障；单个工人和单个资产者之间的冲突越来越具有两个阶级的冲突的性质。工人开始成立反对资产者的同盟；他们联合起来保卫自己的工资。他们甚至建立了经常性的团体，以便为可能发生的反抗准备食品。有些地方，斗争爆发为起义。[②]

马克思和恩格斯认为整个社会将变成资产阶级和工人阶级之间的对抗，工人阶级的抗争将不断地从自发走向自觉，从追求经济利益转向追求政治利益，从而形成强大的工人阶级运动。工人阶级也在从资产阶级的斗争中不断积累经验，形成同盟，产生阶级意识。马克思和恩格斯乐观地预测，全世界无产阶级将联合起来，成为资产阶级的掘墓人，推翻资产阶级，建立一个不同于资产阶级社会及其以前的一个崭新的社会，实现自由人的自由联合。

马克思和马克斯·韦伯都是从资本主义的生产方式中分析资本主义与前资本主义社会的不同，不过马克斯·韦伯站在了资产阶级的立场上，分析了资本主义发展的正当性，尽力调和其中出现的对抗性因素。而马克思

① 《马克思恩格斯选集》第 1 卷，人民出版社 1995 年版，第 349 页。

② 同上书，第 281 页。

站在了无产阶级的立场上，分析资产阶级和无产阶级之间的对抗不可避免，无产阶级终将成为资产阶级的掘墓人。卡尔·波兰尼认为这些都是资本主义市场化运动的核心内容。但是资本主义的市场法则除了韦伯和马克思所描绘的问题以外，还有更多的破坏作用，一个是对整个社会生存基础的腐蚀；另一个就是对人的交往互惠道义的损毁，而那些都是社会走向和谐，减少对抗的必要条件。波兰尼认为，启动资本主义有一股强大的力量，这个力量是市场经济。在前资本主义社会，市场内嵌于社会之中，服从社会运行法则，整个社会体现为一种互惠经济。而资本主义社会突出的特征是市场经济，即意味着一个由诸多市场组成的自发调节的系统，是一种由市场价格引导并且仅由市场价格引导的经济。这种能够在没有外界帮助或者干预的情况下组织整个经济生活的状况被称作“自发调节”。波兰尼在他的那本《大转型：我们时代的政治与经济起源》中，多处表达了市场经济和互惠经济两者的差异：

> 在我们这个时代之前没有任何一种经济，哪怕仅仅在大致上，是由市场经济来控制和调节的。只要对诸经济体系的历史和诸市场的历史分别综览一下就会明白这一点。市场在各个国家内部经济中所扮演的角色，直到近代以前，都是不重要的；而翻身转向一个由市场模式所支配的经济，这一巨大变化的突兀性就更加清晰地显现出来。原则上，人类的经济是浸没在他的社会关系之中的。他的行为动机并不在于维护占有物质财物的个人利益，而在于维护他的社会地位，他的社会权利，他的社会资产，只有当物质财物能服务于这些目的时，他才会珍视它。①

所有社会都受其经济因素的限制。不过，只有19世纪的文明是建立在不同的或独特意义的经济之上的，即它选择将自己建立在某个动机之上，而这个动机在人类历史上很少被当作是正当有效的，更从未被提高到这样的高度，即成为日常生活中人们行动、行为的正当性标准：这

① 卡尔·波兰尼：《大转型：我们时代的政治与经济起源》，浙江人民出版社2007年版，第38—40页。

个动机就是获利。自我调节的市场体系就是从这个原则中被引发出来的。[①]

市场经济对社会基础的腐蚀表现为它所获得的进步是以社会紊乱为代价的，贫富差距明显拉大，原有的社会秩序遭到破坏，古老的法律和传统习俗失效……社会的组织结构被破坏了，它不仅破坏了农村的自我防护体系，也废弃了城镇的大量建筑等。而市场经济本身也不能满足所有大众的要求，严重的剥削、周期性的经济危机，使得工人、农民和小生意人片刻都无法忍受这种让他们的生活环境处在周期性的剧烈波动中的经济组织模式。市场经济的乌托邦愿景导致冲突加剧而不是带来和平，这些失序的信号就是将来更危险情势的预兆。人们不可避免地会动员起来保护自己免受这些经济震荡之苦。更重要的是从社会中脱嵌出来的市场经济凌驾于社会之上，具有更大的破坏力，就是它将通向独裁之路，走向毁灭社会之路，波兰尼称之为“撒旦的磨坊”。[②]

波兰尼在思考劳工运动的时候，走上了与马克思一样的分析道路，即分析“虚拟化的商品”，但是却以不同的方式得出相同的结论。在马克思那里，劳动力商品的“虚拟”本质“隐藏在生产过程中”。劳动力作为商品的自由交易全部体现在其全部价值的工资上面，但是，劳动力并不是一个和其他商品一样的商品。其不同之处，劳动力商品是内在于人的肉体之中，而人一旦受到过于漫长、过于严酷或过于紧迫的驱使的逼迫，就会抱怨和抵抗。而波兰尼认为，劳动力的虚拟性质，不仅体现在过程中，实质上在劳动力市场上就已经体现出来了。因为对于市场经济而言，劳动力、土地和货币都是所不可缺少的要素，但它们并不是真正的商品，它们要么不是通过生产而产生的（如土地），要么其被生产出来的原因并非是为了在市场上进行销售（劳动力和货币）。劳动力和土地毫无疑问是组成每个社会的人本身和每个社会存在其间的自然环境；将它们整合到市场机制中去，就意味着使社会在实质上从属于市场法则。所以，对波兰尼来说，缺乏约束的劳动力市场和其他虚拟商品市场的扩张和深化，必将激起一种相应的反向运动以寻求“对社会的保护”。

---

① 卡尔·波兰尼：《大转型：我们时代的政治与经济起源》，浙江人民出版社 2007 年版，导言，第 25 页。

② 同上书，第 29 页。

市场化的资本主义走向了一种完全不同于以往社会的发展道路，创造了比以往多得多的物质财富。马克斯·韦伯认为财富的分配不均是工人阶级运动的主要原因，马克思认为，对工人阶级的残酷剥削才是他们发动运动的主要动因。而在卡尔·波兰尼那里，市场经济变迁的速度超过了人们承受的速度、其破坏性力量大于创造性力量的时候，抗争才会发生。不过，马克斯·韦伯努力稀释这种分配不均的不公正性，认为财富的累积是辛勤劳动的结果（资本家的财富是他们劳动的所得，如同工人自身的劳动获得工资一样），调和两者之间的对抗。对于马克思来说，资本主义生产方式内在的规律，社会化大生产与资本主义私有化之间的矛盾不可调和，逐利的资本家对工人阶级剥削所致的利益之争决定了资产阶级和无产阶级对抗的不可调和，工人阶级运动（革命）最终只有通过消灭资产阶级，消灭市场经济来获得新生，解放社会。卡尔·波兰尼认为，市场经济本身就是社会的一部分，必须将这个脱嵌的魔鬼再一次内嵌到社会之中，对其进行必要的约束，如国家制定各种政策来约束市场逐利行为，也可以通过资本家自身的制度化安排，来减少阶级对抗。波兰尼没有忽视工人阶级的力量，但是其不同于马克思的是，工人阶级运动的任务，不是消灭市场经济，而是约束市场经济；不是解放社会，而是保护社会。从某种意义上来说，马克思和波兰尼虽都强调工人阶级运动，但是马克思的工人阶级运动是向前看的，以适应生产方式的辩证法；而波兰尼的工人阶级运动是向后看，以恢复美好回忆中的传统的互惠的社会。从工人阶级运动史来看，工人阶级运动的两种面向，都是切实存在而真实的。

市场化的资本主义使得资产阶级和无产阶级之间出现抗争是一种必然现象，无论是基于利益之争，还是基于对自身命运的把握。工人阶级在对资产阶级的抗争中，最终走上了对国家的抗争。这是因为国家在某种意义上是一种统治性支配社会的组织，是上层建筑，左右着社会的格局。国家的政策和管理影响着无产阶级的命运。在商品化的资本主义社会，资产阶级财产私有化是一项重要的内在规定，国家是私有财产不可侵犯的保护者，从这个意义上，是维护资产阶级的。马克思认为国家是社会上占支配地位的统治阶级所拥有的暴力工具。而卡尔·波兰尼认为，市场从来就是一个神话，自发调节从来就没有完全发生过，反而是国家的计划一直在其中发挥着调节作用。但是在对国家问题的取向上，三者却有着根本的不同，马克斯·韦伯认为国家是一个中立的协调者，因而突出了国家共享主义思想，提倡工人阶级和资产阶级以民主参与国家治理的方式化解对抗。[①] 马克思认为国家是统治阶级的暴力工具，是凌驾于社会之上的统治机器，工人阶级斗争的最终结果是国家的消亡。[②] 而在波兰尼看来，国家和政府不应成为凌驾于社会之上的一个强大的组织，国家必须回归社会，要做到对政府的合法性利用。[③] 从民主的角度来看，针对国家，韦伯强调的是代议制民主，而波兰尼强调的是共和制民主。但是无论如何，这些都成为工人运动的主要对象，也影响着工人运动走向，后来的民主运动，从某种程度上来说，是针对国家采取行为的一种副产品。

二　技术化的工业主义

对很多学者来说，“资本主义社会”可以和“工业社会”在概念上相互替代，资本主义的发展，从某种意义上来说，是工业革命的产物。他们从马克思和韦伯的著作中，发现在对资本主义的论述中，隐含着大量的工业主义的核心内容，发现它们经常被混用。但是同样，也有一些学者，却从他们的著作中，发现了对资本主义和工业主义所做的区分，特别是马克思进入《资本论》的研究后，商业化的资本主义和工业主义有了截然不同的内涵，资本主义从某种意义上是市场化的，而工业主义则是技术化的；对于一些马克思主义者来说，资本主义的发展历史早于工业主义，但是工业主义的寿命可能长于资本主义，资本主义不过是历史发展的一个过渡阶段。不过，不可否认的是，正是工业主义的兴起，才使得资本主义获得了长足的发展，马克思和恩格斯甚至认为它是生产力发展的重要标志。恩格斯在对18世纪英国状况的论述中，按照编年体的方式如数家珍地罗列了当时英国各种技术上的工业主义革命。1763年瓦特发明的蒸汽机于1768年制造成功，1764年的珍妮纺织纱机是旧式纺织纱机效率的15倍，后来纺织纱机的技术不断革新——从水力纱机、走锭纱机以及到1787年

---

① 马克斯·韦伯：《经济与历史，支配的类型》，广西师范大学出版社2010年版，第438—455页。

② 《马克思恩格斯选集》第1卷，人民出版社1995年版，第293—294页。

③ 卡尔·波兰尼：《大转型：我们时代的政治与经济起源》，浙江人民出版社2007年版，第215—220页。

发明的动力织机，恩格斯认为，这些发明的最近结果就是英国工业的兴起，创造了非同寻常的产品和财富，同时召集了大量的工人到工厂进行生产，仅1833年，在工厂劳动的纺工和纱工就有23700人，技术的简易化和机械化使得对技艺的要求降低，在男劳动力不够的情况下——也可能是出于工资成本的考虑——雇用了大量的女工和儿童，很多工厂一半以上都是儿童和妇女。[①]

马克思和恩格斯认为，资本主义得以发展不仅依赖工业领域的技术化，而且依赖于交通等领域的技术化，如乡村道路的改善、运河的开凿、船舶的改进、铁路的修建等，这些交通基础设施的建设，使人们摆脱了狭隘的地域限制，扩大了交往的空间，扩展了视野，改变了各种社会关系，他们认为这些技术上的工业主义，构成了整个社会运动的动力。

首先，工业主义对传统社会的破坏性影响。生产的不断变革，一切社会状况的不停动荡，永远的不安定和变动，这就是资产阶级时代不同于过去一切时代的地方。一切固定的僵化的关系以及与之相适应的素被尊崇的观念和见解都被消除了，一切新形成的关系等不到固定下来就陈旧了。一切等级的和固定的东西都烟消云散了，一切神圣的东西都被亵渎了。[②]

其次，对工人阶级生存状况的影响。随着纺织业的革命，带来了整个工业革命。机械化的优越性降低了产品的价格，从而使生活必需品降价，其结果是使工资普遍降低了，因此，花在工人身上的费用，几乎只限于维持工人生活和延续工人后代所必需的生活资料。但是，商品的价格，从而劳动的价格，是同它的生活费用相等的。因此，劳动越使人感到厌恶，工资也就越少。不仅如此，机器越推广，分工越细致，劳动量也就越增加，这或者是由于工作时间的延长，或者是由于在一定时间内所要求的劳动的增加，机器运转的加速，等等。[③] 挤在工厂里的工人就像士兵一样被组织起来。他们是产业军的普通士兵，受到各级军士和军官的层层监视。他们不仅仅是资产阶级的、资产阶级国家的奴隶，他们每日每时都受到机器、监工、首先是受各个经营工厂的资产者本人的奴役。这种专制制度越是公开地把营利宣布为自己的最终目的，它就越是可鄙、可恨和可恶。[④] 波兰

① 《马克思恩格斯选集》第1卷，人民出版社1995年版，第28—38页。

② 同上书，第275页。

③ 同上书，第278—280页。

④ 同上书，第279页。

尼同样愤怒地写道："19世纪的工业革命的核心就是关于生产工具的近乎神奇的改善，与之相伴的是普通民众灾难性的流离失所。"① 18、19世纪工业革命的一种最重要的结果，就是产生了无产阶级，最终使社会运动活跃起来。

安东尼·吉登斯在接受马克思等人工业主义技术化核心内容时，同样也从词源学上引申扩展了工业主义技术化的内涵，从某种意义上，也为工人阶级运动指向国家提供了另一条新颖的解释。吉登斯认为，"工业"这一术语是18世纪后半期在英语和法语中同时新造出来的一个词汇，它原来主要与勤奋的劳动相联系，它和"勤奋"（与工业拼写相同）是懒惰的对应物，"工业"意味着同学习"尽责劳动"的习惯、人们努力改进他们的技能、扩展他们的商业、追求他们的所得以及建立自己的权利这些方面关联起来。立足于此，吉登斯认为工业主义与"生产技能"也有着很大的关系，而把它仅仅理解为"机械化的技术现象"并不妥切。②

吉登斯认为，"工业主义"不仅包括机械化的技术和工厂生产，而且还包括技术化的工厂生产和行政权力监控方面的组织变迁。因而他扩展了"工业主义"的特征：③（1）在生产或影响商品流通的流程中运用无生命的物质能源。"工业革命"除了与蒸汽动力的利用以实现经济目标有关外，将电力用于生产所带来的影响同更为直接的"机械性"能源一样深远。（2）生产与其他经济过程的机械化。除了对"机器"在生产中的使用外，工业主义还涉及对机器的机械化操作和管理的技术化和科学化。（3）工业主义还意味着在产品创造中，对"生产流程"的再造。（4）工业主义意味着工作场所的变化。几种更为先进的生产部门很大程度上是通过外展的体制而不是依据集中化的工作地点得以组织起来的。

吉登斯在突出工业主义的自身特征外，将它与资本主义做了比较，认为它们都是社会经济转型的动力。不过，资本主义追求利润是内在动力，而工业主义却是一种外在动力，使得资本主义的转型以及与前资本主义社会不连贯的变迁速度更为快速。总的看来，吉登斯吸取了马克思和韦伯的

① 卡尔·波兰尼：《大转型：我们时代的政治与经济起源》，浙江人民出版社2007年版，第29页。

② 安东尼·吉登斯：《民族—国家与暴力》，生活·读书·新知三联书店1998年版，第171页。

③ 同上书，第172—173页。

工业主义思想，马克思的工业主义思想是机器在工厂中的使用以及生产劳动密集化和劳动技能的分工，而韦伯却探讨了大工业时代，机器使用与组织官僚制管理的内在联系。在马克思和韦伯那里，资本主义是一种社会形态，而工业主义意味着一种经济组织模式。到了吉登斯那里，“工业主义”所造就的资本主义社会是与民族—国家紧密相连的，表现为一种具有明确国界的国家形态，这个形态实现了资本主义、工业主义和政府的一些行政机构的联合，通过一系列组织丛结或制度丛结努力实现对配置性资源和权威性资源的掌控。

吉登斯指出，在欧洲各社会的资本主义、工业主义和民族—国家这三个方面的联合联结，造就了 18 世纪不同以往的断裂式发展，劳动力商品化、生产组织结构的剧烈调整和重组，民族—国家权威性配置资源的强化，暴力力量和监控力量达到前所未有的高度，使得很多活动都在国家的监控之下。在其中，马克思看到了阶级冲突关系，而韦伯看到了经济组织和国家行政组织的官僚化，吉登斯看到了暴力和监控的无所不在，正是这样的联合导致了人类和自然界之间的关系发生了一系列特别重大的转变，剧烈地改变了社会生活和物质世界之间的关系，使之成为阶级冲突或者说是工人阶级运动（或革命）的重要场所。

正是这些技术化工业主义的变革以及在生产中的应用，改变了人们的生产方式。传统上，人们在家里过着田园牧歌式的生活，形成以家庭为单位的耕作方式，但是随着机器化的投入，家庭生产方式逐渐式微，工厂成为新时代的生产中心。这种新型的生产方式造就了新的社会关系、社会建制和文化方式。E. P. 汤普森将其简化为一个社会行动方程式，即蒸汽动力 + 棉纺织厂 = 新工人阶级。[①] 当这种新型关系打乱了人们固有的生活方式，或者将他们的生活贫困化的时候，社会运动等各种抗争形式产生了。从 1811 年到 1850 年间，汤普森认为那个时期就是群众骚乱和运动的历史，从 1811 年到 1813 年的卢德运动，1817 年的彭特里奇起义，1819 年的彼得卢事件。在此后的 10 年中，工会的活动大量和全面地展开，甚至 1831 年至 1832 年出现了革命危机，以及此后的一系列运动最终导致了宪章运动。这些运动从最初对抗资产阶级，捣毁他们机器的卢德运动开始，

① E. P. 汤普森：《英国工人阶级的形成》，凤凰传媒集团、译林出版社 2001 年版，第 207 页。

一直发展到向国家提出诉求，实现以改善工作条件和民主参与国家治理的宪章运动，说明了工人阶级运动的力量增强以及不断展开的抗争逻辑，从以前的自发式抗争，走向了自觉的、组织化抗争道路，工人阶级运动不断从“自发”向“自为”阶段转化。

在这里需要补充的是，工人阶级运动的兴起，还与传播方式的技术化工业主义密切相关。哈贝马斯在《公共领域的结构转型》一书中，说到了报刊业商业化到来的影响。[①] 报刊业是从私人通讯系统发展起来的，并且长期被私人通讯所垄断，最初的组织形式是小型手抄行业。但是，随着资本主义的发展，这个行业开始遵循商业化的模式运行，技术化的印刷和工业主义的生产方式被引进，大型的报刊业组织建立起来，到1870—1880年已经开始使用铅版印刷，这种技术一体化趋势常常与报业集团或报业联盟的组织一体化携手并进。另外，随着资本主义和工业主义的深化发展，电影、广播等传播媒介的产生，解决了传播讯息媒介普及化问题，使得很多文盲都可以了解当时的形势。报纸以及传媒媒介的变革使得它们变成公众舆论的载体和主导，成为公众舆论的传声筒和扩音器，一些社会精英开始利用这些媒介，展开对社会的批判，对民众进行动员式说教。从某种意义上，通讯传播业的技术化的商业主义运行，启蒙了广大普通的民众，参与到社会运动中来。

三　阶级化的社会结构

前资本主义社会的社会结构，基本上表现为农民和地主之间的依附性结构关系以及他们与国家之间的结构性关系。通过托克维尔在《旧制度与大革命》中阐述，可以了解社会结构的变化对社会运动和革命发生的影响，当时整个法国社会结构的变化的第一方面主要体现在农民与地主、贵族等的结构的变化以及国家政权结构的变化。传统法国贵族和欧洲其他贵族一样，既享受着国家的地位、荣誉和特权，又履行着对国家和人民的义务，附有一定的庇护关系。但是到了路易十六时期，贵族们开始享有特权却不再履行义务，如缴纳捐税、保卫国家和庇护农民的义务。同样的方式，导致那些地主们开始脱离土地，离开村庄，住进城市，捐钱买官或晋

① 哈贝马斯：《公共领域的结构转型》，学林出版社1999年版，第218—223页。

封贵族，成为享受特权的新近贵族，也不再履行庇护农民的义务，因为他们享有的特权，致使将繁重的国家负担全部压在了农民的身上。这种结构的变化，不仅表现在他们与农民的身上，而且还表现在他们彼此身上以及与王室的关系之上。由于贵族之间的各种差异，导致贵族之间相互鄙视而彼此看不起对方，同样，因为与国王不再有相同的利害关系，因而常常可以针砭时弊，讽刺王室的所作所为，同情百姓，激起对王室的仇恨；国王也不再过多地依赖贵族和教士，而开始依赖于第三等级，对贵族和教士的特权充满怨言，也开始利用第三等级讽刺贵族和教士。托克维尔因此而慨叹道，法国人民为什么如此的相似，却又到处都彼此陌生。①

法国社会结构变化的第二个方面，表现为国家政权结构的变化。即中央集权体制在旧王朝的内部已经建立起来。王室由于财政的需要，但又不能再依赖于贵族和教士，转而依赖于第三等级，所以需要相应的行政管理机构将王室的触须延伸到基层以绕过贵族和教士。大量的行政管理机构便建立起来，从而将管理直接触及终端，为了防止旧式政权的干涉，特别是普通法庭的干涉，开始成立自己的行政法院，通过法律规定将许多涉及王室和行政的案件收归行政法院，同时对官员实行保障制度，从而保证王室政令畅通以及可靠的税收来源，这导致 18 世纪旧制度和新制度之间的冲突不断，纷争四起。

法国社会的第三个结构变化是农村和城市都发生了变化，传统自由不再，而改革又导致各种不稳定。在 18 世纪的法国，农奴制已经废除，农民可任意往来、买卖、处置、耕作。农民不再是农奴，而是土地的所有者，一些农业村社开始成立，代替原来的地主和庄园主管理农村事务，同时由于行政机构向农村渗透，打破了原来的农村管理格局，再加上地主向城市的转移，教士不再完全发挥作用，使得传统农村秩序受到强烈的冲击，同时由于农村土地拥有量的限制以及人口的大量增长，使得农民也开始向城市流动。城市的自治和固有的秩序受到冲击。直到 17 世纪末，城市还是一个小型的民主共和国，行政官员由全体人民自由选择，对全体人民负责，公共生活活跃，城市为自己的权力感到自豪，对自己的独立无比珍惜。直到 1692 年才首次普遍取消选举制度，城市的各种职务从此可以鬻买，新的管理机构已经成立，而城市的古老体制的残余依然存在。王

① 托克维尔：《旧制度与大革命》，商务印书馆 1996 年版，第 116—121 页。

权、教权、自治权以及中央集权杂乱纷呈，城市的体制多种多样，城市的行政官员名目各异，他们的权力来源也各不相同，使得城市成为不稳定的重要根源，特别是巴黎地区。整个社会基础结构都发生了重要的变化，如果没有相应的决定性的主导性的结构予以替代，则社会的抗争事件将向越来越大的、越来越具有颠覆性的方向发展。托克维尔因此写道："实际上，随着领地统治的瓦解，三级会议越来越少召开甚或停止，普遍自由权利最后死亡，地方自治随之毁灭，资产者与贵族在公共生活中再也没有联系。他们再也感觉不到彼此接近、和衷共济的需要；他们一天天彼此各行其是，也更加陌生。在18世纪，这场革命完成了：这两种人只是在私生活中偶尔相遇。这两个阶级不仅是竞争对手，他们已成了敌人。"①

农民和地主以及贵族之间的分离，既是国家政策的结果，也是资本主义商业化和工业化的结果。对产权的重视，使得农民非常重视对土地的投入和拥有，这种拥有使农民摆脱了传统上对地主、贵族、教区等的庇护关系而直接成为国家税收的承担者，加上人口的增长，土地拥有量的微小，在面临国家因基础设施建设扩大财政开支所进行的税赋征收、面对战争压力的军役税的征收，以及教区什一税的征收，使得农民深切感受到压迫的承重，就像干柴一样等着一把火来点燃，但是贵族们享有的特权更加重了他们的怨愤和不满。

农民和支配阶级之间的结构性分化和紧张成为托克维尔和西达·斯考切波分析法国大革命源起的重要根源。西达·斯考切波认为，社会系统和社会变化产生出了怨愤、社会性方向的迷失、新阶级或集团利益以及追求集体动员的潜能。然后由此建立起了一种有意识的、以群众运动为基础的运动——结合了意识形态和组织的力量——有意识地进行推翻现存政府甚至可能是整个社会秩序的活动。② 并且认为社会运动和革命不完全是"制造出来的"，而是形势的产物，是自然发生的，受制于客观条件、一种复杂的关系相互纠缠在一起的而且处于各种情势之下的种种群体行动。③ 这些革命性运动的发生，与世界范围内的资本主义经济发展和民族国家形成的不均衡状况有着紧密的关系，与经济发展、商业和工业变迁过程有关，

① 托克维尔：《旧制度与大革命》，商务印书馆1996年版，第125页。

② 西达·斯考切波：《国家与社会革命：对法国、俄国和中国的比较分析》，上海世纪出版集团2007年版，第15页。

③ 同上书，第19页。

与一国之内的结构性紧张有关，这是出现革命性危机和抗争运动，特别是农民反抗支配阶级的运动的主要原因。

随着资本主义商业化和工业化的发展，整个社会的人口出现另一种结构性分化和紧张。如同马克思和恩格斯所描述的，资本主义社会条件的变化，带来了整个社会的发展和繁荣，但是也带来了整个无产阶级的贫困、异化、不满和怨恨，特别是资本主义周期性的经济危机，导致工人阶级将不能照旧生活下去，从而发起集体性抗争。马克思和恩格斯认为，工人阶级运动是一场世界性的革命运动，是一场通过建立自己的政党性组织，去领导工人阶级进行不断斗争的运动，是从争取工资、改善生活条件到进行政治斗争、推翻资产阶级的统治、建立无产阶级政权的运动，是一场面向未来的抗争性运动。汉斯彼得·克里西等总结了传统国家在转型过程中可能出现的四个分裂[①]：一是中心与边缘的分裂，这种分类典型地是和特定的领土与身份相联系起来的，往往与语言和宗教有关，人们会根据其而被动员起来参与社会运动；二是宗教的分裂，这种分裂会被利用起来，制造教会和国家之间、宗教之间、宗教徒和非教徒之间的冲突；三是城市和农村之间的分裂，克里西等认为，这种分裂决定了19世纪的政治，农民被动员起来，成为反对资本主义和行政官僚国家的主要力量；四是工人阶级和资产阶级的分裂，他们构成了18世纪晚期和20世纪早期整个社会运动的基础，所以在一段时期内，工人阶级运动成为社会运动的代名词。

资本主义和工业主义的冲击，使得整个资本主义社会的结构发生了变化。第一个方面的变化来自于农民与支配阶级之间的结构变化。托克维尔和西达·斯考切波详细分析了法国大革命前农民、地主、贵族、僧侣之间的变化，农民已经占有了少许的土地，并成为各种税收的承担者，而地主渐渐变成离地地主，走向城里，并通过买官鬻爵而成为贵族或者行政官员，贵族和僧侣享有许多特权，不再承担对国家和农民等的各种责任，这种变化打破了以往农民与支配阶级之间的庇护和互惠关系，从而使得各种不平等现象日益加剧，使得有土地的农民在经济好转时，也因各种负担而难以忍受。第二个方面的变化必须考虑与国家自主性问题。西达·斯考切波认为现代国家形成过程中，有自己的自主性，并不认同马克思所认为的

① 汉斯彼得·克里西等：《西欧新社会运动：比较分析》，重庆出版集团、重庆出版社2006年版，第28—35页。

国家是统治阶级的工具，而强调国家的自主性，必要时可能会和社会支配阶级产生冲突，从而和支配阶级的对立面如农民或工人结盟，也可能和支配阶级结盟对抗农民或工人等。斯考切波以此为依据，分析了法国、俄国和中国社会的结构关系，强调在国家、支配阶级、农民以及国际关系四个方面的变化，从而影响了工人、农民与支配阶级之间的抗争的变化。结构方面的变化还需要考虑资产阶级和工人阶级之间的关系变化。马克思和汤普森等人，分析了在资本主义商业化、市场化和工业化过程中，形成了两大对立的阶级，即资产阶级和无产阶级，他们为了生存权、公民权以及对统治权的争夺而发生各种冲突，从而引发各种抗争运动。

环境的变化打破了各互动主体之间的传统的联系方式，并在转型过程中不断寻找新的联系方式以适应新的情势，在其过程中，这些互动主体各自的生活条件和空间位置发生了剧烈的变化，并不断寻求结合和盟友，以对抗给自己带来危机的敌人，其中发生各种互动的形式。

四　激进化的启蒙运动

“自由、平等、博爱”是那个世纪启蒙运动的口号，成为动员那个时代的各种分化的人群起来参与社会运动的口号。主要有以下几个方面的因素促成的，托克维尔认为文人在宣扬政治价值、唤醒民众方面发挥了重要的作用；哈贝马斯认为18世纪启发民众心智的主要是当时公共领域的形成，公共领域在其中起着至关重要的作用；汤普森认为工人阶级意识的形成不仅来源于自身的经历，还来源于外部的渲染，人们心理意识不断认识到自身的处境，反思造成现状的各种客观原因，并通过主观思考，从而形成行动的策略方式以应对可能的环境变迁；马克思认为工人阶级意识的形成是在不断斗争过程中，从自发走向自觉并不断形成。具体说来，包括以下几个方面。

一是文人的鼓吹。托克维尔认为文人干政议政是18世纪法国的主要风尚，他们成为那个时期法国的主要政治家。他们不断关心政府有关的各种问题，终日谈论社会的起源和社会的原始形式问题，谈论公民的他们原始权利和政府的原始权力，人与人之间的自然的和人为的相互关系，习俗的错误或习俗的合法性，法律诸原则本身。[①]

---

① 托克维尔：《旧制度与大革命》，商务印书馆1996年版，第174—175页。

他们嘲笑当时的特权，吹捧人类社会地位天生平等的思想，他们对旧事物和传统大加贬斥和厌恶，他们规划崭新的蓝图以重建当代社会，他们没有看到任何危险而要求进行彻底的改革以推翻旧制度。托克维尔写道："这样，每种公众激情都乔装成哲学；政治生活被强烈地推入文学之中，作家控制了舆论的领导，一时间占据了在自由国家里通常由政党领袖占有的位置……历史上，伟大人民的政治教育完全由作家来进行……作家们不仅向进行这场革命的人民提供了思想，还把自己情绪气质赋予人民。全体国民接受了他们的长期教育，没有任何别的启蒙老师，对实践茫然无知，因此，在阅读时，就染上了作家们的本能、性情、好恶乃至癖性，以致当国民终于行动起来时，全部文学习惯都被搬到政治中去。"① 从而完成了对法国人民的革命运动的启蒙。

哈贝马斯在《公共领域的结构转型》中同样认识到文人在推动民众力量的汇聚方面发挥的作用，他们在举办的秘密会社、沙龙、咖啡馆等地方进行各种各样会谈和讨论，在各种商业化的报纸、杂志上进行宣扬。他们不仅承担起公众代言人的角色，而且也承担起公众教育者的角色。他们一方面成为文学评论和批判的中心，另一方面成为政治评论和批判的中心②。汤普森对当时各种精英组成的组织对民众动员方面的作用，做了许多细致化的描述。在当时由于宗教组织如卫斯理组织、共济会秘密社团、启蒙社团、教育联合会等在民众中间不断进行教育动员，启发民众，而且在当时，阅读群体在不断扩大，读者数量急剧上升，与之相应，书籍、杂志和报纸的产量猛增，作家、出版社和书店的数量与日俱增，借书铺、阅览室，尤其是作为新阅读文化的社会枢纽的读书会也建立了起来。③ 正是这些组织社团和阅读小册子等的激增，使得很多民众了解当时的社会现实，启蒙了对自由、平等、博爱的向往，才使得《天路历程》和潘恩的《人权论》得以家喻户晓。④

二是作为守卫旧制度的宗教受到了极大的摧毁，非宗教倾向成为当时的又一种风尚。传统保护机制被破坏，而新的制度却没有及时弥补其中的

① 托克维尔：《旧制度与大革命》，商务印书馆 1996 年版，第 177—182 页。

② 哈贝马斯：《公共领域的结构转型》，学林出版社 1999 年版，第 32—45 页。

③ 同上书，序言第 3 页。

④ E. P. 汤普森：《英国工人阶级的形成》，凤凰出版传媒集团、译林出版社 2001 年版，前言，第 19 页。

缺失，导致社会失序，人民反叛。在当时，非宗教倾向在君王和有才学之士中广泛传播，非宗教意识成为一种普遍而强烈的、不宽容而又不压制人的激情。教会作为守卫旧制度的主要工具，它们用治理教会的各项原则来阻挡作家们欲在世俗政府中树立的原则。教会承认一种高于个人理性的权威，教会制度乃是国家制度的基础和楷模。然而当时的作家们对传统却极度蔑视，信赖个人理性，攻击等级制，宣传追求人人平等，认为必须摧毁教会制度。可是，本应该和教会站在一条线上的国王，他们本应该坚定地保护宗教，但他们却在履行对教会的义务时非常漫不经心；他们保护教会时表现的热情远不如他们保卫自己政府时的热情，纵然他们不准人们对教会动手，但却容忍人们在远处用无数投枪扎刺它。托克维尔写道：

> 在法国大革命中，在宗教法规被废除的同时，民事法律也被推翻，人类精神完全失去了常态；不知还有什么可以攀附，还有什么地方可以栖息，革命家们仿佛属于一个陌生的人种，他们的勇敢简直发展到了疯狂；任何新鲜事物他们都习以为常，任何谨小慎微他们都不屑一顾，在执行某项计划时他们从不犹豫迁延。决不能认为这些新人是一时的、孤立的、昙花一现的创造，注定转瞬即逝；他们从此已形成一个种族，散布在地球上所有文明地区，世世代代延续不绝，到处都保持那同一面貌、同一激情、同一特点。我们来到世上时便看到了这个种族，如今它仍在我们眼前。①

三是民众的精神面貌发生了变化。社会环境的变化必然引发人们生活条件和生活方式的变化，引发心理的变化，并在某种程度上促发人们采取行动去适应和改变环境。农奴制的废除，特别是现代化进程中，法国农民增加了对土地的追求，工业化的发展，使得在更加广大的人民心中萌发其对发财的热爱、对富裕的爱好与需求，而政府也尽力迎合他们的欲望，并不断地给予满足，但是另一方面，政府又不断地制造并浇灭这样的欲望，通过税收以及借债而且不讲信用等。这导致法国繁荣在发展，而人民的精神却显得更不稳定，更惶惑不安；公众不满在加剧，对一切旧规章制度的仇恨在增长。托克维尔认为政府的欲望和人民的欲望之间的紧张大于和

---

① 托克维尔：《旧制度与大革命》，商务印书馆 1996 年版，第 191—192 页。

谐，而且人民受到了利益追求的刺激，受到当时文化风气的影响，受到环境变化的逼迫，因而不满和反抗的因素在不断增长和聚集。人民为了不断适应或者努力进行改变，使之适合自己的生活方式和目标追求，在这个过程中，必然会出现各种不确定性危机，导致不同人群之间的属性重组和目标重组，从而实行各种可能的行动，以实现自己的目标追求。工人阶级运动是18世纪典型的主流的运动，当然其中也涉及宗教运动、公民权利运动等相互交织的运动。

四是阶级意识的形成。从马克思、恩格斯、波兰尼和斯考切波的论述中，可以知道外部环境的剧烈变化，导致社会中的结构性关系发生变化，从而产生意识和行动的变化，产生新的抗争形式。汤普森在考察英国工人阶级形成过程中，特别强调了工人阶级意识或觉悟的产生，是工人阶级形成的主要根源，同时汤普森认为工人阶级的形成存在于经历之中。汤普森写道：

> 我说的阶级是一个历史现象，它把一批各个相异，看来完全不相干的事结合在一起，它既包括在原始的经历中，又包括在思想觉悟里。……当一批人从共同的经历中得出结论（不管这种是从前辈那里得来的还是亲身体验的），感到并明确说出他们之间有共同利益，他们的利益和其他的人不同（而且常常对立）时，阶级就产生了。[①]

E. P. 汤普森认为，阶级的存在和阶级觉悟之间的一致性，不可能只有阶级而没有觉悟，阶级不可能先于觉悟而存在。当一个人出生的时候（或者在出生后的某个时候），他就被置于某种生产关系中，在这个关系中处于某种地位。但是，他对这种地位的认识并不与生俱来，他必须通过许多经历才能认识到这一点。当很多人从共同的经历中得出结论，感到他们的利益和其他人不同并时常对立时，他们就感到了共同的“存在”，也就是产生了集体的“觉悟”，只有在这个时候——在共同的“觉悟”产生之后，阶级才终于“形成”。这种经历体现对情境的体验与感知。汤普森认为工人阶级意识产生及其形成受情境的影响表现在四个方面。

① E. P. 汤普森：《英国工人阶级的形成》，凤凰出版传媒集团、译林出版社2001年版，前言，第1—2页。

第一是来自于18世纪流传下来的人们的传统，特别体现在新教非国教派的思想和组织传统对工人阶级的影响。从17世纪革命世纪的“千年王国派”开始，经过班扬的《天路历程》和18世纪初的非国家教派组织到18世纪中叶的卫斯理宗。在这样一个漫长的发展过程中，新教非国教教派经历了意识形态上的“战斗性”的保存，在妥协和忍耐之中寻求合适的时机和土壤。这些教派在耐心地忍受“现世之苦”，放弃其取得的“政府统治权”的希望时，却也能够把政治上的无所作为与一种蛰伏的激进主义结合起来……一旦遇到比较合适的环境，它就会再次燃烧成燎原之火。

第二是人民群众自发而无组织的反抗行为，主要表现为群众暴动、抢粮风潮和滋事骚乱等。整个18世纪，这种人民的“直接行动”始终不断，尽管它无组织、混乱、涣散，甚至漫无目标，但是正是在这一次次的反抗中，他们锻炼了自己，也积累了经验，获得了更多的自觉意识和阶级意识，而且在每次这样的大众直接行动的背后，往往能发现某些具有合法性的权利概念。

第三是“生而自由的英国人”的强烈认同感和自豪感。从17世纪的平等派开始，经过18世纪的许多人民运动，如戈登暴动、“威尔克斯即自由”等事件的训练，另外，许多贫民思想家，如戈德温、斯彭斯等人的组织领导宣传，特别是潘恩的人权论，在形成工人阶级意识形态和认同感建构方面起到了巨大的作用。

第四是来自法国大革命所激发的英国“雅各宾传统”。法国革命在英国造成深刻的影响，培养了人民的平等共和意识，下层劳动者第一次感到自己有权参与国家的治理，因而引发工人群众的激进运动。这种激进主义传统从18世纪90年代延续到19世纪中期，是构成工人阶级“经历”的最重要的一部分。

这些外部情境的影响和英国工人自身的经历结合起来，使他们产生了深深的身份认同，以及对社会的深刻感悟和理解，从而深深地影响工人阶级运动及其采取集体抗争的方式。受其熏陶以及自身的经历体验，人民的阶级意识不断形成，不断寻求盟友并结成组织和政党，来对抗自己的敌人。在这个对抗过程中，有可能带有目的论意图的社会乌托邦式的建构抗争，如马克思关于工人阶级运动的解释；也有可能回归对传统的生活方式的留恋，如卡尔·波兰尼关于各种抗争活动的解释。民众心理的变化表现为对社会环境的清醒认知，对相似经历的人的身份产生认同并缔结为阶级，同时努力寻找自己的盟友以及辨识自己对抗的敌人；对社会价值理念的接受和追求，也成为社会运动凝聚力的主要心理表现。

五　总结

从马克思、恩格斯、波兰尼、斯考切波、吉登斯以及汤普森的论述中，说明18世纪主要的工人阶级运动以及其他运动的形成受到了外部环境的深刻影响，这些外部环境使社会发生了巨大变化，从而使得社会结构和思想意识发生改变，并在具体的环境下不断进行的抗争中，积累了不同于以往的新的抗争方式。这些环境因素既包括国内的环境变化，也包括国际环境的变化，但综合起来，一是资本主义和工业主义的经济生产方式的变化，既改变了生产方式，也改变了生活方式，形成了不同于以往的生产关系和阶级冲突；二是民族国家形成过程中，因为市场和商品之间的竞争，而不断发生的竞争和战争，改变了人民的生活状况；三是各种哲学的、道德的、宗教的和政治的理论的宣扬，结合人民在其中的经历体验，使人民的思想意识觉醒，从而形成了阶级意识，这些都对工人阶级运动的形成产生了重要影响。虽然我们从环境机制探讨工人阶级运动的形成条件，但是我们并没有否定其他运动的存在，如农民运动、宗教运动以及其他等。赫贝尔在总结那个时期的运动时认为，社会运动被看作是为了回应社会趋势而试图改变权力和结果（秩序）。而当时的社会趋势主要包括这样几个部分：资本主义的发展、工业主义的发展、国际主义的发展以及官僚集权主义的兴起。赫贝尔将影响社会运动的产生的社会要素归结如图3—1。[①]

赫贝尔看到了社会变化、趋势与社会运动之间的辩证法、它们之间相互影响的交织关系。趋势和社会运动等集体行动构成了社会变化，而工业化、官僚化和帝国主义是一种趋势，是历史要素，是基础性结构，反过来为那些有组织的或是无组织的群体设定了边界。这三种趋势形成了三对正反式的社会运动。即伴随着工业革命而来的是有许多平等主义的民主运

---

① Heberle, *Social Movements*, Op. cit. See also Robert M. Kloss, *Political Tendencies and Social Security: From the New Deal to the Great Society*, Louisians State University, August, 1969, p. 5.

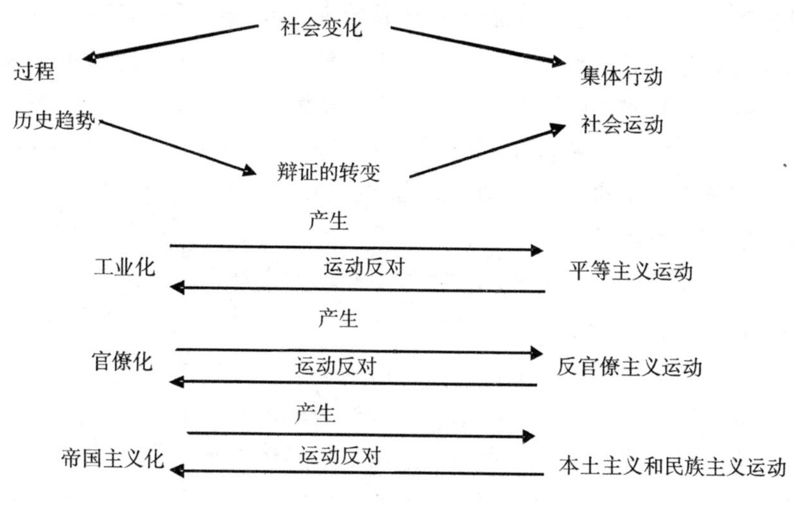

图 3—1　社会变化、趋势和运动

动，这些运动的大多数都是对工业革命产生的等级制组织的反应或试图否定它。欧洲对第三世界的殖民化是粗鲁的和毁灭性的社会控制的帝国主义，必然遭到本土居民和其他被镇压的人民的反抗。一种做法就是通过使本国人民重新部落化的方式来反对这种趋势的扩张；另一种做法就是这些国家发现强权帝国主义的危害性，希望重建一个没有与殖民统治压迫相联系的民族国家。日益增加的官僚化的趋势使我们能够看到它涉及计划和理性在人类事物中的使用。我们可以把官僚制看作是一个等级控制和不负责任权力的根源。一些做法可能就是要求以知觉替代理性计划的方式来对官僚化做出回应；另一些做法可能就是在计划过程中加强民主化和平等主义的方式使官僚制更富有人情味。社会运动从某种意义上来说，是对社会变化的反应，是社会情境机制发挥作用的产物。

综上所述，我们将尝试着做如下的推论。

推论 1：当一个社会的经济快速发展时，其发展的速度超过了人民的适应性能力，以及发展成果在社会上分配不均，人民心中产生了剥削、异化、不满乃至怨愤时，这可能是发生抗争性社会运动的征兆。这种经济发展可能是改革的结果，因此在改革中我们不能忘记托克维尔的警示恒言："如果改革稍有不慎，繁荣加速了大革命的到来。"①这样的

① 托克维尔：《旧制度与大革命》，商务印书馆 1996 年版，第 191—213 页。

情况也得到了美国社会学家詹姆斯·戴维斯的验证，经济繁荣之后一旦出现发展的拐点的时候，即经济有下滑趋势的时候，很容易发生社会运动，这就是著名的“J曲线理论”。[①] 他们强调的是经济发展一方面在人们的心理上产生了对未来充满美好憧憬与向往，其期望值在不断提高；另一方面经济发展的分配不均，或者忽然在经济发展中出现经济衰退、萧条，生活水平随之出现下降，需要得不到满足，而人们的心理又来不及调整，这种理想与现实的巨大落差逐渐增大，这个时候社会运动或革命爆发的可能性会大增。当然这里，我们还必须和马克思关于经济发展所致的贫困化论断结合起来，即统治阶级不能照旧统治下去，人民不能照旧生活下去，人民会团结起来反抗。这两种经验性的概述，都有其合理的一面，在这种情况下，我们的判断是，经济的转型和变化的速度大大超过人们的心理预期或者适应能力的时候，社会运动发生的可能性会加大。

推论2：当一个社会的生产方式发生重要变革的时候，特别是新技术被广泛投入到生产中，带来生产率极大提高，意味着传统的生产方式的淘汰，意味着那些依靠这种方式生存的人们受到了剧烈的冲击，意味着维护生存的社会关系的巨大破坏的时候，社会运动等集体抗争可能会发生。当新技术威胁到如詹姆斯·斯科特认为“生存安全”这一人类的第一法则时，当新技术剧烈破坏马克思和波兰尼所谓的传统社会关系且人们还不适应新的社会关系时，是爆发社会运动的重要标志。

推论3：当一个社会结构分层异常突出，特别是社会分裂以及隔阂越拉越大，社会出现结构性阻隔或障碍，而且当这种潜在结构性裂痕被有效动员起来的时候，发生冲突和对抗的可能性较大。汉斯彼得·克里西等人在对法国、德国、荷兰和瑞士四国的比较研究中，从分裂的开放性和封闭性（集团成员的整合度）、分裂突起（冲突程度）的平息和未平息的二维视角，分析了国家发生社会运动的可能性，不能不说结构分化是社会运动发生的一个可能机制。[②]

推论4：当社会上的思想观念乃至文化出现重大异动或者异常活跃的

① James C. Davies, “Towward a Theory of Revolution”, *American Sociological Review*, vOL. 27, February, 1962, pp. 5 -9.

② 汉斯彼得·克里西等：《西欧新社会运动：比较分析》，重庆出版集团、重庆出版社2006年版，第23—28页。

时候，特别是和当下霸权文化不一致或者提出挑战的时候需要予以警惕，托克维尔在对法国大革命的研究中给出了警告。而一种思想观念得以形成，不仅受到了文化领袖的启蒙，也可能是在现实的体验或行动中逐渐形成，并引导他们的集体行动，汤普森在对英国工人阶级的阶级意识的形成给予了全方位的探讨；当然我们判断社会观念的异常变化，也可以从詹姆斯·斯科特的民间话语符号和大众作品中窥见一斑。[①] 斯科特在描述东南亚农民反叛的过程中，提出了农民文化反叛中神秘化语言的使用，体现与霸权文化一种异常不一致的价值观，这些异常的价值观表现为神话、笑话、谚语、口头历史、传奇文学、歌曲、语言的使用和宗教的形式，在某种程度上表达了与主流价值观的不一致，隐含着对社会不公、不满的一种征兆，可以确定人们对社会接受和拒绝社会秩序的程度，辨析他们之间存在多大的分歧，不能不说这是社会走向社会运动的一种潜在的力量，也可以称之为思想或文化的力量。

从一定意义上，社会环境机制如经济发展的速度、新技术对生产方式和生活方式的影响度、结构分化程度以及人们思想观念的变动程度，成为判断社会运动发生的基础性的和情境性的机制，当然也可以从社会环境的其他方面特别是更加微观化的角度去提出过更多的分析性视角，如对社会环境的破坏程度、对某一类人群歧视等，来分析社会运动发生。不过，总的说来，社会不同方面的变迁程度是衡量社会运动发生的重要情境性机制。

虽然环境变迁已经成为社会运动发生的主要变量，但是很快就会出现这样的质疑，即纵使处在18世纪的欧洲国家，为什么有的国家工人阶级运动以及其他运动很频繁，而另一些国家却很少？相同的变迁情况下，为什么有的国家在此时发生社会运动，而另一些国家在彼时发生社会运动？纵使发生了社会运动，为什么在有的国家能够持续很久，而在有的国家很快就偃旗息鼓？而且，为什么到20世纪晚期，西方资本主义社会已经经历了几百年的时间，而西方国家已经成为社会运动的社会？这说明环境变迁不一定导致社会运动和革命的发生，但是一定能够使社会出现危机，引发社会的不稳定，出现社会运动发生的情势。环境可能是促使社会运动发

---

① 参见詹姆斯·斯科特《农民的道义经济学：东南亚的反叛和生存》，译林出版社2001年版，第305—307页。

生的诱因，而不是充分必要条件，仅是社会运动活动的基础和其得以展开的基础性条件，而要影响社会运动的发生，还需要看社会运动所面临的国家政治结构以及与对手之间的互动方式、社会运动活动内部的组织情况以及社会运动采取的方式等，这些也将对社会运动的发生产生重要的影响。这将在之后的章节里逐一论述。接下来的一章将阐述影响社会运动发生的政治条件。

第四章　社会运动发生的政治机制

托克维尔、马克思和波兰尼等人将外在的社会背景和社会运动联系起来以解释社会运动的发生，这成为后来很多人效仿的分析范式，从中努力寻求一种内在的逻辑关系和推动社会运动发生的运行机制。其基本的方式是环境变化引发危机性境况的出现，作为对危机性反应的一种行动方式，各种抗争形式得以产生。行动方式因为面对情境的特殊性，在一定的继承和相互效仿的基础上而有所创新，形成了新境况下的社会运动这种抗争方式。

社会运动的情境性机制具有很强的解释力，并成为一支重要的学术力量，但是对其解释的批评声音也不断兴起。如当托克维尔认为经济繁荣时期更容易发生革命和社会运动。然而有人发现20世纪30年代经济萧条时期，欧美国家也兴起了很多的社会运动；马克思、波兰尼认为社会在巨大转型时期很容易发生社会运动，然而有人发现为什么在欧洲这些资本主义处于稳定和成熟时期，发生的社会运动越来越多？这些问题触发对社会运动的发生机制更为深化的思考和解释。

一　情境性机制的深化和转化

社会运动的解释出现了两种分化路径，一种是情境性机制的深化；另一种是另寻他途。就深化机制而言，主要是在其中寻找可以解释的因素，并进行细化，以生长出新的更加微观的机制解释。如关于经济繁荣和萧条都引起社会抗争运动的解释时，人们认为这种变化皆是因为内部的不同的微观机制发生作用的结果。如有人认为，经济繁荣可能引发运动，那是在于繁荣时期雇主对劳动力的需求增加，导致紧缺的劳动力市场岗位竞争减弱。工人因为认识到这样的情况，便要求增加工资、缩短工时或改善工作条件。结果，当失业人员储备减少，雇主深为劳动力市场的压力而苦恼时，罢工的频率就随着商业周期的曲线上升；而当劳动力的需求减少时，罢工的频率则随着商业周期的曲线下降。然而，20 世纪 30 年代的“大萧条”时期，在欧洲和美国兴起了许多社会运动，雇主对劳动力需求开始减少，失业普遍存在，工人们更多有求于雇主，或许会降低抗争运动，可在一些西方国家里，产业工人对被解雇和被削减工作的反应却是罢工、游行和占有工厂，而不像另一些国家的产业工人那样懦弱无为或甘于受压制。例如，英国工人在“大萧条”的大部分时间里受尽折磨，德国工人遭到纳粹的无情镇压，而美国和法国工人则进行了前所未有的大规模斗争以应对危机。[①] 另一些人则发明了机制组合模式，对于不同国家可能面临相同的情境，但是有的国家发生社会运动，有的国家没有发生，则是机制累加的不完备性所致，如斯梅尔塞的加值理论。下面将围绕斯梅尔塞的理论进行分析。

（一）斯梅尔塞加值理论

斯梅尔塞（Neil J. Smelser），作为结构功能主义大师帕森斯的学生，运用其导师的理论体系系统地分析集体行为以及社会运动的发生机制。认为一项集体行为得以发生，不完全是当时盛行解释社会运动发生的心理作用的过程，而是结构性社会条件所致。这与托克维尔、马克思和涂尔干一脉相承，但是斯梅尔塞更加雄心勃勃，他期望建立一个理论，这个理论不仅能够解释社会运动为什么能够发生，而且还要能够解释社会运动在何处发生、何时发生以及以什么方式发生。斯梅尔塞于 1962 年，提出了著名的加值理论（Value - added Theory），其影响力非常巨大，成为以后一段时间社会运动发生机制解释的主要理论工具，也成为促发社会运动发生学解释深化与转向的逻辑起点。[②]

斯梅尔塞不仅考虑情势的作用，而且还考虑被情势影响的行动动机及其对情势的创造可能性的理性分析和处理能力。行动者行动的动机来自于外在情势对现有具备的价值理念以及行为规范之间的张力程度。斯梅尔塞

---

① 西德尼·塔罗：《运动中的力量：社会运动与斗争政治》，凤凰出版传媒集团、译林出版社 2005 年版，第 97 页。

② 以下内容的分析建立在斯梅尔塞价值理论的基础上，参见 Smelser, Neil, J., *Theory of Collective Behavor*, New York: Free Perss1962, pp. 15 - 71. 也可参见赵鼎新《社会与政治运动讲义》，社会科学文献出版社 2006 年版，第 64—68 页。

将之分为价值（values）、规范（norms）、个人动机的动员（individual mobilization of motivation）和情势的便利性（situaltional facilities）。斯梅尔塞认为一个社会的主流价值提供了社会行为合法性的道德判断标准，否则将受到谴责和制裁。而规范则是对价值行为的具体性规定，主要包括正式的或非正式的规章制度；斯梅尔塞从宏观情势开始转向具体行为的外围与本身，认为一项集体行为的发生还需要有广泛的组织动员，立足以上三者，斯梅尔塞分析了社会运动与自己欲望实现之间的可能性，也即情势创造机会。这四个方面形成了斯梅尔塞加值理论的概念性框架。在其基础上，斯梅尔塞分析集体行为、社会运动发生的必然性问题，形成著名的加值理论。

加值理论借用了经济学的概念，认为物品价值的增大，是每一步流程的累加最终使产品附加值最大化及产品最终完成的内在运行机制。斯梅尔塞将其运用到集体行为和社会运动研究的过程中。他认为一项集体行为和社会运动的发生必然经过以下几个环节，即结构性诱因、结构性紧张、一般化信念、促发性因素、参与者的动员以及社会控制力。

结构性诱因（structural conduciveness）指的是那些可能使社会运动发生的社会环境和自然环境，这种结构性诱因实际上在任何地方任何时间都存在，如果这些诱因存在得越多，那么出现集体行为和社会运动的可能性就会增大，但是它只是引发社会运动发生的可能性，并不一定导致社会运动发生；一个社会运动发生，必须还要有其他决定因素出现。

其中一个重要的决定性因素是结构性诱因引发人们的紧张、焦虑、恐慌和不满等，斯梅尔塞称之为结构性紧张（structural strain）。这种结构性紧张的诱发可能因为模糊的意义、剥夺感、冲突矛盾等，与文化或者个人的期望有关，如与文化标准不符或者贫困、失业、歧视、得不到与个人付出相一致的回报等。后来有人指出，结构性紧张也可以包括自然因素，如运动场、极端炎热的天气、灯火管制、交通阻塞等。当出现这样的结构性紧张时，不管它是大还是小、是暂时的还是持久的，只要与结构性诱因合在一起，人们往往会采取不寻常的举措以消除这些紧张的影响。

当然，如果这种结构性紧张使人们清楚认识到，并凝聚成一种对其归因的一般化信念（generalized belief）时，采取行动的可能性将大增。这种信念的认知或许会使采取的集体行动是符合逻辑的、理性的、可欲的以及不可避免的。一般化信念的形成，并不依赖事件的真实性，如果参与者相信了谣言，他们也可能集体行动。斯梅尔塞重点提出了五种信念对人们行动的影响：歇斯底里的信念（Hysterical Beliefs），如特殊的威胁、一场大灾难的来临等，当人们认识到可怕事情将要出现时，往往会采取一些极端的措施以应对；理想信念（Wish－fulfillment beliefs），理想信念会减少事情的模糊性，通过预期，可能会形成解决问题的有效方法，参与者会相信这些事情是有意义的，并形成采取行动的正当性；敌对的信念（Hostile beliefs），因敌意、仇恨等而采取的行动；规范导向的信念（Norm－oriented beliefs），一些紧张影响到了现存的规范制度，人们可能会采取行动恢复、保护、调整规范或者重新创造新的规范；价值导向的信念（Value－oriented beliefs）引发的行动。斯梅尔塞对一般化信念着墨颇多，因为它构成了影响行动者行动的中间环节和转换的枢纽。

斯梅尔塞认为以上构成了集体行动和社会运动发生的一般性条件，一项具体行动的出现还包括突然出现的促发性因素（Precipitating factors），它意味着一项集体行动的开始，这使一般化信念具体化。如许多城市都可能出现种族不平等，或许某个城市的警察粗鲁地对待了种族问题，这成为一种导火索，引发大规模的反对种族歧视的抗议、示威、游行等，而其他城市或许没有发生这样的事件。

斯梅尔塞认为集体行动发生还需要一些动员和组织活动，即对参与者的动员（mobilization of participant）。这包括谁首先采取行动以及对潜在行动者的吸引力，这需要说明什么样的行动才是合适的和可接受的。对此，斯梅尔塞认为领导者对于集体行动是重要的。不过斯梅尔塞同样认为一项集体行动的发生，还需要考量社会的控制力（social control），斯梅尔塞认为前述的因素都是社会运动的促发性因素，而社会控制力则是影响社会运动发生的反向决定性因素。社会控制力的行动者可能包括警察、法院、媒介、宗教权威、社区领导者等，他们或许通过不同的方式阻止、改变或者调解集体行为。这些都与控制执行者的控制力的强弱和控制手段使用的有效性有关。当社会控制力下降或者控制方式引发事件的反弹的效度不理想时，集体行为和社会运动发生的可能性增加。

（二）加值理论的局限

虽然这六个要素在斯梅尔塞看来，每一个都不是触发社会运动发生的充分条件，但却都是必要条件，而且如果出现这六个因素的不断累加，社会运动发生必然会出现，这种加值理论形成了对社会运动发生预测的规范文本。似乎社会中各项要素存在，我们就可判断出社会运动可能会出现。当预测一项集体行为或者社会运动发生时，斯梅尔塞加值理论给我们的启示在于，如果合力性的促发性因素不断增加，而反向性因素的影响不断减少，集体行为和社会运动发生的可能性将增加，因为斯梅尔塞在其简单的加值因素的背后，考虑到了社会运动发生的情境性因素、社会结构性张力、个人与群体的一般化信念的形成、引发事件发生的导火索、集体行为的组织和动员，在社会控制力下降的情况下，诱发集体行为或社会运动的概率将会大增，反之社会运动发生的概率将减少。斯梅尔塞加值理论对社会运动发生可能性的第二个值得信任的理由在于似乎在大量已经发生的集体行为和社会运动案例中，都可以发现斯梅尔塞加值理论的六要素，这似乎说明斯梅尔塞的加值理论得到了经验上的验证和支持。

其实很多社会运动并不需要经过斯梅尔塞所谓的六要素累加的因素也可能发生，而且纵使某个社会有了这些要素的叠加，社会运动也不一定发生。这种不可能性表现在以下几个方面的质疑：第一，任何一个集体行动或者社会运动并不都是这六个因素的机械式的序列累加。就像马斯洛需要层次论出现时一样，一个社会的复杂性，决定了六个因素作为简单的呈现而表现不同的组合方式，不同的组合方式决定了社会运动发生的可能性和不可能性，纵使六个因素同时出现，在一定的时间范围内也不一定出现社会运动的抗争形式。

第二，斯梅尔塞更多考察的是压迫式的集体行为，呈现的是人们对社会某些方面的结构性怨恨与不满的抗争性的集体行为。其实社会运动已经由过去单纯的被动式抗争形式发展到现在的既有被动式也有主动式的抗争形式，因为体现了不一样的内在发生机制。查尔斯·蒂利将社会运动分为三种抗争形式①，即“竞争性”集体行为（competitive collective action）、“反应性”集体行为（reactive collective action）和“主动性”集体行为（proactive collective action）。竞争性集体行为主要指的是不同资源群体之间的资源争夺型对抗性行动；反应性集体行为是在被动的情况下受到侵扰

① Tilly, Charles, “Rural Collective Action in Modern Europe”, in Joseph Spielberg and Scott Witheford (eds.), *Forging Nations: A Comparative View of Vural Ferment and Revolt*, Michigan State University Press, 1976, pp. 18–19.

而发生的应动式抗争行动，如抗税抗租等；而主动性集体行为表现为人们积极主动起来争取利益、身份认同的集体行为，如现代工人积极组织起来举行罢工、游行示威以争取福利的行动，还有那些同性恋者、动物保护主义者，往往并不具有社会的结构性怨恨或者突发事件等，也能发生社会运动，这就意味着不一定需要发生斯梅尔塞所谓的加值因素的简单化叠加就可出现社会运动。

第三，按照斯梅尔塞的加值理论，社会控制力下降的情况下，集体行为才有可能发生，这说明一个国家或者社会的权力体制在软弱的情况下，发生社会运动的概率大增，而在国家或社会的控制力强大的情况下，社会运动将很少发生，而塔罗和迈耶等人却发现20世纪以来，那些发达的欧美国家，已经是一个社会运动的社会。然而这些国家的控制力却很强大，但是社会运动却非常之多，甚至超越了那些国家力量软弱的欠发达国家所存在的社会运动现象。这从某个侧面说明社会运动与社会控制力之间并不一定具有必然的关联。需要对此进行具体的划分。汉斯彼得·克里西等人在考察西欧新社会运动时，认为这与一个国家针对社会运动的不同性质采取不同的控制方式有关，克里西等人根据社会运动的行动逻辑（身份的/工具的）和它的一般倾向（内在的/外在的）来对它们分类，将社会运动分为“工具性的”、“反文化的”和“亚文化的”社会运动。工具性行动在定义上指的是追求外界的目标。这里我们认为生态运动、和平运动和团结运动首先是工具性的，同性恋运动和妇女运动首先是亚文化的，自治运动首先是反文化的。然而，这种描述在两方面是相对的。每一运动类型的地位在国与国之间是不同的。① 对于不同类型，社会控制当局可能基于不同的运动类型采取促进和压制的方式，而不完全是建立在社会控制力强弱的考量的基础上。换言之，即使哪怕是较弱的国家，也可能集中控制力量对某些社会运动采取压制措施，而对另一些社会运动听之任之，或者促使它发生。

第四，斯梅尔塞加值理论的局限性还在于是将其建立在关于人的非理性思考之上的。认为人们在经过动员和组织以后，在考虑一般化信念时，只要心理上接受以后，在行动上就有可能表现。其实在后来的关于集体行

① 汉斯彼得·克里西等：《西欧新社会运动：比较分析》，重庆出版集团2006年版，第104页。

为和社会运动研究过程中，认为社会运动的发生也可以是深思熟虑的结果，是理性计算的结果。特别是曼瑟尔·奥尔森认为，当一个人是理性人的时候，在一个集体行动中，他往往期望别人付出更多，而自己付出更少，采取“搭便车”的行为以追求自身利益最大化，如果每个理性人都采取类似策略的话，那么集体行为往往不可能发生，要使集体行为发生的话，必须采取选择性激励的方式进行组织动员，才可以使社会运动发生，而这也是建立在理性分析的基础上，并不完全是非理性的“不耐心者冲动”的结果。①

无论如何，斯梅尔塞作为一个雄心勃勃的社会运动理论学家，在继承前人关于集体行为和社会运动理论成果的基础上，不断开拓创新，提出新的解释社会运动发生学理论，其努力将社会心理学和微观社会学机制与宏观的社会结构连接起来的努力，以及在其中寻找决定性因果变量的努力，不断鼓舞着后来者。后来的学者在对斯梅塞尔批判性质疑的基础上，进一步深化拓展了社会运动发生的可能性因素。特别是斯梅塞尔关于集体行为发生的反向因素，成为后来一部分学者专攻的对象，这些社会运动的学者包括查尔斯·蒂利、西德尼·塔罗和道格·麦克亚当等人，他们一方面继承了托克维尔关于国家在社会运动发生中的作用；另一方面也吸收了革命理论学家关于国家体制以及所带来的机会与威胁对社会运动发生的影响。特别是布林顿在《剖析革命》一书中的分析，认为发生革命性运动事件需要有几个环节：（1）政府财政出现了问题；（2）改革失效；（3）知识分子的背弃；（4）统治阶级内部的分裂；（5）阶级对抗的增加，一般来说，主要是征税；（6）革命神话和信念的出现。② 引发转向社会运动发生机制中的国家面向和政治机制。

二　社会运动发生的国家面向

1995 年，克雷格·詹金斯和伯特·克莱曼德斯说道：“令人惊讶的是，几乎没有人注意到社会运动和国家之间的相互作用。五年过去以后，关于社会运动和国家之间相互影响关系的大量著作业已面世，这类著作主

---

① 赵鼎新：《社会与政治运动讲义》，社会科学文献出版社 2006 年版，第 66 页。

② Crane Brinton, *The Anatomy of Revolution*, New York: prengice - Hall, 1985, pp. 72 - 100.

题广泛，诸如：社会抗议、镇压、互动结果和政治机会结构等问题。”[①]这些构成了本章研究的重要文献。

民族国家的形成是启蒙运动以来的一个重要事件，深刻地影响了社会运动的发展。民族国家形成的标志，主要体现在以下两个方面：一是民族国家权力集中，管辖事务不断扩大，出现如哈贝马斯所谓的“社会国家化”现象，这样，“公共权力在介入私人交往过程中也把私人领域中间接产生出来的冲突调和了起来。利益冲突无法继续在私人领域内部得以解决，于是，冲突，向政治层面转移”。[②]这从一个侧面理解社会运动的矛头或多或少、或直接或间接地指向国家的原因。二是现代民族国家的形成建立在边界清晰、主权至上以及监控体系完备的基础之上。现代国家形成了安东尼·吉登斯所谓超越传统边陲的边界之上的行政实体，这个行政实体拥有传统国家所不具有的强大的“配置性资源”和“权威性资源”，拥有强大的军事力量以及监控等控制手段。[③]

从某种意义上来说，国家在形成过程中，以及不同的国家体制，对社会运动发生有很大的影响，另外政治机构结构以及对社会运动采取的手法上的差异，也影响着社会运动的发生。

（一）国家形成与社会运动的兴起

安东尼·吉登斯在《民族—国家与暴力》中将现代国家形成的一个重要维度建立在军事力量的增长、监控力量不断扩大的基础之上，形成了与以往阶级分化的社会与绝对主义国家完全不同的一个国家形态。国家形成促发社会运动发生的机制主要包括以下几点。

1. 战争和议会化

在现代民族国家形成过程中，战争意味着对国民实施总动员、国家机构的扩张、政府开支的膨胀、从国民身上榨取更多的资源等。为战争所需的动员和金钱给付，强化了政府行为对普通民众福祉的影响。政府一方面通过征税来获取战争所需要的金钱，这加重了人民的负担。因此发动战

---

① 杰克·A. 戈德斯通：《国家、政党与社会运动》，上海世纪出版集团 2009 年版，序言，第 XVI 页。

② 哈贝马斯：《公共领域的结构转型》，学林出版社 1999 年版，第 171 页。

③ 安东尼·吉登斯：《民族—国家与暴力》，生活·读书·新知三联书店 1998 年版，第 2—3 页。

争、征收赋税和供应食物这三项基本政策，是扩张中的国家为保证并扩大权力而开展的活动的一部分，当它们作为对公民的压力和向外渗透的努力开始实施时，每项政策都造成新的通信渠道、更有组织的公民网络以及可使普通民众在其范围内提出要求和组织起来的抗争行动机制。

另一方面在战争的驱动下，随着税务和债务的增加，政府为了获取需要的战争资源，往往通过协商的方式获得民众授予的同意，这促发了政府的议会化过程。议会的权力也相应扩张，政府每一次新的资金需求都会导致新的斗争，而政府则在新的斗争中被议会逼迫着做出新的让步，议会则随着权力的不断扩张越来越广泛地干预公共事务，其活动对于选民（无论是否享有选举权）的重要性急剧增加。蒂利在对 18 世纪 80 年代到 19 世纪 30 年代英国抗议政治的研究，说明议会化对社会运动发生的影响。（1）中央政府对全英国的决策与资源的影响力提高了；（2）在中央政府内部，议会对决定和资源的影响力绝对提高了；（3）在中央政府之外的政治生活中，议会及其成员角逐权力逐渐成为中心事件。就其对社会运动而言，代议制政府的出现有力地促进了民众为争取在全国性政治中直接表达权利的斗争，政治的议会化极大地影响了集体抗议的变化：（1）议会成为普通民众抗议的目标；（2）议会行动诱发了普通民众的诉求表达，不管这些诉求是不是直接指向议会的；（3）议会考虑的问题越来越成为民众抗议的中心；（4）在广泛的诉求表达中，它们与议会的联系越来越成为中心问题。①

议会改革运动在全国范围内广泛兴起，要求扩大选举权、平等代表权此起彼伏，与此同时，还交织着一股要求议会改革的运动力量。如组织起来的工人以前所未有的活力，基于自身的利益对议会活动提出了改革的要求。通过蒂利列举的事例，我们知道议会化给社会运动发生带来的影响。1818 年，旨在促进人类幸福的斯托克波特联盟在纺织业制造中心斯托克波特成立，该联盟为争取释放政治犯和开展议会改革向北部工业区进行群众动员……依据 1817 年的《危机治安集会处置法》，任何旨在直接影响政府行为的秘密会议均在禁止之列，不过，支持议会改革的公共集会则可网开一面。于是，该联盟开创了一个先例，即大众政治组织者对新的镇压

① Tilly, Charles, "Parliamentarization of Popular Contention in Great Britain, 1758 - 1834," *Theory and Society*, Vol. 26, 1997a (Apr. - Jun.).

形式做出回应的先例，并因此成为包括伦敦在内的整个英国政治团体的行动范本。于是斯托克波特联盟不断发起集会呼吁改革，不断发动请愿声援政治犯，并不断地举行抗议和示威活动。示威游行、旗帜招展、列队行进在曼彻斯特的圣彼得广场上。这一切影响了后来的社会运动组织方式，到19世纪20年代后期，社会运动的所有核心要素——运动、剧目和WUNC的公开展示——已经结为一体，并在大不列颠有组织的利益团体中得到了广泛的运用。①

2. 政府机构官僚化

创建国家的努力需要特定的组织和人员来实施，政府官僚化创造了一类精于公共事务的人，使不怎么愿意交税的公民必须交纳财政税。此外，为了维护社会秩序、规范各群体之间的关系、为社团创造一个合法体系，同时采取比军队或警察的棍棒更微妙的社会调控机制等，政府创建了官僚组织。如国家建设者通过扩大农村的行政机构来控制农村。在西欧各国，虽然行政机构扩张的步伐、时间和影响不尽相同，但在各个地方，农村社区都建立了政府的结构，它们受到上级权威部门的监督、惩罚、资助和雇用，而上级权威部门则直接或间接对国家负责，使地方权威机构被迫接受国家的安排，强迫那些被雇用的人支持国家，并吸纳地方权威进入国家系统。这个过程产生了大量的集体行为。托克维尔在《旧制度与大革命》中认为行政组织官僚化并不是大革命的结果，而是大革命的原因，它在大革命到来之前就已经在法国被创造出来，为了征税、执行国王政策等。

官僚化意味着国家权力大大加强，其控制的权威性资源和配置性资源影响着国界范围内的全体民众，为了保护或扩展自身在社会上的势力和影响，争取民主运动或者其他社会运动就成为争取国家权力的一个途径。因为在现代民主国家中，只有国家才有权力通过立法等手段来保护某些群体的权益，或树立和推广某些价值。因此，大多数现代社会运动和革命或者是要整体或部分改变国家性质，或者是要寻求国家的保护，或者是借用国家的权力来扩展某个群体的利益。它们都是民族国家发展过程中的产物。日益增加的官僚化的趋势，意味着人类计划和理性控制的能力，使官僚制成为一个等级和权威的一个根源。平等主义的社会运动是对这种历史趋势

① 查尔斯·蒂利：《社会运动，1768—2004》，上海世纪出版集团2009年版，第42—43页。

的压迫性做出的否定性反应。

3. 公共事务扩大化

除了战争、税收和维护秩序的基本问题之外，国家的公共事务不断扩大。如同卡尔·查尔斯·蒂利所说的，国家扩大了对资源使用和交换的规范范围，国家在商业化、市场化、技术化以及城市和农村各个方面都开始卷入。如同卡尔·波兰尼认为的国家对市场经济的干预。市场经济的自发调节无疑是一个神话，西欧国内市场实际上是国家干预所创造的。从政治上看集权化的国家实际上是商业化革命所引发的新创造。"从对外政治而言，主权的兴起是时代的需要；整合国家领土内的资源，为国家的对外竞争提供力量。对内政治来说，把被封建的、地方排他主义所分割的国家统一起来乃是这种努力的结果。中央政府的经济政策依赖的行政管理技术，恰恰来自于传统城镇制度向范围更大的国家疆域的扩展。"① 如国家插手粮食的生产、消费和分配。17 世纪和 18 世纪，所有的欧洲国家都建立起广泛的机构，来监视和保证食物对城市、军队和政府的供应。国家干预粮食市场在一定程度上有利于全国性市场的建立。到了 19 世纪，国家干预生产的程度日益提高，包括产品的价格支持、种植面积的分配、市场化订购以及政府对敏感产品的准许，成为国家政策的标准特性。总而言之，国家对粮食供应的干预，自 17 世纪以来稳步地提高了。国家对社会的渗透，特别是在农村的渗透，关系到国家与农民如何分配当地资源。②

国家公共事务的扩大，意味着国家在技术方面的创新。技术方面的影响不仅涉及武器，对社会运动产生影响的技术方面还包括交通和通信上的发展，如铁路、报纸、电报、电话、电视、手机以及互联网的发展等。这些工具一旦投入使用，马上就能为社会运动所用。另外，在民族国家的建构过程中，往往会产生一些现代学校、大城市、符号性建筑和空间，这些因素也为社会运动和革命创造了环境。通过这些努力，政府不仅渗透进社会，还形成一套标准的职责和特性作为现代公民权的基础。在国家这个母体中，民众不仅可以对国家的扩张提出争议，还可以凭借国家力量，提出

---

① 卡尔·波兰尼：《大转型：我们时代的政治与经济起源》，浙江人民出版社 2007 年版，第 57 页。

② Tilly, Charles, "*Rural Collective Action in Modern Europe*", in Joseph Spielberg and Scott Witheford (eds.), Forgin Nations: A Comparative View of Rural Ferment and Revolt, Michigan State University Press, 1976, pp. 18 - 19.

反对他人的要求。

（二）国家转型或崩溃与社会运动

现代国家的转型是政治现代化的必然结果。塞缪尔·亨廷顿提到，在现代国家转型过程中，面临着很多的不稳定因素，孕育着大量的社会运动和抗争事件，“现代性孕育着稳定，而现代化过程却滋生着动乱”。[①] 亨廷顿认为，在现代化过程中，一些传统的国家开始衰朽和崩溃，各种势力之间不断进行斗争，特别表现为政治制度化速度跟不上公民参与的速度，从而滋生很多不稳定的因素，发生许多动乱、社会运动乃至革命的事件。如果说亨廷顿主要是对发展中国家的转型，引发动员和社会运动的分析，那么戈德斯通在对欧洲国家的转型与崩溃分析中，同样得出了社会运动和动员发生的可能性。戈德斯通发现国家转型或者国家崩溃导致的社会运动的加剧在发展中国家异常明显，同样也出现在欧洲国家的转型及其传统体制的崩溃过程中。两者在描述国家转型与崩溃中发生社会运动方面既有相似的地方，也有各自的差异，下面结合他们的论述展开分析。

1. 人口变化与结构性张力

戈德斯通在他1991年出版大部头著作《早期现代化国家的革命与反叛》（*Revolution and Rebellion in the Early Modern World*）中应用了跨历史、跨地区的比较方法分析了大量革命历史事件，论证国家崩溃理论与革命性运动的关系，将其归结为人口增长的因素。戈德斯通梳理了一些革命历史事件，在近代历史上，欧亚大陆在17世纪和18、19世纪之交各有一次反叛浪潮，如17世纪的英国光荣革命、法国佛朗德叛乱、南欧反抗奥匈帝国的叛乱、乌克兰叛乱和中国的李自成起义。18、19世纪之交的中国太平天国运动、缅甸革命、法国革命、俄国的普加乔夫起义。但在这两个时间段之间，革命运动在欧亚大陆几乎偃旗息鼓，很少发生大规模起义。为什么会这样？戈德斯通排除了用地区性经验理论来解释跨国现象的可能性，从人口增长方面另辟蹊径。他发现，欧亚大陆在17世纪和18、19世纪之交人口增长出现过两次高潮，而这两次高潮与叛乱时间吻合。

---

① 塞缪尔·亨廷顿：《变化社会中的政治秩序》，上海世纪出版集团2008年版，第31页。

戈德斯通认为，传统农业由于技术和资金等投入的限制，单位面积产量的增长潜力非常有限，因此，传统农业以及建立在传统农业基础上的传统国家政治对人口增长十分敏感。在传统农业下，人口增长会导致供求失衡和通货膨胀上升、土地供应不足以及人口结构年轻化。这会造成连锁反应，如通货膨胀和土地供应不足会造成政府税收下降、民众生活水平下降和不满情绪滋长；土地供应不足又会造成流动人口增加和农村人口向城市转移；人口结构的年轻化容易增加反叛的年轻人的数量，而人口向城市的转移则把那些年轻人聚集到了一起。这些要素的综合，加强了反叛的组织力量和动员潜力。但是，仅仅具备这些因素还不足以让反叛行为发生，它必须激活另一个重要因素——精英的怨恨。税收能力的下降使得国家收买社会精英的能力也随之下降了。在这种情况下，社会精英有了修改和转变意识形态的动机，特别是教会人员创造了反叛的意识形态，为革命提供了思想武器。人口的增多导致了国家为精英提供需求的能力也在下降，因为税收严重不足。这种情况导致了精英的内部分化和恶性权力斗争，他们对政权的忠诚度急剧下降。总而言之，人口增长就像产生了“滚雪球”效应一样，带来了一系列结果：（1）形成了具有强大的组织力量、动员潜力和严重不满情绪的社会底层群体；（2）国家与社会精英之间的矛盾加剧；（3）反叛文化的出现；（4）政治精英内部权力斗争加剧。当这些因素一起出现时，国家就面临着崩溃。革命发生的机会就在于国家机器失灵了，既没有整合能力，也没有镇压能力。①

亨廷顿从另一个角度——相似的视角论述国家转型和崩溃对人口的影响所引发的动乱和社会运动。亨廷顿认为：国家转型毁坏传统的社会集团（家庭、阶级和种姓），一方面增加了失去社会地位的人数，这些人在某种情况下会助长革命的发生；另一方面国家转型和崩溃过程中会产生暴发户，他们难以完全适应并同化于现存秩序，他们要得到与他们新的经济地位相匹配的政治权力和社会地位。国家转型和崩溃过程中增加地区性流动，这种流动又破坏社会结构，特别促使农村人口向城市移动，从而产生社会离异和政治极端主义。国家转型和崩溃使生活水准不断下降的人数扩大，从而拉开贫富之间的距离，另外，也可能会增加某些人的绝对收入而

---

① Goldstone, Jack A, *Revolution and Rebellion in the Early Modern World*, Berkeley, Los Angeles: University of California Press, 1991, pp. 1-39.

不是相对收入下降，从而增加他们对现存秩序的不满。[①]

2. 社会化与制度化的契合度

国家转型面临着两个方面的影响：一是社会化带来的不稳定；二是制度化建设滞后带来的不稳定，二者的不匹配将引发动乱和社会运动。就社会化而言，亨廷顿认为，现代化过程使人们得到很大的动员，这时候经济发展（作为现代化的一个重要标志）本应该趋于缓解社会不满和随之产生的政治动乱，但是其实不然。提高投资需要对消费实行总体的限制，另外，在投资和消费的分配方面往往是不平等的、差异性的，这造成公众的不满，加剧地区之间和种族之间的冲突。都市化、扫盲、教育和新闻媒介都给恪守传统的人士带来了新的生活方式、新的行乐标准和获得满足的新天地。这些新鲜事物打破了传统文化在认识和观念上的障碍，并提高了新的渴望和需要水准。然而，过渡性社会满足这些新的渴望的能力的增进比这些渴望本身的增进要缓慢得多。结果，便在渴望和指望之间，需要的形成和需要的满足之间，或者说在渴望的程度和生活水平之间造成了差距。这一差距又造成了社会颓废和不满。实际上，这种差距的程度就为衡量政治动乱提供了可信的指数。

社会化的过程导致人们的期望值的增加、流动性的增强、参与意识的提升，如果社会的制度化不能满足这样的需求，那么潜在的对抗性因素在增长，能够很容易被动员起来，参与抗争行动。就制度化而言，亨廷顿认为，在国家现代化转型过程中，社会动员是一个更不稳定的因素，在很大程度上取决于社会提供的机会以及政治制度灵活适应度。转型中的高度社会化需求如果得不到满足，就会产生社会颓废，而社会颓废中所发生的政治参与，其形式和规模取决于传统社会经济和社会结构的性质。如果传统社会相当开放，足以提供流动机会，那么可以通过这种流动消除这些颓废，那些横向流动的机会有助于使处于现代化之中的国家得以维持相对的稳定。但是，大多数处于现代化之中的国家经济和社会的横向与纵向流动程度很低，而且传播到这些传统社会来的现代化价值观和思想又深刻地影响人们被动员的潜力。一方面是制度化建设滞后不能适应社会化造成的颓废；另一方面是民众动员式或主动式参与意识的增强，这样，一个国家在

---

① 塞缪尔·亨廷顿：《变化社会中的政治秩序》，上海世纪出版集团2008年版，第38—39页。

制度化方面的落后状态，会使对政府提出的要求很难——如果不是不可能——通过合法渠道得到表达，并在该国政治系统内部得到缓解和集中。因此，政治参与的剧增就产生政治动乱。亨廷顿用这样的一组公式来描述现代化的冲击与政治动乱之间的关系：

（1）政治动员÷经济发展=社会颓废

（2）社会颓废÷流动机会=政治参与

（3）政治参与÷政治制度化=政治动乱

在大多数处于现代化之中的国家里，流动机会的缺乏和政治制度化程度的低下导致了社会颓废和政治动乱之间的正比关系，使处于现代化之中的国家的政治动乱在很大程度上是渴望和指望之间差距的效应，而这一差距是渴望升级造成的，这一点在现代化早期阶段尤其如此。在某些情况下，指望变小也会导致类似的差距，并带来类似的结果。经过持续的增长阶段之后，如果经济陡然转向下坡路，往往就会爆发革命。① 另外，亨廷顿在对20世纪后期的民主化浪潮运动出现的国家转型的研究，认为社会冲突不断加剧，各种抗争性运动事件不断涌现，主要与这些国家的合法性不断衰落、政绩下降、公民不信任，经济危机、外部势力的侵扰以及其他国家的示范效应带来的"滚雪球"现象有关。②

（三）国家性质与社会运动

动荡中的国家是引发抗争的主要因素，同样，不同性质的国家对待社会运动存在着很大的差异，因而也影响着社会运动的发生。一般认为在极权主义或者威权主义国家，社会运动很少发生，而在民主体制的国家，社会运动经常发生。查尔斯·蒂利和戈德斯通等人对此进行了历史性和经验性的分析。蒂利根据一个国家的政府的能力和民主程度，将国家分为四种类型，以探索不同国家社会运动的发生情况。③

能力（Capacity）指的是政府行为影响其所辖领土范围内的全体居

---

① 塞缪尔·亨廷顿：《变化社会中的政治秩序》，上海世纪出版集团2008年版，第41—43页。

② 塞缪尔·亨廷顿：《第三波——20世纪后期民主化浪潮》，上海三联书店1998年版，第54页。

③ 查尔斯·蒂利、西德尼·塔罗：《抗争政治》，凤凰出版传媒集团、译林出版社2010年版，第69—71页。

民、（人们的）活动以及各种资源之特性及其分配的程度。一个强能力的（High－capacity）政府拥有强大的征税、分配各种福利、管理交通、控制自然资源的使用，以及处理其他更多事项的权力，能够对其治下的全体居民、人们的活动以及各种资源进行广泛的干预。相反，弱能力的（Low－capacity）政府也会设法做同样的事情，但它们的努力则几乎没有什么成效。民主则指的是隶属于某一个特定政府当局的民众，在拥有广泛、平等的政治权利，对政府职员及国家政策施加重要而直接的影响（比如，通过具有竞争性的选举和公民投票），以及得到保护以免受警察、法官和公共部门官员之类的政府代理人专断行为害方面所达到的程度。不民主的政权则意味着其国民所拥有的政治权利是狭小有限的/不平等的，政府极少向公民征求意见，并且对公民的保护软弱无力。

很显然，民主和能力都是相对的。纯粹、广泛、平等、充分征求民意且具有保护性的民主，根本就没有在一国范围内存在过。也没有任何一个政府，甚至包括那些称之为“极权主义”的政府，对其领土内的全体居民、人们的活动以及各种资源拥有绝对的控制权。不过，对于民主和能力所做的这些区别却让我们得以对诸多不同类型的政体做出如图4—1所示的政体分类。

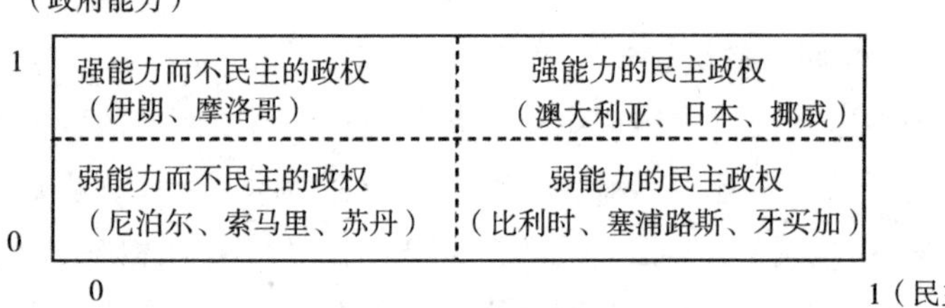

图4—1 粗略的政权类型

蒂利认为，强能力而不民主的政权体制以秘密反对派和短暂的对抗（通常遭到镇压而告终）为其特色；弱能力而不民主的政权则成为世界上大多数内战的承受者。弱能力的民主政权集中了超乎其应承受的军事政变以及各种发生在诸如语言、宗教或种族群体之间的斗争。强能力的民主政权则造就了世界上的大部分社会运动。不同政体环境中潜在的提出要求者面对着形式大相径庭的威胁和机遇，这导致了上述种种区别。本书将就强能力而不民主的国家和强能力的民主国家社会运动的情况做一分析。这是因为西方国家基本都是强能力的民主国家，强能力建设是任何一个国家的梦想，民主化和社会运动是国家面向的艰难抉择，却又是相互交织的孪生兄弟，社会运动有可能促发国家走向民主化的进程，反之亦然。

就强能力而不民主的国家而言，不大容易发生社会运动。虽然戈德斯通分析的是革命，但同样适用于对社会运动的分析。因为在这些国家看来，社会运动和革命都是对国家秩序的挑战，是引发社会不稳定和造成社会破坏的行动方式。在戈德斯通看来，强能力而不民主的国家，基本上都是政党垄断着国家机构，国家大都对社会组织和信息媒体实行管控，对抗争行为实际存在或潜在存在的镇压威胁等，都压制了社会抗争的发生；即便社会抗争爆发，威权主义国家的压制性和封闭性也往往使得社会抗争呈现这样的情况。[①]

国家的政治高压一方面导致了有限的动员网络，社会运动不大容易发生。强能力而不民主的国家的高压政治侵蚀了社会抗争组织的稳定性和有效性，抗争运动的动员范围往往很狭窄。比如，参与者总是避免与那些成员身份不明确或者曾受到官方镇压的群体建立联系，一些拉美国家的社会抗争就常常只基于那些具有绝对信任的社会网络[②]，这些抗争往往以秘密的方式进行，使得大型的、规模化的、公开的社会运动不大可能发生。同时，强能力而不民主的国家往往对各种组织进行分类化指导管理，确定哪些组织是合法的可以参与公共政治，哪些组织是容许存在的如一些宗教或者非政治性的经济性的组织，哪些组织是禁止的如异见性的政治组织，因为这些国家能力很强，使得它们能够达到对许多组织的监控，弱化了社会运动发生的可能性。

另一方面，强能力而不民主而国家也埋下了爆发社会运动发生的诱因。首先，国家对社会组织的限制塑造了以居住地为基础的动员模式。在强能力而不民主国家，独立于国家的组织受到严重限制，中间组织欠发达，因此居住空间及以此为基础的网络关系就成了社会运动发起者唯一可利用的动员手段，可以说许多权威主义政权在集权化过程中往往会改变人

① Goldstone, Jack A., "Toward A Fourth Generation of Revolutionary Theory", *Annual Review of Political Science*, Vol. 4, 2001, pp. 139 - 187.

② Wright, Teresa, "Organization, Mobilization, and Comparative Perspectives on Opportunity", Delivery at International Conference on Popular Contention in China, Center for Chinese Studies, University of California, Berkeley, October 5 - 7.

口的空间分布，并在无意间促进以空间环境为基础的人际交往；其次，国家权力的垄断性促成了社会抗争的情绪化和极端化。由于国家对官方组织的控制，许多抗议者往往在欠缺组织的状态下卷入运动。这种相对的无组织性以及以地点为中心的特征，使抗争运动中行动者和旁观者的关系非常类似于集市中的表演者和逛集市的人群的关系，情绪表现成为运动的重要组成部分；由于政治结构的封闭，强能力而不民主的国家权力的垄断所带来的合法性问题使得社会运动往往都是针对国家，没有温和的选择，国家对社会运动的镇压性制度安排，使得当权者和抗议者之间往往处于一种零和博弈的状态，抗议行为容易走向极端化。[1]

对于强能力的民主国家，一般认为，不大容易发生革命，因为选举是阶级意识的坟墓，也是革命的坟墓，但却是社会运动发生的主要场所。根据蒂利的分析主要有以下原因。

首先，蒂利根据“自由之家”的调查数据，说明对强能力的民主国家来说，政府在政治权利的扩大和公民权保护方面都非常高。因而促进了范围广泛且相对平等的政治参与，以及与之相结合的在有关政府机构全体成员、资源以及政策方面与政治参与者开展有约束力的协商，外加保护政治参与者免受政府代理人专断行为之害。[2]

其次，各种制度/机构的存在促进了社会运动的发生。某些合法确立的、有组织的且得到广泛认可的常规联系以及各种形式的组织一再被用于引起任一特定政权内集体行动的发生。各种制度/机构起到了为社会运动提供掩护，为社会运动活动提供焦点，以及充当社会运动后果之主要发生源的作用。美国的新妇女运动则以实例为我们阐明了这几点。这场妇女运动将其置于制度/机构之内，并与国家机构的政策之间保持一定的互动关系。起初的转折点起因于 1961 年约翰・肯尼迪总统成立“妇女地位委员会”，并将妇女权利纳入《1964 年公民权法案》。随后则是发布了一些行政命令，将监督工资平等与雇用时的区别对待的任务交由一些政府部门去落实；而到 20 世纪 70 年代，一些有利于妇女的立法活动也有了明显增加。安・科斯坦在其所著的《招致妇女反抗》（*Inviting Women's Rebellion*）

---

① 赵鼎新：《社会与政治运动讲义》，社会科学文献出版社 2006 年版，第 252—263 页。

② 查尔斯・蒂利、西德尼・塔罗：《抗争政治》，凤凰出版传媒集团、译林出版社 2010 年版，第 83 页。

一书中提供关于立法活动的时间线索，以及说明与之相伴的是诸如“全国妇女组织”之类主要妇女组织的活动的增加。[①] 有一种解读方法可能认为，国会是对特定运动的压力做出反应，即这是一场社会运动活动所带来的直接政策效应。但另外两种解读方式也是可能的：其一，国会或其中的大多数议员，是带着选举的动机而对很大程度上独立于妇女运动的公众舆论做出反应的；其二，国会议员出于意识形态的考虑，同时也独立地致力于他们所提出的政策目标。“全国妇女组织”所做努力与国会立法活动之间仅有部分平行的情况表明，该运动与国家民主政治之间有着一定的关系。

再次，国家对于公民权利的保护，促使了社会运动积极分子们为了建立他们运动的基础而进行的广泛动员。社会运动积极分子们为了取悦他们的成员，会组织一些庆祝活动和一些仪式；而为了赢得更广泛的追随者，他们还会投身于一些教育方面的活动；他们也注意与媒体交朋友，意在通过媒体宣传他们是谁、宣传他们所提要求的本质所在。[②]

最后，蒂利认为强能力的民主国家频发社会运动主要在于对政治机遇结构中机遇和威胁的把握情况。但是在蒂利和塔罗等人的分析中，任何类型的国家在面对形势的变化过程中，都可能会出现政治机遇结构的扩大开放和封闭缩小的情况，可能出现国家能力的增强和减弱情况，可能使社会运动的发生遭遇更多的机遇和威胁，这要视各种可能的情况而定。但是，无论如何，政治机遇机构分析成为某一国家可能发生社会运动的主要分析框架。

三　政治机会结构

政治机会结构是美国政治学家艾辛格对美国20世纪60年代的不同城市抗议事件的研究中最先提出的，并将之运用到对苏联民族主义运动的分析之中。后来一批学者如西德尼·塔罗、查尔斯·蒂利、道格·麦克亚

① Costain, Anne, *Inviting Women's Rebellion: A Political Process Interpretation of the Women's Movement*, Baltimore: Johns Hopkins University Press, 1992, pp. 108, 113.

② 查尔斯·蒂利、西德尼·塔罗：《抗争政治》，凤凰出版传媒集团、译林出版社2010年版，第153—157页。

当、莫里斯·克里西等人都开始研究政治机会结构与社会运动之间的关系，逐渐形成社会运动研究的主要的理论流派。总结他们的观点，他们认为政治机会结构对于社会运动产生机遇和威胁这两个方面，从而引发或限制了社会运动的发生。具体包括：政治机会结构的开放与封闭、政治机会结构的机遇和威胁、政治参与渠道与民主的选举机制、具有影响力的盟友、分裂的精英等。一是从政体制度的结构要素进行分析；二是从政体制度的人员要素进行分析，强调对政治机会结构引发社会运动的影响。

（一）政治结构的开放与封闭、机遇与威胁

1. 政治机会结构的开放与封闭

彼得·艾辛格认为，抗议活动最有可能发生在“开放结构”与“封闭结构”并存的那些城市里，即社会运动发生的倒“*U*”模型。如图4—2所示，艾辛格认为，抗议活动不可能发生在极度封闭或是极度压制的系统中，也不可能发生在极度开放的系统中。在极度封闭或压制的系统，镇压可能会阻碍动员活动，将社会运动遏制在萌芽之中，而一个完全开放和有利的政治结构则让抗议活动毫无必要。这就是说，社会运动发生在政治机会刚刚开始的时候，挑战者对机遇所抱的期望往往超过了对威胁的估计，这可以解释为什么在国家试图进行改革的时候，往往会出现社会运动等抗议性事件。[①] 这些政治结构的开放程度与国家实施改革、精英分裂、公民参与渠道的扩大、抗争获得外部盟友的支持相互关联。

部分开放、部分封闭的政治机遇系统可以通过精英的分裂得以管窥。一些精英可能会赞成某个社会运动的主张；另外一些精英则可能反对它。这就出现了既不同于一个由完全合作的精英所构成的系统，也不同于由完全敌对的精英所构成的系统。分裂的精英是向有不满或怨愤的公众发出一个信号，表明他们拥有了某些政治机遇，因此能够促进抗议活动的发生。道格·麦克亚当发现，政治联盟的变化影响了20世纪60年代初公民权运动的动员活动，南北民主党联盟的破裂，北方民主党独自寻求选民的支持，它们开始争取赋予公民权运动更多的黑人以选民资格。

当精英分裂、社会运动又有一些政治盟友的时候，这些精英可能易于

① Eisinger, Peter K, “The Conditions of Protest Behavior in America Cities”, *The American Political Science Review*, Vol. 67, No. 1., 1973, p. 15.

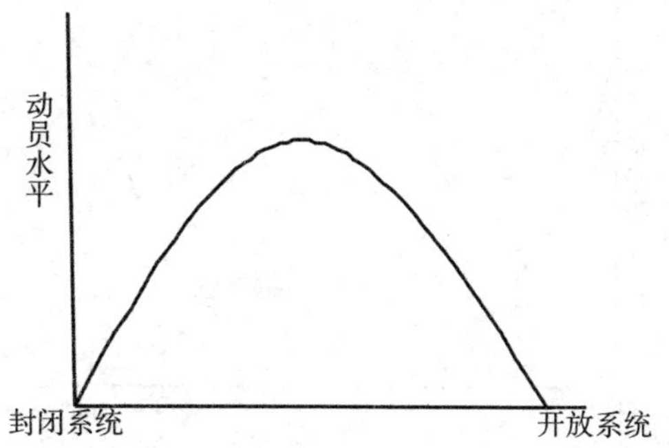

图 4—2　彼得·艾辛格动员模型

接受社会运动的主张。这符合彼得·艾辛格的动员概念，即当政治体制和挑战者的联系不是很紧密的时候，或者当成功不能通过完全良好的政治格局得以保证的时候，社会动员的水平将会比较高。当成功的概率并不确定但仍有某些成功可能性的时候，这些团体就会进行社会动员。①

2. *政治机会结构的机遇和威胁*

艾辛格从政体结构的开放与封闭来认知社会运动发生的可能性，而查尔斯·蒂利则从一个政体所可能带来的机遇和威胁，来分析社会运动发生的可能性。从而提出了与艾辛格完全不同的政治机遇与社会动员之间的曲线模型，可以称之为政治机会结构促使社会运动发生的"U"模型。如图 4—3 所示，蒂利认为，当出现了威胁和机遇时，抗议者就会动员起来，但是如果威胁和机遇都很少，他们进行抗活动的可能性也就最小。当执政者威胁到他们自身利益的实现，或者当有证据表明精英可能会接受他们的要求时，该团体就会实施动员。如果几乎没有改变现状（变好或变坏）的可能性，社会团体也就几乎没有进行动员的动力。蒂利的这一假说可以用图来表示。

蒂利从社会运动的抗议规模、抗议持久性和抗议频率三个方面，分析了民主国家和独裁国家政治制度与抗议动员之间的关系。他认为，三个变量在不同制度下存在不同的组合关系：在非民主制度下，抗议事件的持续时间长而规模较小，频率也较小；在民主制度下，却出现抗议持续时间短而规模较大，频率增加，这与政治体制中包含的机遇和威胁以及化解抗议

① 杰克·A. 戈德斯通：《国家、政党与社会运动》，上海世纪出版集团 2009 年版，第 205—206 页。

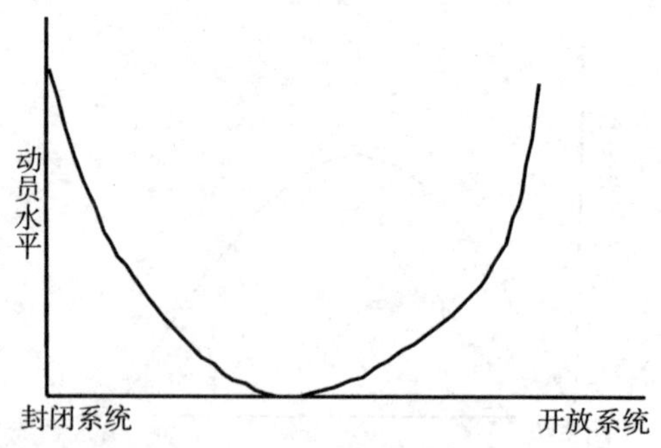

图 4—3 蒂利动员模型

事件的政府能力有关。[①]

威胁会在不同的政治机会结构中，大多数被动员起来的人则通过动员以对付所面临的威胁或风险。美国的珍爱生命运动看到的是流产的合法化对于基督教价值构成的威胁，而带有仇外倾向的法国“民族阵线”把自身看成是反对以北非移民为代表的外来移民对法国民族完整性威胁的斗争。威胁和机遇同时出现时，大多数从事抗争政治的人总是会将对威胁的反应与抓住机遇结合起来，威胁和机遇二者都会因权力的分割或集中，因政体的开放性、政治结盟关系的不稳定性以及盟友可获得性方面的变化而发生改变。

迅速改变的威胁和机遇通常使得当权者转向呆板僵硬的刚性抗争剧目，而让挑战者转向灵活性的剧目。当权者固守已有的抗争表演，其中包括对挑战者进行镇压的方式。与此同时，挑战者们则努力寻求采取新的方式以战胜当局和竞争者。当权者间的竞争常常导致他们中的一些人与挑战者结成同盟，而这就限制了当权者转向刚性剧目，以及挑战者转向具有灵活性的剧目。由于某些剧目使挑战者与当权者发生关联，故迅速变化的威胁和机遇将更多的不确定因素引到提出要求者与要求对象之间的关系中来。计划、认同以及政治立场全都因此而更迅速地发生变化了。蒂利用如下一些事例说明政权制度中的社会运动行动者们对机遇和威胁的把握。英国的反奴隶运动参与者们，利用议会接受有关公民团体请愿这一规定作为推动运动发展的指南，而由于未能阻止北美殖民地脱离英帝国，英国统治精英内部产生分歧，反奴隶制运动参与者们的请愿也得以轻易地进入议会

① Tilly, Charles, *From Mobilization to Revolution*, Addison - Wesley Publishing Company, Inc. , 1978, pp. 94 - 97.

之中；美国的民权积极分子们利用了来自美国南部的大规模人口迁移、黑人选票日益增长的重要性，以及冷战的爆发，以发动对种族隔离政策更具决定性的攻击。

蒂利因而总结道，一个政治机会结构对于社会运动发生的推动作用在于：（1）该政权内部存在着多个独立的权力中心；（2）该政权对于新行动者的开放性；（3）现行政治联盟关系的不稳定性；（4）挑战者获得有影响的盟友或支持者的有效性；（5）该政权压制或推进集体性提出要求的程度；（6）第（1）至第（5）条所列各项属性发生决定性的变化。[①]

（二）政体成员与社会运动

政体成员对于社会运动的影响涉及两个方面：一方面是运动行动者在政体内获得盟友的情况；另一方面就是政体内精英联盟的分裂。麦克亚当和塔罗将之区分为有影响力的支持者和分裂的精英。

1. 有影响力的盟友

集体抗议者努力寻求那些具有较大影响力的人和组织的肯定和支持，这是非常重要的政治机遇，他们可以对集体抗议施加较大影响，有时甚至能够决定抗议的走向。西方民主制国家之所以发生社会运动，克里西等人在政治机会结构中提出了分化的结构，即国家体系分为不同的政党，政府组织分为不同的部门，存在中央和地方的分权治理模式，等等，使得西方的新社会运动获得了广泛的盟友。他们在对法国、德国、荷兰和瑞士的研究中发现，左派通常利用运动来扩大自己的支持率，而抗议者也常常把左翼政党看作是自己的政治盟友，当左翼政党执政时，社会运动将很少；反之，社会运动将增加。

甘姆森研究了美国 53 个抗议群体获得外部盟友的支持情况。他发现大约有 1/4 的被调查对象获得来自社会有影响的个人和组织的支持，这些支持包括经济和道义上的。例如，美国战争非法委员会（The American Committee for the Outlawry of War）就曾经得到著名律师萨姆·莱文森的经济帮助，他设法帮助该委员会筹措资金。又如，刚成立不久、财力有限又没有通过收取会费解决经济困难的美国钢铁工人组织委员会获得了产业组

---

① 查尔斯·蒂利、西德尼·塔罗：《抗争政治》，凤凰出版传媒集团、译林出版社 2010 年版，第 72—74 页。

织大会提供的2.5万美元的经济援助，一周后又为该组织提供了50万美元的帮助，充裕的经费支持保障了社会运动的组织和动员。甘姆森发现，那些获得盟友帮助的抗议组织，它们抗议的成功率高于那些没有盟友帮助的组织。①

海迪·J. 斯沃茨在对美国两个基督教组织发起的社区运动的研究中发现，社会运动的产生都有很多的盟友。在圣何塞市，“社区人民共同行动”在1991年发起的关于“青年服务”行动中，获得了广泛的盟友，自身政治议程的进展依赖于支持“社区人民共同行动”的一些政治家；“社区人民共同行动”所提计划的支持者，包括公立学校教师和管理者：有时候也包括圣何塞市《信使新闻》，关心生活质量议题的人，以及与“社区人民共同行动”在培训青年人进入硅谷工作上有共同目标的强大的硅谷商业利益集团，尽管这些商业利益集团反对“社区人民共同行动”挑战城市开发局的权力，但它们支持“社区人民共同行动”进行的有助于提升圣何塞市经济竞争力的活动，这些活动主要是关于住房、教育和交通运输方面。特别是这项行动还获得了圣何塞市市长的强有力的支持。同样在圣路易斯市，由九个宗教组织发起的圣路易斯市的“精明增长”公共行动中，支持者包括地方计划制订者、地方官员、环保组织、几个州议员、市长和当地的日报。这些支持者使得该市的关于发展的“精明增长”行动在指出公共议程、媒体议程、选举议程和政府议程出现混乱无序方面扮演了关键角色。②

2. 精英的分裂

社会运动获得强有力的盟友，往往能够获得很大的成功，但是从一个侧面，也就是从精英的角度来说，也是他们内部出现了分裂所致。精英盟友或反精英联盟可以包括司法系统、立法系统的成员、总统、商业团体、政党、劳工组织、科学家、教会以及知识分子。相关研究业已揭示了精英联盟对于特定社会运动的重要性，如果精英内部团结一致的话，那可能限制社会运动的发起；反之，则有利于社会运动。精英之间的分裂可以从以下几个方面促使社会运动的发生：一是那些原有的社会运动组织可以因此

① Gamson, William A., *The Strategy of Social Protest*, Belmont, CA: Wadsworth. pp. 64 – 65.

② 杰克·A. 戈德斯通：《国家、政党与社会运动》，上海世纪出版集团2009年版，第72页。

而获得支持的盟友和资源支持；二是精英内部的分裂，使得处理社会运动的力量得以弱化，从而使社会运动行动者看到了发生行动的政治机遇；三是精英内部对待社会运动的分化情况，可能出现逆向社会运动，或者从体制内斗争走向发动体制外的力量进行抗争。

斯沃茨在审查圣何塞市的“青年服务”行动中，发现它得以成功的原因是精英内部团结一致地支持此项行动计划。而在圣路易斯市的“精明增长”——以反对城市无序发展的行动中，虽然得到了来自市长、市议员、一些州议员和许多官僚精英的支持，然而，圣路易斯市官员和一些州议员缺乏推进这项议题的权力。在圣路易斯市和密苏里州，选举竞争并未给“精明增长”的支持者继续从事自己的议题提供机会。在保守的密苏里州政治气候中，郊区官员抓住机会反对那些带有政府调节意味的措施，甚至反对免费高速公路项目。该州议会里，“精明增长”的支持者的人数大大低于反对者。例如，1998 年选举期间，在全国各地采取的 150 项强烈反对无序发展的措施建议中有 85% 获得通过；2000 年总统选举期间，城市无序发展问题出现在国家议事日程里，密苏里州有关该议题的支持率得以显著地增加。尽管如此，至 2002 年 7 月，与调节经济发展有关的措施中没有一项在密苏里州议会得到通过。

虽然圣路易斯市经济增长支持者的联盟尚未显现出重大分裂的迹象，但是基于选举计算和郊区选民利益的考量，地方官员们已经拒绝限制经济扩张，商业利益集团支持反贫困和反衰退的措施：学校反种族隔离、改善教育、城市复兴和发展公共交通，这些措施有利于商业利益集团或商业工人，然而，商业利益集团拒绝支持限制经济扩张。①

我们还可以从美国黑人运动的案例中察看精英的分裂给黑人民权运动的发生带来的机会。道格·麦克亚当揭示出，20 世纪 50 年代美国黑人动员起来以争取公民权，部分原因在于当时美国制度化政治体制发生了变化。20 世纪上半叶，在政府抑制下，私刑逐渐减少，最高法院案件判决越来越有利于非洲裔美国人，北方的民主党开始寻求黑人选民的支持。随着政治机遇扩大，美国黑人更加确信有可能改变自己的境遇，并开始动员起来。另外一些学者也揭示出，其他社会运动也具有类似的效果，包括

---

① 杰克·A. 戈德斯通：《国家、政党与社会运动》，上海世纪出版集团 2009 年版，第 71—73 页。

20世纪60年代的妇女运动、美欧核武器冻结运动、20世纪60年代意大利抗议周期、西欧新社会运动等。[①]

（三）政治机会结构影响社会运动的综合模型

克里西等人从政治机会结构的组成要素来分析法国、德国、荷兰和瑞士四个国家社会运动发生的情况，他们认为政治机会结构是由四个因素构成的：国家的分化结构、体制结构、主导战略和联盟结构，从而形成了研究社会运动发生的政治机会结构的综合模型。具体如图4—4所示。[②]

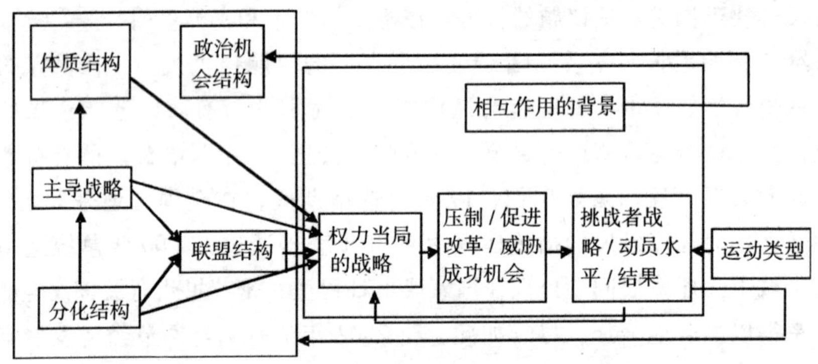

图4—4　政治机会对社会运动的影响的模式

首先，克里西等人认为，政治机会结构是社会运动的结构性背景。它承认社会运动的动员能力在很大程度上是由国家特定的政治分化结构决定的，政治分化结构进而根源于一个既定社会的社会分化和文化分化。政治分化或者说既有的政治冲突的现存构造，对运动政治舞台的新来者的动员产生重要的制约。其次，克里西等人区分了政治制度的有形的体制结构和政治权力当局处理社会运动动员所沿用的主导的无形战略，这在认知和结构上对社会运动影响做了一个衔接性的勾连。最后，政治机会结构这个概念还包括了动员运动的政治背景不怎么稳定的因素——一种政治制度的力量构造的某些方面，即所谓的联盟结构。

在“相互作用”背景下，克里西等人提出了一些旨在弥合政治背景和动

① 杰克·A. 戈德斯通：《国家、政党与社会运动》，上海世纪出版集团2009年版，第200页。

② 汉斯彼得·克里西等：《西欧新社会运动：比较分析》，重庆出版集团2006年版，第6—7页。

员过程之间的鸿沟的概念。在社会运动的动员方面，政治机会机构的诸因素共同决定着政治制度的成员特别是政治权力当局的战略。这些战略意味着一个国家特有的对运动动员的促进或压制、他们成功的机会和他们不得不估计的改革或威胁的程度的混合。这种特殊的混合规定着一个既定社会运动的具体机会。通过表明一个运动动员的代价和收益，这些具体的机会在很大程度上决定着运动本身的战略、它的动员的水平和动员过程的结果。

在政治机会结构影响社会运动的综合模型中，克里西等人认为，至少三点考虑限制着政治机会结构的影响范围：（1）具体机会对于一个挑战性运动的动员战略的后果，依赖于这一运动起工具作用的程度，克里西等将之分为三种类型的运动类型——工具的、亚文化的和反文化的——它们对政治机会结构所界定的具体机会的反应是不同的。（2）一旦动员过程发动起来，社会运动所采取的战略将对权力当局采取的战略具有反馈的效果。一个相互作用的体系将靠自身的动力建立起来。（3）社会运动相互作用的动力将创造它们自己的机会，改变政治机会结构——在联盟结构的层次上，或者更深远地，在体制结构、主导战略和分化结构的层次上。①

克里西等人在分析法国、荷兰、德国和瑞士这四个国家社会运动发生的可能性、规模、数量等时，在政治机会结构方面做了详细的研究，他们将国家力量、国家主导体制结构（政党、政府、议会以及集团组织等）的分裂状况进行分析来说明政治机会结构的开放和封闭程度，同时他们阐释四个国家对待社会运动的主导战略，突出不同的国家的政治结构对待社会运动的机会和威胁情况，将之区分为包容的和排斥的，这意味着社会运动获得盟友支持的情况以及精英内部对待社会运动的分裂状况。根据这样的综合来说明不同国家社会运动的整体状况，如表4—1 所示。②

克里西军人将国家体制结构的力量性特征与它们对待社会运动的支配性战略结合起来，分析四个国家之间社会运动的发生情况以及社会运动的动员水平。他们在实证数据的支撑下，得出政治机会结构的不同对社会运动的影响。软弱的、包容的国家如瑞士已经产生了一种以非常高的动员水平和非常温和的行动技能为特征的社会运动领域，有形的社会运动组织

---

① 汉斯彼得·克里西等：《西欧新社会运动：比较分析》，重庆出版集团2006年版，第6—9页。

② 同上书，第56页。

表 4—1　　政治动员的一般结构背景

支配性战略	有形的体制结构：国家的力量		
	软弱的	中间的	强力的
	有形的包容		选择的排斥
排他的	意大利	德国	法国
	整合		无形的包容
包容的	瑞士	荷兰	斯堪的纳维亚诸国、英国、奥地利

趋向于强有力地发展起来，就像温和的动员形式一样，如直接民主、请愿以及在某种程度上还有像示威这样的温和的非常规的形式。强力的、排他的国家如法国的社会运动正好和瑞士的社会运动的特点相反，动员的总水平要比其他国家更低，有形的组织、请愿之类的非常温和的动员形式在法国非常微弱，但参与却完全集中于非常规的形式，在这一类型中，暴力的发生是相对经常的。相反，适度强力的、高度包容的国家如荷兰，其多少接近于瑞士，可以看到强有力的社会运动组织和对常规动员形式的相对强烈的依赖。然而，由于有形通道的有限的可利用性，非常规形式要比在瑞士更重要，荷兰的行动技能包含着大量的更激进的（和平的）公民不服从的形式。最后，比较软弱的排他的国家德国，也占据一种中间位置，但多少更接近于法国。除了强有力的体制化的劳工运动之外，有形组织缺乏无形的通道，比在瑞士和荷兰更软弱，但非常规的动员比这些国家更发达。尽管非常规的动员的激进性在荷兰和德国多少是一样的，但德国的技能却显得更模糊。由于同软弱的国家和排他的主导战略的结合相联系的压制的相对高水平，在德国非常规的动员趋向要么是相当温和的，要么是极端暴力的。①

上述都是从静态上提供了对于社会运动发生可能的机遇和威胁的解释。不过，不要忘记，社会运动的发生，还与国家处理社会运动所采取的手段有关。我们接着转向国家对于社会运动实施的抗议处理以促进和遏制社会运动发生的可能性。

① 汉斯彼得·克里西等：《西欧新社会运动：比较分析》，重庆出版集团 2006 年版，第 71 页。

四　抗议处理

道格·麦克亚当和塔罗在政治机会结构分析中，认为社会运动发生与国家对社会运动的镇压能力和镇压倾向有关。一个国家如果有足够的镇压能力和镇压倾向，那么这个国家的社会运动将很少发生；反之，则那个国家的社会运动将很容易发生。对社会运动的抗议处理主要由国家的暴力机器和监控力量特别是警察来处理，他们在处理中所使用的手段直接或间接影响社会运动的发生。

（一）抗争警治

所有的社会运动都会走上街头抗议，因而警察作为街头秩序的维护者，他们的行动对社会运动的发生、激化乃至温和化产生很大的影响。德拉·波塔等人认为，社会运动在西方民主国家不断高涨，这与警察在处理社会运动从暴力走向温和化有很大的关系。[①] 下面将以他们的著作论点对此进行分析。

波塔等人认为，警察处理社会运动等抗议行为，不仅与宏观的制度结构有关，还与中观的组织互动以及在微观层次上警察与抗议者之间的互动有关，具体如图 4—5 所示。[②]

1. 制度结构的影响

不同的国家制度性质，对社会运动的处理将有着根本的差别。如在民主国家，宪政制度要求保证公民的集会、言论和结社的自由，甚至包括走上街头抗议政府、表达不满等。这些基本的要求约束着对社会运动的处理手段，使得社会运动有很大的行动空间。因而社会运动进行游行示威、罢工、集会时，在法律框架下很少使用暴力予以压制。这些权利规约和司法框架对于警察处理抗议有很大的影响。如联邦德国就曾针对 20 世纪 60 年代对抗议者实施暴力手段予以处理给予了宪法层面上的规定，要求联邦警察在处理抗议行为时，不能全面针对抗议者，而要进行必要的区分，暴力

---

① Della Porta, Donatella and Herbert Reiter, *Policing Protest: The Control of Mass Demonstrations in Western Democracies*, University of Minnesota Press, 1998, pp. 3 - 31.

② Ibid., p. 10.

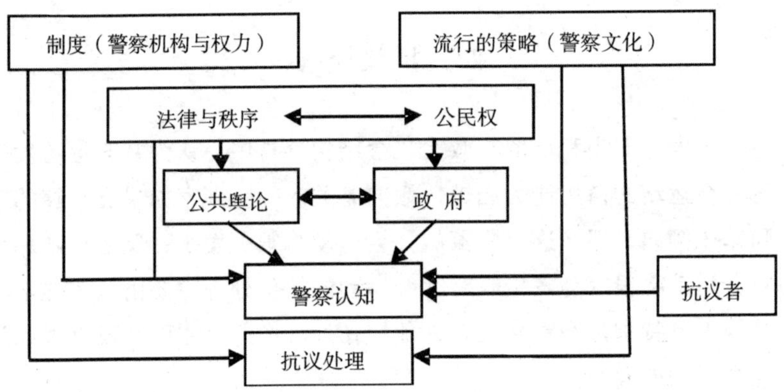

图 4—5 民主国家抗议警治风格的解释模型

手段处理以针对那些捣乱者和施暴者。宪法改革给予了公民更多组织和参与社会运动的空间和法律理由。[①] 在非民主的独裁的国家，这些权利要么不予承认，要么仅仅停留在空洞的文本上，社会运动在很大程度上是被国家禁止的，所采取的手段往往带有很多暴力的压制性的手段。

2. 警察文化的影响

警察文化是警察在维护社会秩序、处理抗议行动中的形成的内部规范，因而影响着警察对待社会运动的行为方式。警察文化的影响通过两个层面得以体现：一是警察对公民权的理解；二是警察对自己权利的理解。如警察是将自己理解成是国家秩序的守卫者还是公民权利的保护者，对警察处理社会运动会产生截然不同的影响。警察如将自己看作是国家秩序的守卫者，他们会在工作中慢慢形成管理主义和英雄主义的一些性格特征，会助长警察采取镇压行动而不是和平的维护，警察在日常和平维护工作中的惯常用的镇压习惯，成为他们不自觉的行为方式，警察的职业经历，他们的秘密行动以及培养出来的不信任感，使他们在工作中常常对人们持怀疑态度，他们往往会将形势估计得比较严峻，加上他们常被外界的敌意所包围，容易产生攻击意识。警察疲倦于一种日常维护和巡视时，镇压和暴力执法也时刻会刺激他们的满足好奇与兴奋。反之，如果警察习惯于把自己理解成为“职业技人”而不是国家执法者，是熟练工人而不是有义务执行国家

① Della Porta, Donatella and Herbert Reiter, *Policing Protest: The Control of Mass Demonstrations in Western Democracies*, University of Minnesota Press, 1998, pp. 191－206.

法律的公务人员，如在英国，警察虽然只有很少的一部分时间应用于打击犯罪，但是已经形成了稳定的认知态度。因为工作的特征，大部分的研究得出，警察已经形成了一些工作态度和文化，如果警察认为自己是公民权的保护者，那么他们在处理社会运动时会采取更为温和的方式。

3. 组织结构的影响

组织结构可以从两个方面来进行说明：一方面，从警察管理机构来说，如果管理非常严格，责任分明，那么警察在处理社会运动等抗议性行为时，会遵循规矩。如每个警察在执行抗议处理时是否编号、每个警察的警服上是否印有姓名与编号等，对警察的行为评价有独立机构承担，特别是媒体和法院等经常保持对警察行为的监督等。但是警察自主权越小，意味着他们对上级压力越大，就很少考虑抗议者和公民的利益和权利。相反，警察的自主权越大，他们顾及公众的压力就越大，责任也越大。警察承担责任的大小，影响他们处理社会运动等抗议性行动时手段的选择。另一方面，各种外部组织也对警察行动产生影响。这些外部组织或行动者包括政党、利益集团、媒体以及抗议者等。这些政治行动者是如何界定集体行动的性质，是强调秩序还是强调权利保护，从而影响警察行使手段的强硬和温和程度。德拉·波塔等人通过对西方民主国家警察处理手段从强硬到温和的转变过程，充分考量了不同组织对待抗议事件的态度的转变。如公共舆论是对公民权保护的关注，还是对国家法律秩序的关注，从而使得警察在处理社会运动抗议时，会出现在温和和强硬之间的摆动情况。但是，从长远来看，公民权利的保护在现实中获得不断扩大的优势，而且司法机构也开始不断打击警察处理事件中的违法行为，这使社会运动成为西方民主国家的常态现象。另外，各党派出于选举的考虑，他们往往对社会运动组织提供某些方面的支持，如道义、财富、人力以及行动建议等，对他们的态度出现温和、开放的姿态。这意味着警察在处理社会运动时需要采取审慎的态度和方式。

4. 街头互动的影响

警察是与抗议者直接面对面的一方，他们之间的即时互动，也往往对社会运动的抗争周期产生影响。首先表现为抗议者对警察态度的影响；其次表现为警察对自己角色以及集体抗议带来的问题的理解。

不同的抗议形式会带来政府不同的反应和行为。戴文波特发现，抗议的暴力行为并不一定导致国家的镇压，而抗议活动的策略性变化包括抗议的频率与偏离日常规则会带来更多的镇压。[①] 一般情况下，面对国家对待社会运动的处理手段，抗议者也会采取一定的策略性调整，如通过低水平的、不具备破坏性的抗议方式，或者邀请老弱病残者或者女性孩子参与其中，这时如果警察反应过度，而采取镇压手段，往往会激化社会运动，使得社会运动抗争向着激进化、暴力化乃至规模化的方面转向。反之，如果警察采取维持现场秩序以及耐心劝服的方式，可能会弱化抗争规模。凯利在自己的研究中区分了三种类型的抗议形式：第一类是和平抗议，例如和平的反政府的示威、罢工、静坐和游行。第二类是小规模的暴力行动，例如社会运动抗议中出现暴力行为。第三类是内战或起义这样的事件。警察对三种类型的抗议形式处理的手段也会不同。和平抗议一般会受到比较温和地对待，暴力抗议则受到比较强硬地对待。[②]

同时，警察采取的手段受到警察认知的影响。这包括三个方面：一是警察角色的自我认定。如警察把自己看成是社会秩序的捍卫者，还是公民权利的保护者。如果是前者，则警察会把自己的日常任务限定在公共秩序的维护上，对小范围或较小规模的对峙与暴力行动缺乏宽容，经常实行以暴制暴的方式驱散、逮捕抗议者。如果是后者，就会给公民抗议以更多的同情，主动协调抗议行动，保证示威行动顺利有序进行，纵使出现小范围的、小规模的暴力与破坏行动，警察也大多能够宽而待之，尽量减少强制行为。

二是警察对社会运动抗议性质与影响的判断。如果警察认为该事件的危害程度较轻，而且也是公民正当性诉求的情况下，警察往往会采取宽容的方式待之；反之，如果警察认为抗争体现公民的无理要求或者认为社会运动将向更大规模、更具暴力的方向转移，则可能采取比较强硬和严格的方式处理。这取决于警察对于社会运动抗议的“好与坏”、“合法与非法”以及危害程度的判断。正如一个警察官员说道：

> 今天，对于那些从事公共秩序维护的警察来说，一件事情是很清楚的：他能够很准确地辨别出大街上抗议者的不同类型。这种情况在20世纪60年代也许办不到，但现在能够做到。在多数情况下，当我

---

① Davenport, C., “Multi - Dimensional Threat Perception and State Repression: An Inquiry into why State Apply Negative Sanctions”, *Amenrican Journal of Political Science*, 1995, p. 39.

② Carey, Sabine C., *Protest*, *Repression and Political Regimes*: *An Empirical analysis of Latin America and sub - Saharan Africa*, New York: Routledge, 2009, p. 25.

们面对失业者，他们以文明的方式进行抗议时，我们不会以预设的否定态度，反对那些抗议的人们，因为在很多情况下，人们举行抗议是为了保护某种权利或者工作，而这些对他们来说是根本性的。现在，我们走向街头去维护秩序时，经常与他们的组织者沟通，会了解他们的抗议动机与范围。①

除此之外，警察还会根据这样的标准来判断社会运动，即抗议事件是否使用暴力、抗议事件的规模以及是不是一个孤立事件。如果使用暴力，则可能会招致警察的暴力应对；如果抗议事件的规模不断扩大或者往往是连续性的事件以及联合性的社会运动抗议的话，则招致警察武力镇压的可能性更大。

三是在抗议现场发生的即时互动的情况。社会运动并不一定按照发起者所设想的轨迹运行，里面往往会掺和不同利益和动机的参与者，在抗争现场往往会出现各种意想不到的事情，这些事情往往改变了警察和抗议者先前互动的方式，而促发警察采用新的处理手段，如和平游行过程中，突然出现打砸抢事件、出现殴打警察事件等情况，警察往往会不断转向强硬手段去制止社会运动。

（二）处理手法

很多学者如德拉·波塔、凯利和戴文波特思考不同政权国家对集体抗议使用镇压手段的情况，认为民主国家使用镇压手段相对于独裁国家较少，并分析了其中的原因。谢岳在他们研究的基础上，提出了社会运动等抗议行为遭受镇压的解释模型，如图4—6所示。②

1. 镇压手段的适用

谢岳认为集体抗议增加了国家使用镇压的可能性，为统治者实施镇压提供了理由，但相对于独裁国家，民主国家更少可能使用镇压手段，这是因为民主国家的选举制度与代议制度是约束民主国家减少使用暴力的一个重要原因，民主国家一整套制度的安排如宪政制度使得政府服从于公民权利，规范自己权利的使用。国家使用暴力手段的约束性限制，导致民主国

---

① Della Porta, Donatella and Herbert Reiter, *Policing Protest: The Control of Mass Demonstrations in Western Democracies*, University of Minnesota Press, 1998, p. 243.

② 谢岳：《抗议政治学》，上海教育出版社2010年版，第172页。

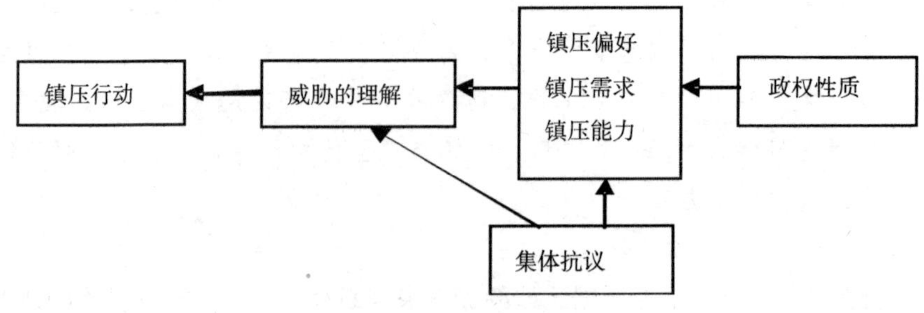

图 4—6　镇压的解释模型

家社会运动等集体性抗议爆发。

反之在独裁国家中，由于政治权力超越公民权利，国家内部缺少一种有效的责任机制，统治者可以根据自己的意愿行使权力，在处理权力和权利关系时，独裁者不是以分享与制约来安排政治制度。相反，他们主要采用政治排斥的方式，将大多数人排除在政治过程之外。独裁者实施政治排斥的方式很多，如操纵政治选举、破坏选举的有效性；拘捕或流放反对派领袖；取缔各种社会组织特别是反对党的存在；限制新闻自由，逮捕和处死那些揭露独裁者的权力不受制约的人。由于缺少政治责任，独裁政权更加偏好于镇压行动。

另外，一个国家对社会运动实行镇压的需求部分来源于镇压偏好，取决于镇压能力。由于民主国家建立在公民同意的基础上，政府具有较高的合法性，统治者维持合法性不是通过强迫方式实现，而是通过自己的工作绩效实现，政府没有镇压的需求。相反，在独裁国家，由于政府的合法性建立在少数人同意的基础上，政府需要建立强大的国家机器，以便全面控制社会。独裁国家不能容忍哪怕是很小规模的来自社会的挑战，脆弱的统治基础促使独裁国家保持镇压的需求。与镇压需求相关，镇压的能力也在民主与独裁之间划分出界限。在民主国家，由于镇压的需求相对较低，国家花费在军队与警察维持上的开支小得多，国家的镇压能力较低。独裁国家由于镇压需求比较大，会投入巨资维护警察机构，相对于民主国家，镇压能力比较高。①

同时谢岳认为，国家纵使有镇压的偏好、能力或者需求，但是也不完

① 谢岳：《抗议政治学》，上海教育出版社 2010 年版，第 173—174 页。

全使用镇压，这也往往取决于政府对威胁的理解。政府对威胁的理解，主要包括三个方面：（1）是否存在暴力。如果社会运动等伴随着暴力行动，国家基于社会稳定或者秩序的角度考虑，会实施镇压。（2）抗议中的策略运用。国家考虑的抗议策略，首先，最有可能的是抗议手法是传统的还是创新的；其次，抗议的诉求或目标也是政府考虑的重点；最后，抗议的频率也影响着政府对抗议造成的威胁做出的判断。这些策略越复杂，国家所认定的威胁也就越高，那么使用镇压手段的可能性将大增。（3）抗议行动的文化限度。即政权允许抗议行动所能突破的文化底线，对于那些超越文化规范的挑衅性行为，国家视其构成威胁而使用镇压手段。①

2. 处理手法的多样化

无论是独裁国家还是民主国家，对待社会运动并不是完全简单化地采用暴力镇压手段。因为完全的镇压并不绝对遏制住社会运动的浪潮。镇压对社会运动的影响可以分为短期和长期两种，从短期来说可能压制社会运动，但是长期来看也可能激化社会运动，而且这还与国家的能力息息相关。不同国家社会运动客观存在的事实说明，寻求不同的处理社会运动的方法和手段是非常必要的，既需要从社会运动成本以及心理角度去考虑，也需要从处理社会运动的效果方面去考虑。国家在处理社会运动问题时，除了镇压以外，还可以制造反对者负面形象、限制运动的资源性流动、挑起抗议者内部的矛盾、分化或挫伤行动者的积极性等方式。

戴维·坎宁安在研究美国联邦调查局针对新左翼的反谍运动中发现，政府不同手段的应用对社会运动的发生有很大的影响。该计划是1961—1971年，美国针对共产主义者、仇视白人者、新左翼、黑人民族主义者或仇视黑人的各种社会团体进行“揭露、瓦解、误导、诽谤或其他压制活动”，如表4—2、表4—3、表4—4所示。②

通过表4—2和表4—3，我们发现，针对新左翼的国内反谍运动，政府当局采用14种手段共计462次。其中给官员通风报信的最多，达到179次；写匿名信、利用密探或传媒资源等形式也较高，分别达到70次、44次和46次。采用这些手段所达到的目标也各有不同，其中以削弱目标个人参与团体活动能力的手段最多，达到157次，主要运用给官员提供信

① 谢岳：《抗议政治学》，上海教育出版社2010年版，第175页。

② 杰克·A. 戈德斯通：《国家、政党与社会运动》，上海世纪出版集团2009年版，第30—37页。

息和匿名信的方式，分别达到111次和41次；限制抗议活动的能力、造成社会运动组织消极公共形象以及瓦解内部组织的追求也较为普遍，分别达到94次、70次和62次；限制抗议活动能力主要采用寄送一些批评性的文章或公共文献以及给官员提供信息的方式达到；而制造组织的消极公共形象和瓦解内部组织则较多采用利用密探、媒体资源、散布联邦调查局编造的关于目标团体的信息、邮寄假信和匿名信的方式。但是大部分针对社会运动都是综合方式的使用，以做到制造社会运动一种不利的公共形象、瓦解其内部组织、在抗议团体之间制造纠纷、限制目标团体获取资源的途径、限制目标团体的抗议能力、削弱目标个人参与团体活动的能力、转移冲突等，从而得到遏制社会运动的目标。从表4—4中可以看出结果：最普遍的结果是成功瓦解了目标团体的组织，联邦调查局经常使用多种方式制造或维持许多目标团体的负面社会形象；次之，则是成功地在目标团体之间制造了分歧，限制了目标团体获得资源（资金或其他资源）的途径，也限制了目标团体以及个人参加抗议活动的能力。

戴维·坎宁安总结道，1971年国内反谍计划终止之时，大多数新左翼目标团体或者消亡、或者停止了任何实质性的公共呼吁活动。“争取民主社会学生运动”，作为针对新左翼的国内反谍计划的中心目标，1969年时有近10万名坚定的支持者，此时已变成一个由极端好战分子组成的小集团，对于晦涩难懂的左翼分子的革命思想常常难以达成一致意见。“气象员”组织，作为最著名的、持续时间最长的团体。1970年早期已经转入地下活动；1971年时仅仅作为一小群相互孤立的组织而存在，这时人数从未超过200人，此后，“气象员”组织通过零星的象征性的爆炸活动继续进行各种针对政治不公正的抗议活动，但是其呼吁美国大众武装起来的目标从未成为现实；到1972年，其组织也停止了任何实质意义的存在。除了“争取民主社会学生运动”以外，1971年秋，校园动乱也急遽减少，尽管针对越战的抗议活动——此时这些抗议活动已经与种族问题、贫困问题或对现存体制的激烈批评完全脱离——仍然维持到70年代中期，随着征兵动员的停止和在越美军的逐渐撤回，这些抗议活动也逐渐失去了主题，并最终失去了存在的理由。[①]

① 杰克·A. 戈德斯通：《国家、政党与社会运动》，上海世纪出版集团2009年版，第38—39页。

表 4—2　　针对新左翼的反谍行动的类型学

功能	表现
1	造成消极的公共形象
2	瓦解内部组织
3	制造团体之间的纠纷
4	限制使用团体资源
5	限制活动抗议能力
6	削弱目标个人参与团体活动的能力
7	转换冲突
8	收集信息（情报）
形式	
A	寄匿名信
B	寄假信
C	寄送文章或公共文献
D	给官员提供信息
E	伪造证据
F	利用密探
G	利用媒体资源
H	散布联邦调查局编造的关于目标团体的信息
I	会见目标人物
J	提供错误信息
K	打匿名电话
L	积极骚扰目标团体
M	提供资源给反对新左翼的团体
N	发送嘲笑类型的信息

必须清楚地意识到，新左翼的瓦解是由一系列因素造成的。必须承认镇压所起的作用（包括联邦调查局的“肮脏诡计”、司法行动以及警察和国民警卫队的野蛮行径），但是也应该清楚地意识到抗议团体自身的组织缺陷和它们未能实现它们自己的主要目标对社会运动可能产生的影响。如

同欧柏萧尔所认为的，“镇压可能对60年代社会运动的衰落起到一定的影响，但是这种影响相较帮派主义和组织缺陷而言是比较小的”①。可见在处理社会运动方式中，可以运用不同的手段，包括运用密探和误导性信息制造不信任、多疑症和内部冲突，也是必不可少的。

表4—3　　针对新左翼的国内反谍行动的形式—功能组合

		形式														
		A	B	C	D	E	F	G	H	I	J	K	L	M	N	总数
	1	6	0	0	1	—	4	41	16	—	—	—	—	2	0	70
	2	7	11	0	0	1	24	0	10	3	0	0	1	0	5	62
功	3	2	20	0	0	0	10	2	0	0	0	0	0	0	8	42
	4	1	0	0	27	—	1	0	0	0	0	0	0	0	0	29
能	5	13	0	36	39	—	0	0	1	0	3	1	0	0	0	94
	6	41	0	0	111	0	0	3	0	2	0	0	0	0	0	157
	7	0	0	0	1	—	0	0	0	0	0	0	0	0	0	1
	8	—	—	—	0	—	4	—	—	3	—	—	—	0	0	7
总数		70	31	36	179	1	44	46	27	8	3	1	1	2	13	462

表4—3　　报告中提到的针对新左翼的反谍计划行动获得的成功结果

结果	出现数量
目标组织发生内部冲突/组织解体	9
目标人物被解雇	9
立法者/大学管理者加大学生抗议活动的惩罚	7
目标人物被捕	7
目标组织之间产生冲突	6
组织成员被迫离开组织	6
报刊文章使用联邦调查局提供的信息	4
目标组织活动的资金成本提高	4
目标组织失去了会议地点或指挥场所	4

① Oberschall, Anthony, *Social Movements*, New York: Transaction Books, 1993, p. 287.

续表

结果	出现数量
组织的成员被错误地怀疑为密探	3
目标组织解散	3
目标人物失去了工作机会	2
目标人物离开学校	2
由于感觉到受到美国移民归化署的压力，目标人物离开美国	2
成功地造成了目标团体（人物）的负面公共形象	2
目标组织的电话服务中断	1
破坏了目标组织之间合作进行抗议活动的尝试	1
电视节目使用了联邦调查局提供的信息	1
目标组织被禁止进入校园	1
目标组织被迫改变了耗资极大的计划	1
目标组织受到美国国税局的干扰	1
限制了目标组织出版物的销路	1
总数	77

五　总结

总之，四个世纪以来，新形式的斗争风潮向世界的不同地区传播。当今的社会运动具有广泛传播和日益多样的特点，我们从曾经的工人阶级运动、宗教运动、废奴运动发展到民权运动和学生运动，接着是始于美国进而席卷西欧的生态运动、女性主义运动及和平运动。还有独裁和半独裁体制下的人权运动、中东地区的伊斯兰教和犹太教宗教极端主义运动、印度的印度教好战分子运动，以及最近西欧的反移民暴力运动、美国的基督教原教旨主义运动、巴尔干半岛和苏联地区源于不同文化传统的民族主义运动。这些运动的发生不仅与当今社会环境的变化有着必然的关联，而且还与国家政权组织有着必然的关联性。

斯梅尔塞使我们对社会运动的研究，从宏观的社会经济背景转到政府当局对社会运动发生的影响上来，虽然他从加值理论的角度对社会运动发生的解释具有机械论的特征，也并不意味着社会运动的必然发生，但是他对政权机构与社会运动的关系的解释，使后来的一批政治社会学家将视野转移到政权组织与政治机会结构对社会运动的关系上来。

国家及其政府作为国家公共事务的治理机构，必然在社会运动的发生过程中扮演着干涉者、调停者和仲裁者等角色，而且国家形成过程中，它也是社会运动的制造者。从这个意义上，国家的形成、转型与崩溃从某种意义上都可能促发社会运动的发生，因为它们改变了传统的社会结构、资源配置以及带来各种不确定的影响，从而影响了不同阶层的利益布局、心理预期、身份认同等，成为社会运动诱发的政治性条件。

但是国家政权性质的不同，意味着国家在处理社会运动方面的策略手段不同。而且国家政权机构的封闭与开放程度，影响着社会运动数量的多寡；同时政治机会结构中所存在的机遇与威胁，同样也是制约社会运动的主要因素，这需要社会运动行动者能够把握其中存在的机遇与威胁，其中包括获得有影响力盟友的支持，发现精英内部存在的分裂，以及或者可资利用的资源等。

不应忘记，国家特别是警察处理社会运动的手段对于社会运动的发生产生重要的影响。一般情况下，镇压手段是国家和警察最常用的手段，但是镇压一方面可能压制社会运动，另一方面也可能激化社会运动向更大规模转向。所以国家和警察在处理社会运动时，具有了更多的手段，如监视社会运动负责人、分化内部矛盾、阻止社会运动获得的资源、密探侦察、伪造证据、匿名骚扰、恐吓威胁等，使社会运动发生增加可能的成本、提高预期的风险以及人身生活的影响和心理负担，以减少社会运动的发生。

社会运动的发生因为社会环境以及国家政权组织的不同情况，意味着国家发生社会运动的差异性特征，但是不要忘记社会运动本身的目标特征、价值诉求、组织活动以及社会运动诉诸的策略手段也对社会运动本身的发生产生重要的影响。接下来的第五章将转向社会运动关系互动中的另一方——社会运动本身的特征对于社会运动发生的影响上来。

第五章　社会运动发生的组织机制

当我们将社会运动发生的条件从社会运动的外在环境、抗争诉求对象转向社会运动本身时，社会运动具有什么样的条件机制才能被发起？社会运动是具有目标诉求的一项集体性事业。它必然需要考虑谁来发起社会运动，群众如何被动员起来参与社会运动。社会运动发生需要考虑社会运动的领导、组织和动员民众参与的问题。这是本章所要研究的内容。

一　社会运动的领导者

“谁发起和组织社会运动”这一问题，将人们的视野转向社会运动的领导者和运动精英的研究上来。散落的个人得以组织，群体的力量得以发挥，社会运动得以产生，离不开领导的行为。在传统的关于领导的研究中，主要关注伟人们的人格魅力、性格特征以及行为方式对追随者的影响，随着菲德勒的权变理论产生，人们开始注意到领导者保持持久的领导能力，必须随着环境的变化不断进行领导方式的变化，从而将领导研究从单体论引向互动论。在强调个人的人格魅力、行为方式对于领导者影响群众追随其目标行动的重要性的同时，也要看到主要通过领导者对于社会运动的符号塑造、目标规划、实践策略以及领导者内部关系互动来阐释对社会运动发生的影响。

（一）运动组织中领导者的功效

一个领导者并不能天生就是领导者，对于社会运动而言，这意味着有人要从事一些风险性的事业。一般而言，在一个社会中，人们因为血缘关系、地域空间、商业往来甚至战争自然形成一些权力精英、商业精英和军事精英，他们在自己的势力范围内，往往具有影响力。通过对 E. P. 汤普森《英国工人阶级形成》著作中领导者的考察，发现领导者的产生一是来源于在当地、工作场所或者某俱乐部中，原来就有很高威望或者影响力的人；二是在俱乐部、群体交往或者动员民众参与社会运动过程中，通过演讲、雄辩或者竞选而不断崭露头角的人；三是发起组织社会运动的创建者；四是在激烈的权力角逐中，逐渐脱颖而出的人。不过汤普森认为，为了发起社会运动，动员更多人的参与抗争，大部分领导人都是鼓动家，他们能够了解群众的疾苦，知道运用什么样的语言才能煽动人们的情绪，激励人们——他们往往是被排斥在权力之外，或者连获得权力的希望一点也没有的人——参与行动。[①] 托德·吉特林在对“学生争取民主社会组织”中的领导者研究中，也得出领导者虽然不一定是被排斥在权力之外，却是有一定独立思考和鉴别能力的、具有一定理想追求的人，不过和汤普森一致的是，这些领导者大都是善于宣传、演讲、鼓动的人，特别善于在媒体上制造并树立成为运动的代言人或者公众人物的形象。[②] 随着资源动员理论影响力的扩大，人们发现社会运动的领导者，并不一定是鼓动家或者演讲家，而可能是管理者或者组织者，因为社会运动涉及各种资源筹集、管理和运用，以及各项事务的规划安排等。如斯特根伯格认为运动领袖是那些参与社会运动组织决策的人，包括职业管理人、非职业领导者和志愿者领导者等。[③] 这些领导者可能在一个社会运动组织中，也可能不在一个社会运动组织中，而是在不同的社会运动中走动，贡献他们的筹款技巧、公共公关、组织和领导能力，资金主要从第三方筹款得来，像教会、公司，甚至是政府，他们是职业化的领导者和改革家，以追求改革事业为职业。他们进行公关，向新闻媒体传播运动，通过电子邮件和通信接近潜在的支持者。

在一个群体生活的社会中，领导者是社会活动得以顺利进行的必要条件。正如法国群体心理学家勒庞所认为：社会成员分为领袖和乌合之众。民众就像一群温顺的羔羊，没了头羊就会不知所措，领袖的意志是群体形成意见并取得一致的核心，他是各色人等形成组织的第一要素，他为他们组成派别铺平了道路。[④] 美国社会学家威廉·康豪瑟也表达了同样的认识

① E. P. 汤普森：《英国工人阶级的形成》（下），凤凰出版传媒集团、译林出版社 2001 年版，第 727 页。

② 托德·吉特林：《新左派运动的媒介镜像》，华夏出版社 2007 年版，第 106—107 页。

③ Staggenbor, Suzanne, The Consequences of Professionalization and Formalization in the Prochoice Movement", *American Sociological Review*, Vol. 53, 1988, pp. 585 – 605.

④ 古斯塔夫·勒庞：《乌合之众：大众心理研究》，中央编译出版社 2005 年版，第 96 页。

“权力标准和领导权的衰败给人们带来了忧虑和不安全感，整个社会中弥漫着缺乏社会方向的无目的感”。[①]

梅卢西从理性—功能主义的角度分析社会运动领导者在发起社会运动中的功能。她认为，社会运动领导者主要承担五种任务。首先，对社会运动目标的界定，包括一般的（长期的）或特殊的（短期目标）。领导的第二个功能是提供“实现运动目标的手段”。再次，领导者面临着维护运动结构和凝聚力的任务。领导的第四个核心角色就是将人们动员起来以支持运动的目标。为了确保成员们在运动中的持续投入并同意运动的目标，领导者必须采取一定的方式，以确保人们对运动不断进行投资以及认同运动的目标。最后，梅卢西建议领导者应有“表达”的任务，核心任务就是集体认同的构造，这是成员之间团结、认同以及获得情感满足的基础。[②] 欧柏萧尔认为，为了实现社会运动的目标，社会运动领导者和组织必须成功处理三个主要的任务：第一是把“搭便车”者转化为运动的贡献者；第二是克服组织化的反对者；第三是要创造、获得和管理维持组织和完成集体行动所必需的资源。[③]

领导者要成功发起社会运动，必须充分考虑社会运动自身以及整个社会的变化，使提出的目标能够符合这种变化。目标需要符合大众的心理期许，并能够鼓舞起大众为之而奋斗。另外目标也不能好高骛远，否则既没有办法实现，也会对社会运动产生消极作用。领导者必须意志坚定，为实现这一目标而不断努力，他们需要有实现这些目标的手段，需要具有有效引导成员的才能和能力，以及通过密切联系获得额外的资源。同时，领导者还需要具有如何与国家政党保持联系互动的技巧。如 1785 年，托马斯·克拉克森，一位英国神学专业毕业的年轻学生认为，现在该是终结“奴隶制”的时候了。他与一小批提倡反奴隶制的同人一起发起反奴隶制运动，他最终成为世界上第一位现代意义上的职业组织者。他们撰写了数千封信件组织请愿行动，并且帮助发起世界上第一例成功的跨国运动；他

① Kornhauser, William, *Mass Society*", International Encyclopedia of the Social Sciences 10, New York: Macmillan and The Free press, 1959, p. 63.

② Melucci, A., *Challenging Codes: Collective Action in the Information Age*, Cambridge University Press, 1996, pp. 339 - 340.

③ Oberschall, *Anthony. Social Conflict and Social Movements*, Englewood Cliffs: Prentice Hall, 1973, pp. 102 - 160

们组建委员会，在报纸上做各类广告，发动请愿宣誓，收集证据并将其呈交下议院；他们将宗教福音运动、天主教徒的政治解放以及议会改革结合起来，造就了现代社会运动的模式；这些反奴隶制积极分子还通过展示奴隶拥有者们折磨拷打奴隶时所使用的器具，让这个国家的民众受到良心上的巨大冲击；他们还与议会内以及文学界的奴隶制反对者们诸如威廉·威尔伯福斯、萨缪尔·泰勒·柯勒律治结成同盟，以聚集反奴隶制的力量。英国的反奴隶制运动耗时近乎 20 年，才使大西洋奴隶贸易得以终结，但是整个大不列颠殖民地奴隶制的终结则还要往后延迟 30 年。[①]

梅卢西同样强调领导者面临着维护运动结构和凝聚力的任务。这就涉及运动中管制造成的紧张以及对对手试图削弱或破坏行为的回应，并将人们动员起来以支持运动的目标。为了确保成员们在运动中的持续投入并同意运动的目标，领导者必须采取一定的方式，以确保人们对运动不断进行投资以及认同运动的目标。一个社会运动的成功和失败，必须依赖许多人怎么加入组织。领导者必须有动员的能力和技巧，可以通过利益相关性、共同的信仰、社会联系、必要的话语符号等，使旁观者愿意加入，使支持者愿意奉献他们的金钱和时间，社会运动的领导者必须聚焦于动员的问题、不满的操纵策略、社会基础设施等促使社会运动成功的必需品的选择。社会运动组织要想获得成功，必须能够很好地管理可利用资源，包括物质资源（如工作、收入和捐款）和非物质资源（如权威、道德贡献、信任、友谊、技巧等），一些基本的工作必须要做好，像运输、印刷、广播等。领导的重点在于决定，需要有在替代物和减少不确定性之间做出选择的能力。

梅卢西从领导者的功能理性的视角，探索领导者对社会运动的重要性。而古斯塔夫·勒庞则从情绪化视角阐释领导者对社会运动的影响。勒庞认为，领导者必须能够把群众的热情点燃，才能激发人们共同采取行动。在勒庞看来，领导者影响群体头脑有三种常见的手段，即断言法、重复法和传染法。断言法是用简洁有力的断言，不理睬任何推理和证据，是让某种观念进入群众头脑最可靠的办法。如在民权运动过程中，提倡非暴力不合作运动的马丁·路德·金，就提出“黑人平等，现在就要自由”，

① 查尔斯·蒂利、西德尼·塔罗：《抗争政治》，凤凰出版传媒集团、译林出版社 2010 年版，第 5—6 页。

而那些提倡用暴力行动获得权利的黑人领袖们如斯托克利·卡迈克尔则提出“黑人力量”以取代路德·金的“黑人平等”，以唤起黑人起来抗争的热情。[①] 拿破仑深深知道，得到断言的事情，是通过不断重复才在头脑中生根，并且这种方式最终能够使人把它当作得到证实的真理接受下来。而人就像动物一样有着模仿的天性，传染造成模仿，传染的威力甚大，它不但能迫使个人接受某些意见，而且能让他接受一些感情模式……群体意见和信念尤其因为传染，但绝不会因为推理而得到普及。[②] 勒庞从群体感性心理的角度，认为领袖因为自身坚强的意志力、信念和名望通过断言、重复和模仿带领群体发动社会运动。

领导者的能力并不是天生就有的，而是后天形成的。汤普森认为，社会运动的领导者都是在不断的交往、学习、实践的过程中获得影响力、号召力和组织能力的。但是随着资源动员理论的影响，领导者的能力也是可以通过培训获得。这可以从美国“自由之夏”运动以及后来所发挥的作用中略可见一斑。毕业于美国哈佛大学的鲍勃·摩西（当时学生非暴力协调委员会的领袖）和后来成为美国国会议员的阿拉德·温格斯坦，在20世纪60年代美国民权运动高涨的时期，意识到运动参与者所遇到的风险，为了降低参与者可能遇到的风险，以及如何吸引媒体的注意力，训练志愿者如何动员黑人参与投票计划所必须具备的技巧，如何进行演讲等，他们于1964年6、7、8三个月，在密西西比举行了著名的“自由之夏”运动，其中一项主要的功能，就是培养运动参与者的领导、组织和策划能力。这段经历塑造了那一代中的很多北方白人，他们在9月离开时，已经成为非常有经验的活动家，“自由之夏”在发展校园激进领袖方面所做的事可能甚于学生争取民主社会组织所做的所有努力。他们在美国历史上最好的一所非暴力反抗学校接受了训练。伯克利大学在校哲学系学生马里奥·萨维奥，在参加密西西比“自由之夏”训练以后，成为学校中非常具有政治热情的大学生，在学校举行的关于言论自由的游行运动中，利用了从“自由之夏”学来的经验，总是成群结队行动，用真诚而富有魅力的演讲获得别人的注意，甚至领

① 马克·科兰斯基：《1968：撞击世界的年代》，生活·读书·新知三联书店2009年版，第6页。

② 古斯塔夫·勒庞：《乌合之众：大众心理研究》，中央编译出版社2005年版，第103—105页。

导了对史鲍尔大礼堂——大学的一座建筑物——的占领，在这场“自由言论运动”中，其多数领导人都参加了“自由之夏”训练，甚至萨维奥后来成了学生非暴力协调委员会之友的主席，他们中的大多数在美国后来的许多运动中充当了领导者的角色。[①]

从上述论述中，我们更多考察了领导者促发社会运动的发生所必须具有的能力，即更多地考虑到领导者处理问题的能力。而对社会运动中领导者关系对社会运动的影响很少关注。其实在社会运动中，领导者之间的团结与分裂对社会运动的发生也会产生很大的影响。正如梅卢西所强调的，领导者角色的不同方面非常重要，但这几个方面在社会运动日常生活中变得“错综复杂”。可能因为制造的矛盾或不可调和的需求把领导者拉到相反的方向。这意味着，领导者应有管理好自身的任务，核心人物之间集体认同的构造，领导成员之间所需要团结、认同以及获得情感满足的基础。

（二）领导者的团结和分裂

斯考切波写道：“对于政治斗争中的领导集团的研究，典型的做法是将领导集团看作是阶级或者社会团体的代表，他们为实现其经济或社会地位的利益而斗争，并且/或者是贯彻某种理想社会的意识形态而奋斗的角色。”[②]

1. 团结的力量：背景相似性和意识形态

马克思在对工人阶级运动的思考中，更多考察了工人阶级作为领导阶级来组织和策划推翻资产阶级的革命运动，但是他清醒地认识到，工人阶级并不是铁板一块，可能会影响工人阶级运动。“无产者组织成为阶级，从而组织成为政党这件事，不断地由于工人的自相竞争而受到破坏。”[③]但是马克思并没有对工人阶级领导者的团结和凝聚力问题做系统的研究。列宁在组织和发动无产阶级革命过程中，认真思考了工人阶级的领导权问题，他认为，无产阶级革命要取得成功，必须要使工人阶级摆脱目光短浅

---

① 马克·科兰斯基：《1968：撞击世界的年代》，生活·读书·新知三联书店 2009 年版，第 92—96 页。

② 斯考切波：《国家与社会革命：对法国、俄国和中国的比较分析》，上海世纪出版集团 2007 年版，第 204 页。

③ 《马克思恩格斯选集》第 1 卷，人民出版社 1995 年版，第 281 页。

的经济斗争和工联主义，组成无产阶级政党来领导工人阶级运动是必要的举措。他们必须代表整个阶级的最高觉悟水平把无产阶级意识从外部灌输到群众头脑中去，这个政党不仅要看他是不是由工人组成的，而且还要看到由什么人领导以及他的行动和政治策略如何。① 列宁认为，无产阶级政党的团结一方面需要严格的组织化和纪律保障；另一方面来自于意识形态的信念支持。

斯考切波在对法国、俄国和中国革命的研究过程中发现，那些发起革命的领导集团，原先都有相似的社会背景、教育经历和对社会的共同认知，而且都处在社会的边缘位置，因为他们往往能够形成合力组织起来，为了某一理想目标而采取集体抗争行为。如她具体描述了法国大革命时期革命领袖人物的组成结构。从1788年直到1790年，革命初期最著名的领袖都被称作“名流”，就是说，他们是第三等级当中有名望或富裕的特权成员。但是，国民/制宪会议的第三等级成员中，43%完全是捐钱做官的人，他们大部分来自外省，还有另外30%是律师或其他专业的人员。之后的立法会议更是由地方上的官员和政客所垄断和把持。国民公会所吸收的官员占到其总成员的25%，还有高达44%的成员是律师和专业人员。法国大革命期间的领导集团原先都是“边缘化”的，因为他们大都来自于次要的、地方城镇中心或处于王朝统治的底层。然而，俄国和中国的革命领袖们不仅包括一些由于社会出身而处于边缘地位的人员，还包括那些虽然出身于特权家庭，但是因受到中学或大学教育而倾向于激进政治观念的人。俄国的布尔什维克和中国的共产党，从包括工人阶级和农民在内的所有社会阶层中吸纳人员。但是，在这两个政党的中层和高层领导成员中，大多数出身于支配阶级或出身于边缘性的特权阶级家庭（尤其是俄国的城市中产阶级家庭和中国富农家庭）。另外，两党的领导成员中，有相当高的成员接受过中等或高等教育（国内或国外）。在沙皇俄国和清朝中国，其传统都是学而优则仕。而且，当俄国和中国社会中确立现代的中学和大学教育的时候，其初衷也是为了国家输送官员（1900年以后，中国大量的青年被送到国外留学，也是出于这种目的）。但是，高等教育的现代化方式，反而促使学生们不论出身而组织起来，开始追求批判观念，号召改造旧制度。结果，许多人并没有走向仕途，而是成了“职业革命

① 《列宁全集》第39卷，人民出版社1986年版，第246页。

者”，只要时机成熟，他们就很容易从政治组织和宣传而转向建构国家的革命。① 维斯特拜从“学生争取民主社会组织”（SDS）的领导者构成中发现了同样的结果，领导者能够团结起来去行动，主要由于相似的家庭背景，以及在社区生活中接受的价值观对领导者和组织者的团结起到至关重要的作用，如表5—1所示。②

表5—1　“SDS”成员父亲教育、职业、收入情况（接受调查者230人）

教育	%	职业	%	收入（年薪：美元）	%
研究生以上或教授职务	31.4	高级白领	56.8	20000以上	16.5
大学毕业	17.8	低级白领	35.7	10000—20000	41.3
高中毕业（包括大学未毕业者）	36.4			6000—10000	31.3
低于高中学历	14.4	蓝领	7.5	6000以下	10.9

从中可以看出，“学生争取民主社会组织”的成员的父辈们大都获得大学学历，加上未毕业的大学学习者，接受过高等教育的人数超过一半，有1/3的人具有研究生以上学历，可见他们的家庭具有深厚的知识背景；从职业划分来看，92.5%的属于白领阶层；在收入方面，约90%的学生家庭都在6000美元以上。维斯特拜同样也在约“美国青年争取自由组织”“青年共和党”（YR）运动组织和（YAF）中发现相似的特征，如表5—2和表5—3所示。③

① 斯考切波：《国家与社会革命：对法国、俄国和中国的比较分析》，上海世纪出版集团2007年版，第206页。

② Richard G. Rraungart, *Family Status, Socialization, and Student Politics.* (dissertation) Penn State University, 1969, pp. 326–336; David L. Westby, *The Clouded Vision: The Student Movement in the United States in the* 1960*s*, 1970, p. 44.

③ David L. Westby, *The Clouded Vision: The Student Movement in the United States in the* 1960*s*, 1970, p. 44.

表 5—2 “YR”成员父亲教育、职业、收入情况（接受调查者 105 人）

教育	%	职业	%	收入（年薪：美元）	%
研究生以上或教授职务	17.7	高级白领	50.5	20000 以上	28.6
大学毕业	29.2	低级白领	40.5	10000—20000	40.0
高中毕业（包括大学未毕业者）	36.3			6000—10000	30.9
低于高中学历	16.8	蓝领	8.8	6000 以下	10.5

表 5—3 “YAF”成员父亲教育、职业、收入情况（接受调查者 201 人）

教育	%	职业	%	收入（年薪：美元）	%
研究生以上或教授职务	16.8	高级白领	27.6	20000 以上	15.9
大学毕业	13.0	低级白领	49.3	10000—20000	28.8
高中毕业（包括大学未毕业者）	44.7			6000—10000	38.3
低于高中学历	25.5	蓝领	23.1	6000 以下	17.0

在采访中，维斯拜特发现，“YR”成员父母接受过良好的教育，多从事工商类职业，如市场经理、商场管理者、生意人、广告商、工程师和医生等，收入较高。而“YAF”的父母亲教育程度不高，拥有高层次职业的人数较少，多为农民、工人、机械师、绘图员等。家庭背景的相似性，促进了运动组织者相似的观点，比较容易接近，容易达成共识，从而有利于合作起来进行抗议行动。

虽然领导阶层的相似的背景给了他们团结起来的行动，不过，还应知道领导者之间的共同的信念、价值观以及塑造形成的意识形态同样也能形成强大的凝聚力。意识形态这个概念从马克思的《德意志意识形态》中形成。马克思强调，每个统治阶级得以很好的统治，一定有在那个时代得以占统治地位的思想。马克思写道："这些思想不过是占统治地位的物质关系在观念上的表现，不过是以思想的形式表现出来的占统治地位的物质关系；因而，这就是那些使一个阶级成为统治阶级的各种关系的表现，因而这也就是这个阶级的统治的思想。此外，构成统治阶级的各个个人也都具有意识，因而他们也思维；既然他们正是作为一个阶级而进行统治，并且决定着某一历史时代的整个面貌，不言而喻，他们在这个时代的一切领域中也会这样做，就是说，他们还作为思维的人，作为思想生产者而进行统治，他们调节着自己时代的思想的生产和分配；而这就意味着他们的思想是一个时代的占统治地位的思想。"①

马克思从统治阶级的角度论证了意识形态的作用。首先，它在统治阶级内部形成了观念上的共识。其次，它在统治阶级内部形成了广泛的凝聚力。最后，它成为统治阶级统治和管理的工具。从领导者的团结角度，意识形态的凝聚作用是相当重要的，意味着赋予了行动的意义和动员参与者的工具。斯考切波在考察法国、俄国和中国革命中，对意识形态对于团结革命领导者以及大革命得以成功的作用做了这样的归类（虽然她从结构主义的角度对此进行了一定的质疑）。她认为，诸如雅各宾主义和这类革命的意识形态，看起来确实能够凝结革命的政治领导力量，使得他们在社会革命的条件下，竭力建立并巩固国家权力。同样，意识形态的武装为革命政治家们指明了适宜的斗争方式。雅各宾主义和马列主义之类的革命意识形态，之所以能够帮助信奉它的政治精英们，在社会革命的情形中夺取、建设以及掌握国家权力，有以下几点原因：首先，（在当时的历史和民族背景下）这些意识形态所具有的普世主义的特点，能够允许和鼓励不同背景的人们，以同志或公民的身份协力合作。其次，这些意识形态也迫使革命精英们积极宣传，发动民众参与政治斗争活动。这一导向即便不能促使众多的人群真正皈依意识形态的信仰，也足以促使雅各宾派、布尔什维克以及中国共产党在同反革命展开政治—军事斗争时获得其他关键性的资源。最后，意识形态给信仰者提供运用各种手段在世界上实现最终政治目的的合法依据——这些目的包括"实现公意"和过渡到"没有阶级的社会"……事实上，在标志革

① 《马克思恩格斯选集》第1卷，人民出版社1995年版，第98—99页。

命内战的无限制的政治斗争之中，上述机制却可能为武装起来的少数力量提供巨大的优势。①

罗伯特·基波在分析种族拯救组织中领导问题对社会运动的影响时承认，种族拯救主席福德·斯拉面临竞争性的选择和领导任务之间选择的难题，他特别需要考虑组织的团结，认真思考行动中的黏合剂，以及如何获得行动资源，在成员之间调动充分的支持基础以获得成员支持。基波在梅卢西的基础上，认为领导者促发社会运动发生，还必须考虑两种因素，特别当领导角色的不同要素创造竞争时，尤为如此。一是他们自身地位和运动统一的持续合法性可能更加依赖于领导者计算特殊行动过程中的潜在优势和劣势的能力，依赖于在做决定时领导者准确地估计成员的需要和优先权的能力。第二，重要的不同可能存在于领导与社会运动平民之间，他们针对政治机遇的性质、定义和集体身份有不同看法，即与大量普通成员有关联的来自不同政党和联合运动中各自特殊的“自主性”问题。② 但是在组织和动员社会运动过程中，随着不同目的、动机的人加入领导者队伍，各种机会主义甚至不同行动方式在领导者内部产生，从而使领导者内部出现分裂，影响了社会运动可能的发展，甚至影响社会运动的发生。特别是面临镇压的时候，社会运动内部往往会分成温和派和激进派，如法国大革命中形成的雅各宾派和吉伦特派；俄国革命中出现的布尔什维克和孟什维克等，从而使领导者内部出现分裂，也往往使社会运动出现塔罗所谓的抗争周期现象。领导权之争以及行动路线之争成为影响社会运动发生的主要两个因素。

2. 分裂的力量：领导权之争与路线之争

社会运动的领导者要承担比普通人更大的风险，但是他们也能收到更大的回报，他们会为获得身份、地位和向上攀登迈出坚实的一步。一个有效的领导者能把每一个人聚合在运动里，创造共同的忠诚，但领导者有时候必须迎合成员的需要。他们之间相互塑造，并相互控制。在成功社会运动的起始阶段，组织是非正式的，领导者必须和潜在的成员进行面对面的接触活动，一旦运动进入正轨，就需要正式的组织结构。在这个过程中，

① 西达·斯考切波：《国家与社会革命：对法国、俄国和中国的比较分析》，上海世纪出版集团 2007 年版，第 209—210 页。

② Colin Barker, Alan Johnson and Michael Lavalette, *Leadership and Social Movements.* Manchester University Press, 2001, p. 74.

往往面临着领导者分裂的危险，特别是涉及领导权之争和路线之争时，尤为如此。

（1）领导权之争

卡洛儿·哈尼奇研究了美国女性解放运动组织中领导权之争对社会运动的影响，说明领导权的争夺往往会使社会运动分裂乃至消失。[①] 美国第一个独立的妇女解放团体于1967年末诞生，它是在人权运动和其他为谋求全世界自由的大型运动的激励下产生的。它的早期领导人大多出自在人权、和平、言论自由和学生运动中间摇摆不定的政治组织，许多人或与新左派或与老左派有关联，或与它们两者都有密切的关系。许多人反抗她们感知的具有压迫性的男权领导，因为她们做了很多实际和支持性的工作，却经常被排斥在决策过程之外。这些多样化的经历——大多情况下是不愉快的，有时是完全压迫性的，致使在领导层之间产生内讧。纽约激进派女性，是美国最早的妇女解放运动独立团体之一，由莎拉密斯·费里斯通和帕姆·艾伦整合而成。起初，这个组织规模很小，尽管一些人已经积极从事或者拥护学生会和其他学生组织，但大部分人还是为谋生而工作。起初，纽约激进派女性组织内部并没有制定一个明确的具体理论，而是意欲发起一场时刻与我们的生活具体相关的运动。在1968年1月15日，纽约激进主义女性组织在它第一次会议后不到两个月，在首都华盛顿举行的一场大型的反对越南战争的女性和平游行，同时纽约激进主义女性组织号召妇女联合起来，反对压制妇女并争取一些真正的权利，如政治知情权和代表权。在运动过程中，又出现了一场更激进的反国会运动，慢慢地运动偏离了以前的目标和静坐、游行的行动惯例，激进女性主义者出现了为争夺领导权而爆发的各种各样的斗争。

第一，派系之争。当女权主义运动造成影响之后，很多带有目的动机的女性加入其中，如仅仅为了提高女性意识的女性群体、反战的女性群体、反男权主义的女性群体、追求政治权利的女性群体、独身主义或者提倡堕胎主义的女性群体以及其他带有不同动机的女性群体不断涌入，女权主义的队伍不断壮大，但是领导权之争却日益激烈，这些人为了自己的主张占据主导地位，往往发起领导权之争，使得女权主义难以协调众多

① Colin Barker, Alan Johnson and Michael Lavalette, *Leadership and Social Movements*, Manchester University Press, 2001, pp. 77 – 94.

目标。

第二，正式领导与非正式领导之争。原先在社会运动中发挥作用的领导者继续掌管着女性主义组织，并把自己的领导方式以及实施的主张强加在后来的群体诉求之上，她们也往往在媒体面前代表着扩大了的整个女权主义行动，树立新闻发言人的现象，那些组织中的非正式领导开始感到不满，认为她们谈话过多、过于专断。因而在组织内部出现了许多非正式有影响力的人，或公开或隐秘地与正式的领导者争夺领导权。奥康纳在妇女报上发表一篇文章写道：隐性的领导者拥有和工人领导者有一样的权力，但是他们不需要对组织负责。如果一个领导者没有公开地被认为是领导者，那他就可以随意滥用他（她）的权力而不用承担责任，这是当下在左翼势力和女性运动中对领导权可能产生的一种阴险的破坏。[①] 当纽约激进主义女性组织提高意识派占据主导地位的时候，那些沉默的女性主义群体开始尝试着改变这种境遇。特别是，随着组织内新建立的利益群体的来临，前任领导得以提升，一些原本在妇女解放运动边缘活动的妇女，当有金钱和权力回报的时候，突然间又十分愿意成为闻名的女性主义者。大规模的机会主义正在积聚力量，并且把兴趣点都放在了组织的权力争夺和划分上。

第三，领导方式之争。在 1968 年春季，大约有 30 名妇女参加了纽约激进主义的例行周会，数量很少的人数，对于社会运动的组织规划，往往可以以民主的方式进行，但是，随着数量的增多，则往往需要产生组织化的管理方式进行领导。而对于那些反对男权统治的女性主义来说，这是不可接受的。因而在组织松散化和组织管理化问题上，进行着激烈的斗争。哈尼奇分析道：所有女性都担心成为精英主义者和专制主义者，这违背我们制定的成员规则。于是，一些大家不很了解的女性开始在会议上出现并且把她们自己的机构强加于我们，一些人是从左派主义分化而来的，她们开始意识到要带着革命热情为妇女解放运动去发展一批可能的新选民。她们试图重新领导妇女解放运动，脱离于反对性别霸权主义并且把这作为一个纳新的基本条件。卡特里・梅勒和朱迪・米勒争辩道："在每一个我们已经集中在一起的组织中，一些女性通过机会得到了具有侵犯性的、强制

---

① O' Connor, L. E. , *Instructions from the Woman's Page on Method*, Organization and Program, The Woman's Page, 5, April—May: n. p. 1971.

力的、表达能力强的、很大的嗓门的，特别是公众的自我信赖感等典型的男性特征，她们变成了领导者。”① 这与女性争取反对男权统治的思想相背离，因而她们提倡民主的、无政府的动员和管理方式。在某种条件下，松散的组织会实现更多。例如，在妇女解放时期出现了大批的提高意识的团体，当团体像小草一样蓬勃兴起时，这些早期激进主义女性团体在形式上是无政府主义的，在功能上是部分的民主中心主义者，领导者往往是可以忽略的，特别是在印刷机和复印机被后来的因特网取代时尤为明显，观点像野火一样横扫国家，在世界范围内以政事通讯、地址、杂志、信件方式，通过口头描述、会议和进步组织被广泛传播。这些不需要领导者也能发动社会运动。

但是并不是官僚主义领导在社会运动中一无是处。虽然结构组织不能解决所有的领导问题，民主选举领导人也不能解决所有机会主义出现的问题。但是，也应认识到领导有必要取胜，人民进行民主选举、公共认可、评判价值、鼓励支持领导人是十分必要的。社会运动现在面对的一个挑战性的任务是建立组织、结构和领导人带领我们去我们想去的地方。否则，那就像溃败的无组织军队一样，一系列要求并反映运动的真实声音并且团结在国家范围内的分散力量，将削弱社会运动的力量。

（2）路线之争

从上面的领导者的权力之争中，我们可以看到领导者对社会运动坚持什么往往各执己见，当社会运动各种观点不能妥协或相容时，往往会削弱社会运动的发生或者持续性，或者导致运动弹性周期的产生，或者结果的失望。正如西德尼·塔罗所说的：“动员减弱的一个最简单的原因可能就是力量衰竭。尽管上街示威、游行和进行暴力抵抗一开始的确令人兴奋，可随着运动的组织性的提高，领导者和追随者的分化，它们也隐含着危险、个人代价，最终还有厌倦和理想的幻灭，结果参与者减少了。如果政治当局和治安部队能明智地等待时机，这种结局就会得到助长。”②这部分将从其他几个方面阐释领导者的路线之争对社会运动的影响。除了上面所提到的派别之争，从某种意义上，可以看成是一种路线之争。这里主要

---

① Mellor, C. and Miller, J., *Women: A Journal of Liberation*, Winter, 1969, p. 154.

② 西德尼·塔罗：《运动中的力量：社会运动与斗争政治》，凤凰出版传媒集团、译林出版社 2005 年版，第 198 页。

从三个方面进行论述。

第一，社会运动走多元化路线还是单一化路线。我们从上面的激进女权主义运动可知，女权主义运动原先是左翼运动的一部分。多元化的路线，对于社会运动来说，其主要的动力，来自于它的规模性。声势浩大的规模往往会引起广泛的关注和吸引力，对于民主国家中由选民选举产生的政治家而言，多元化的选民参与的抗争，往往会迫使他们不得不予以关注和重视。但是在多元化社会运动过程中，由于各自的诉求不同，往往会出现厚此薄彼或者核心与边缘现象，导致那些处于边缘位置的人，没有充足的理由支持运动，甚至开始退出社会运动，转而寻求单一化的抗争路线。单一化的抗争路线往往由于目标单一，而吸引对此给予强烈关注的人加入进来，团体成员相对来说比较团结，能够不断创新抗争手段和策略，在一些情况下，因为其单一诉求的针对性，往往会获得成功。但是因为其目标单一、规模较小，大部分情况下，往往并不能获得政府部门的关注，因为他们面临着持久斗争和规模限制的双重影响。如果领导者陷入了这两个相互纠结的路线之争，社会运动可能会发生分化、削弱或者流产。

第二，社会运动走温和化还是激进化路线。社会运动要想获得大多数人的支持，意味着他们要走妥协的温和化的路线；相反，如果社会运动要获得核心支持力量，往往要满足他们的诉求，可能走向激进化的路线。塔罗由此而得出领导层由于参与减弱的不均等使运动领导层陷入两难境地。他们意识到众多的参与者是他们的力量所在，所以可能会接受更多温和的要求，并试图向对手妥协，以此来回应参与者的减少。相反，他们要保住好战分子的支持，又可能会试图通过提出激进主张和强化斗争，使运动之火不灭。无论哪种情况，不同程度支持的减弱都导致了向当局妥协者和继续抗争者之间的分化。①

塔罗列举了荷兰 18 世纪 80 年代荷兰爱国者同盟运动的事例予以说明，荷兰爱国运动同盟起初是以大规模温和请愿开始的，由于惧怕骚乱的恐怖，形成了地方市民委员会网络和多元化的民兵组织，那些由希望破灭的精英和大众政治的好战分子结成的联盟开始瓦解，结果造成原来的爱国者同盟两极分化。荷兰爱国者的分裂在目标上体现为激进派和温和派之间

① 西德尼·塔罗：《运动中的力量：社会运动与斗争政治》，凤凰出版传媒集团、译林出版社 2005 年版，第 198—199 页。

的分化，主要体现在对暴力手段的看法上。当温和派领导人为了维持大多数人的支持，而使其战略制度化时，激进派的对手为了争取好战者的支持和防止运动倒退，会采用对抗的策略。前者反对暴力，而后者常常使用暴力，有时还为了证明对敌人使用暴力是正当的，而把暴力提升到较高的政治形式。这样的冲突在法国大革命中的吉伦特派和雅各宾派的斗争中也可以体现。

同样，我们从美国争取黑人公民权运动中也可以发现这种路线之争。黑人采取什么样的策略争取黑人权利，领导者之间分歧很大。如黑人运动领袖马丁·路德·金，主要用非暴力反抗的方式来推行运动的开展，而成长于纽约的斯托克利·卡迈克尔却热衷于向肯尼亚发生的茅茅起义一样，推行暴力反抗，当他于1966年替代持非暴力主张的约翰·刘易斯成为学生非暴力协调委员会的领袖时，他将该组织改造成一个主张暴力的“黑人力量”组织，从而使“黑人力量”发展成一个全国性的运动。民权运动逐渐分裂，金也逐渐失去了对其的控制。到1968年，“黑人力量”眼看大行其道，却遭到警察的严阵以待，而马丁·路德·金也遭到暗杀，这样，民权运动到20世纪70年代开始走向衰落。[①]

第三，社会运动走合作路线还是对抗路线。马克思和蒲鲁东关于工人阶级运动的看法就形成了两种主要的分歧：马克思认为资产阶级和无产阶级的不相容性，因而主要以对抗式的、颠覆式的革命方式推行工人阶级运动；而蒲鲁东认为工人阶级可以通过进入体制内的改良式的方式实现工人阶级运动的目标。特别是考虑到社会运动可能面临着政府的镇压等暴力威胁的时候，社会运动的领导者往往会面临着这样的两难选择。尽管派系分化逐渐在大众运动组成要素内形成，却也会因不同的政府战略受到助长或阻碍。迅速屈从于造反者要求的政府很快会发现自己被取代，因为随着每个政权薄弱迹象的显现，造反者的要求不断升级。1989年东欧的情况就是这样，政权缺陷的暴露致使挑战者的要求从国家社会主义内部进行改革，扩大到彻底清除国家社会主义。相反地，无条件地拒绝挑战者的要求并以武力做后盾的政府，不是在镇压卓有成效的地方消灭反对势力，就是在镇压无效的地方引起革命分化，如美国的“气象员”运动组织。“气象

① 马克·科兰斯基：《1968：撞击世界的年代》，生活·读书·新知三联书店2009年版，第6—7页。

员”组织坚持以不妥协的对抗政府的面貌出现，作为最著名的、持续时间最长的团体，由于受到政府的镇压，1970 年早期开始转入地下活动，1971 年时仅仅作为一小群相互孤立的组织而存在，尽管获得了零星的成功，但最终在政府的强力压制下，失去了存在的意义。像美国的左翼工人阶级运动（工会）和一些女权主义联盟，大部分都走向了和政府合作的道路，变成了利益集团活动。麦克亚当、塔罗和蒂利将之分为“有节制的斗争”和“逾越界限的斗争”。[①] 社会运动的领导人往往会在这两种斗争路线中不断徘徊。

具有相似背景和共同思想倾向的人在社会运动组织初期，发挥了很大的作用，但是随着组织的不断推进，成员之间就领导权和路线之争出现分歧，而且因为对运动目标实现的可能性的预期以及行动中出现的非意图性后果的出现，再加上遭受政府可能的镇压等，大多的社会运动最后因“言辞空洞、神秘的理想主义……大量的幻想”[②] 而受到指责。佐尔伯格写道：“政治狂热之后，接下来是资产阶级镇压，或强有力的专制主义，有时是恐惧，但最终几乎总是回复到无聊。”[③]

社会运动领导之间的互动的情况，可能会导致社会运动出现一种抗争的周期，运动不会简单地消失，只在其后留下无精打采或镇压，而没有别的痕迹。它们具有简洁而长期的影响，当初始的兴奋和最终的失望过后，这种影响就会出现。特别当运动留下了持续的活动分子网络之后，它们会在旧的斗争周期结束和新的机遇来临时重组。运动有三种长期而间接的影响十分重要：它们对那些参加运动者和群体的政治社会化的影响，它们的斗争对政治制度和实践的影响，它们对政治文化中的变化的贡献。此外，幻灭也是当前失望和疲惫的结果，所以可能只是暂时的。通过从斗争中学到的技巧，通过把他们的信仰扩展到活动的新领域，通过保留运动中结成的友谊网络，激进主义会引起新的激进主义，对政治持更偏激的态度，更愿意加入其他运动。[④]

---

① 道格·麦克亚当、西德尼·塔罗、查尔斯·蒂利：《斗争的动力》，凤凰传媒出版集团、译林出版社 2006 年版，第 9 页。

② Sigmann, Jean, *1848*: *The Romantic and Democartic Revolutions in Europe*, New York: Harper and Row, 1973, p. 10.

③ Zolberg, Aristide R., “Moments of Madness”, *Politics and Society*Vol. 2, 1972, p. 205.

④ 西德尼·塔罗：《运动中的力量：社会运动与斗争政治》，凤凰出版传媒集团、译林出版社 2005 年版，第 222 页。

社会运动学者除了看到领导者的影响之外，他们同时意识到组织在社会运动中的重要性，组织的形式不管是集权的还是分权的、不管其要求是影响深远的还是有限的、它们是否有选择性动机来区分其支持者、它们是否使用暴力来反抗对手，运动中的组织都将对社会产生深刻的影响。

二　运动中的组织

1959年，美国社会学家康豪瑟发表了《大众社会政治》一书，他认为在现代化力量的冲击下，传统中层组织不断地衰落，使得人与人之间的传统联系变成了真空，这个真空为大众社会的产生创造了前提条件。普通大众由于失去了中间组织的保护以及参与各种组织的可能性，可能容易受到中间精英的蛊惑，参与到社会运动和革命中来，也为极权主义的兴起提供了条件。从康豪瑟的论述中，我们知道，社会组织越发达，发动社会运动和革命的可能性越小。

列宁却认为，组织是社会运动的主要武器。他写道："无产阶级在夺取政权时除了组织以外别无武器……无产阶级只有通过这一点才能成为不可战胜的力量。"① 亨廷顿因此在《变化社会中的政治秩序》一书中，以这样的强调收拢全篇："身处正在实现现代化之中的当今世界，谁能组织政治，谁就能掌握未来。"② 资源动员理论家在考察20世纪60年代的社会运动中发现，组织作为强大的动员资源在社会运动中发挥了很大的作用。麦卡锡和扎尔德在1973年和1977年分别发表的两篇论文中，对组织在社会运动发生的作用，做了经典的阐述。这两篇论文是《社会运动在美国发展的趋势：专业化与资源动员》和《资源动员与社会运动：一个不完全的理论》。他们认为，组织一方面具备大量可资支配的资源，这些资源可以被用来对社会成员进行动员，能够满足参与者的动机和要求，实现他们的目标，从而能够吸引更多的人参与运动。同时，组织能够对运动发挥领导作用，在领导社会运动时，专业性更强、资源更丰富，动员也就

---

① Lenin, Quoted in Rustow, *A World of Nation*, P. 100. From "One Step Forward, Two Steps Backward", in Robert V. Daniels, ed., *A Documentary History of Communism*, New York, Vintage, 1960, 1, 26f.

② 塞缪尔·亨廷顿：《变化社会中的政治秩序》，上海世纪出版集团2008年版，第382页。

更有力。①

学者们关于社会运动组织对于社会运动的影响，产生了促进或阻碍的两种不同的动力机制。组织因为哪些特征可以阻碍和促进社会运动发生，成为必须考察的内容。

（一）组织对于社会运动：灭火剂还是催化剂

1. 组织作为灭火剂

组织对于社会运动的阻碍，在于组织建构了一道屏障，将民众和政府当局隔离开来；另外，组织自身的寡头化倾向，也是阻碍社会运动发生的重要因素。这从组织的外部化和内部化两个角度影响了社会运动。

首先，组织作为屏障阻碍社会运动。康豪瑟认为，组织作为社会运动的灭火剂，是因为传统社会结构是由"政治精英—中层组织—民众"组成。这些中层组织包括以血缘、地缘、认同、兴趣而组织起来的组织，这些中层组织一方面能够对精英政治进行组织化和民主化控制；另一方面能够提供一个交往和讨论的平台，从而使民众对现实的感知更为真切和现实。多元化的中层组织意味着利益和认同的多样化，从而降低民众被大量动员进同一个运动中去的可能。或者说，发达的中层组织能够降低一个社会发生超大规模社会运动和革命的可能性。

康豪瑟认为，发达的社会中层组织对社会运动的产生具有根本性的约束作用，主要表现在以下四个方面：第一，福利和慈善组织、利益集团、俱乐部和兴趣小组等中层组织所承担的很多社会功能是国家管不了或者管理不好的，因为国家不可能是"无微不至"的全能型政府；而对一般家庭来说，这些功能又太大从而没有能力涉及。因此，社会中层组织的活动能照顾国家和家庭所不能照顾的个人利益和兴趣。第二，中层组织为组织内部成员、中层组织之间以及中层组织和国家之间的讨论与对话提供了平台。第三，中层组织能够促进认同感和利益的多元化。不同的中层组织具有不同的利益，不同中层组织的成员也有不同的认同感。这种利益和认同感上的分割使任何全民性的大众运动变得不可能。第四，根据康豪瑟的理

① McCarthy, John D. and Mayer Zald., *The Trend of Social Movements in America*, Morristown: General Learning Press, 1973; McCarthy, John D. and Mayer Zald., "Resource Mobilization and Social Movements: A Partial Theory", *American Journal of Sociology*, Vol. 82, 1977.

论，在中层组织发达的国家，民众主要与中层组织内的精英打交道，而他们与国家精英之间的交往主要是通过中层组织精英和国家精英之间的联系来实现。这种状况可以保护民众免受政治精英特别是魅力型领袖的操纵和控制，同时也防止政治精英的决策直接为大众压力所左右，从而防止民粹主义的产生，使程序政治变为可能。①

一旦这些组织遭到破坏，即打破了人与人之间传统意义上以村落和亲缘等为基础的联系，而填补其功能的现代型的社会中层组织尚未发展起来，从而造成人与人之间缺乏有机联系，为大众社会的产生创造了条件，民众直接面对政府的时候，各种抗争运动将会产生。我们可以从托克维尔和斯考切波关于法国大革命的发生与传统的社会组织和等级遭到破坏的关系中，看出组织对于阻碍社会运动和革命的重要性。这种如罗伯特·帕特南所谓的"社会资本"将成员生活限制在自己的组织之内，各项事务都可以有社会性组织安排解决，从而限制了社会运动的发生，成为社会运动的灭火剂。但是当社会资本出现边际外溢现象，或者当组织本身也受到不公正对待的时候，组织会不会利用自身的优势，动员成员起来反抗，而更有利于对公民个人的动员，成为社会运动的主要动员时，康豪瑟似乎言之甚少，或者说他主要关注革命以及极权主义运动，而对当代多样化社会运动中组织的作用甚少涉及。

其次，组织寡头化阻碍社会运动。米歇尔斯的官僚制的"统治的寡头铁律"表明，凡是大规模的组织都必然需要安排一套理性的官僚制度，在内部方面，社会运动组织需要处理他们的会员或地方组织事务，必须建立一套行政制度，具有明确的责任和权威模式，为此，所有成员必须按照规则行事。这样，社会运动组织的规模越大，建立科层制的需求就越大。组织寡头化和官僚制一旦形成，就会产生保守倾向。领袖们寡头化之后，他们比普通成员拥有更多的优势，如更多的荣誉、更高的收入和地位，更加安全和稳定，受到政府更多的回应，因而和政府互动中倾向于合作而非对抗的方式，阻碍社会运动的发生。如美国工人阶级运动中，最终建立起了大规模的具有官僚制特色的工会组织。社会运动组织出于发起运动的需

---

① Konhauseer, William., *The Politics of Society*, New York: Free Press, 1959。参见赵鼎新《社会与政治运动讲义》，社会科学文献出版社 2006 年版，第 89—91 页；谢岳：《抗议政治学》，上海教育出版社 2010 年版，第 53—54 页。

要建立起组织，但是最后发展出了慢慢远离自己目标，并逐渐类似于政府的官僚制组织，渐渐地失去了社会运动的动力，或者因为内部管理的强化，使得运动的动力减弱。皮文和克劳沃德对美国四个穷人运动研究中认为，“下层阶级团体对美国政治的哪怕一丁点影响都不是组织的结果，而是来自群众抗争以及这些抗争的破坏性结果”。[①] 那些关注组织寡头化倾向的学者断言，组织寡头化不可避免，而且严重的寡头化会削弱组织的动员和领导能力，不利于社会运动的动员。

2. 组织作为催化剂

除了麦卡锡和扎尔德关于组织有利于促进社会运动之外，20 世纪 70 年代，另一位资源动员的代表人物麦克亚当在《政治过程和美国黑人运动在 1930—1970 年间的发展》一书中也提到了组织在社会运动中的作用。虽然他认为美国 20 世纪 60 年代黑人解放运动的起因和发展与许多情境性因素有关，但他同样认为，黑人群体所拥有的组织资源（特别是黑人教堂和黑人组织的扩展，以及黑人学生数量的大大增加）也发挥了很大的作用。他认为，在政治机构和威胁面前，能够将其转化为有利于社会运动的机制，组织发挥了关键性作用。结合他们的观点，认为组织对社会运动的作用主要表现以下几点。

（1）组织对社会运动的领导作用。正式组织由于合理的制度结构和广泛的社会基础，较强的专业性和丰富的资源，社会运动组织的人员专业知识更丰富、经验更老道、人员更稳定，会在社会运动中起着领导作用，当一个复杂或正式的组织，把社会运动的优先选择作为自己的目标，并试图推行这些目标时尤其如此。[②]

（2）组织对于社会运动的资源动员和管理。在社会运动的考察中，组织事实上承担起了这样一些职能，动员人们参与社会运动、说服参与者提供服务、定义社会运动的目标、征募和管理社会运动所需的各种资源、筛选和训练组织成员、树立公共形象等，有利于保持运动的连续性。这些

---

① Piven, Frances Fox and Richard A. Cloward, *Poor 's Movements: Why They Succeed, How They Fail*, New York: Pantheon Books, 1977, p. 36.

② Tarrow, Sidney. , "States and Opportunities: The Political Structuring of Social Movements", in Doug McAdam, John D. McCarthy, and Mayer N. Zald (eds.), *Comparative Perspectives on Social Movements: Political Opportunities, Mobilizing Structures , and Cultural Framing*, Cambridge: Cambridge University Press, 1996, p. 122.

都是一项社会运动所必不可少的活动。

(3) 组织有利于社会运动的持续性。除此之外，组织在面对政治机会结构时，相比较那些松散的组织，会有更大的生存能力和活动空间，因而其抗争的规模和力量更大，更有效果和影响力，引起的关注度和成功率会更大，特别是较大规模的组织或者多组织联合的社会运动更能体现这样的影响力。“正式组织比非正式组织更能维持自己，与其说它有赖于领薪的职员完成任务，不如说一个正式的结构能够在领袖和环境发生变化时仍能保持连续性……一个完全是非正式组织构成的运动，可能会比那些包含正式运动组织的运动更短命。相应地，一个由非正式组织组成的联合体比那些由正式组织组成的联合体生存机会更小。”①

康豪瑟认为组织对于社会运动起着消解的作用，而麦卡锡和道格麦克亚当等人得出了组织对于社会运动的促进作用。正如赵鼎新认为的，他们所针对的是不同的运动特征，康豪瑟谈论的是革命性的运动，而麦卡锡等人所讨论的是西方国家中小规模的改良型社会运动。② 但是就组织本身而言，确实存在着阻碍和促进社会运动的功效。当一个组织并不是作为运动中的组织，而是为不同人群提供了满足各自需求或生活方式的多样化的时候，组织对社会运动的消解不言而喻，当组织成为社会运动的组织或动员力量的时候，他对社会运动的发生也是不容忽视的。组织对于社会运动的消解或促进，这是一个利用的适当性问题，而且还与具体的情境性与组织本身的理解有关。一在组织之外，一在组织之内，但两者是相互交融的。

(二) 组织对于社会运动的消解与促进：综合的视角

美国社会学家奥伯肖尔对组织在社会运动中的作用，摆脱了非此即彼的看法，认为组织对于社会运动的影响，既与组织本身有关，也与社会的整合性力量和强度有关，③ 如图 5—1 所示。

奥伯肖尔认为组织对社会运动的消解与促进与下述两个因素有关：

---

① Staggenborg, Suzanne, “The Consequences of Professionalization and Formalization in the Prochoice Movement”, *American Sociological Review*, Vol. 53, 1988, pp. 603 - 604.

② 赵鼎新：《社会与政治运动讲义》，社会科学文献出版社 2006 年版，第 93 页。

③ Oberschall, Anthony, *Social Conflict and Social Movements*, Englewood Cliffs, NJ.: Prentice - Hall, 1973, pp. 125 - 139.

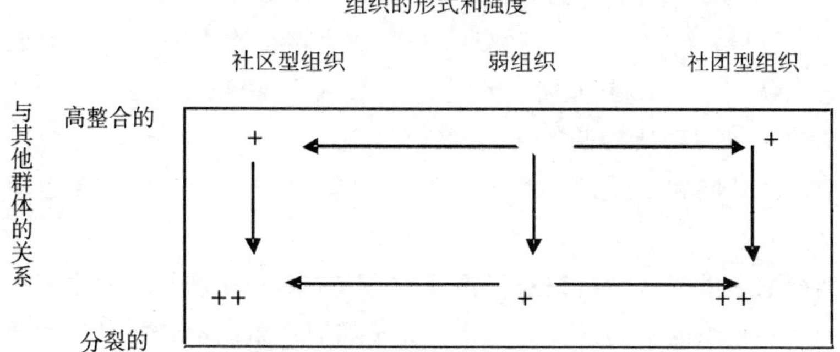

图 5—1　社会组织性质、社会整合力与社会运动强度之间的关系

（注：＋＋表示社会运动的强度。

一是社会组织形式及其强弱；二是社会的整合力强度。他把组织分成弱组织、社团型组织和社区型组织。当社会处在分裂的情况下，组织数量越多、差异性越大、组织成员参与度越高、动员发生的速度越迅速持久，组织招募成员的可能性越大。一个团体如果与社会其他部分分裂很严重，且组织内部关系越重要、广泛和紧密，则这个团体被动员起来也就越容易。如果某个群体按照传统方式没有被组织起来或者自身没有组织，但成员分享共同的受压迫情感和共同敌对目标时，集体抗议就可能发生，但是由于该集体处于分裂状态而不是被其他集体垂直整合，这种抗议存在的时间可能短暂，且比社团与社区基础上的运动更加倾向于暴力。那些反对组织中的参与者来自先前积极的、相对整合完好的集体，而社会上孤独的、原子化的个人将会被严重忽视，至少在运动已经如火如荼的情况下。奥伯肖尔提出，当社会整合力度高，人们的组织能力低时，发生社会运动的可能性最低；社会运动的可能性随着组织能力的加强而加强，而当一个社会的组织能力很强和整合能力低时，发生社会运动的可能性最大。

那些关注社会运动组织的专家如麦克亚当和塔罗等人也对组织对社会运动的消极和促进进行了非常有益的探讨。除了正式组织如上面所论述的那样具有积极的作用外，他们也认为，当那些正式组织具有专制、寡头化或有保守倾向时，会对社会运动产生负面影响。因此，现代西方社会运动的组织者既注重对外反对强权和专制，也注重对内强调社会运动组织的民主。麦克亚当指出，一个社会运动的组织对社会运动的影响取决于以下因素：（1）社会运动组织的强度，以及那些可能成为该社会运动基本群众的组织性程度；（2）社会运动组织内部是否存在能增加社会运动成员的凝聚力和认同感，以及能防止产生“搭便车”现象的各类激励性机制；（3）社会运动组织所控制的通信网络和广度；（4）社会运动组织内是否存在被广泛认同和尊重的领导成员和积极分子。①反之，对社会运动的发生影响力较小。

西德尼·塔罗认为组织对于社会运动有消解和促进作用的原因，可能是我们看到组织的不同面向的结果，无论如何，组织都是社会运动的不可或缺的力量，关键看我们如何看待组织和利用组织。他为此区分了三种组织的理解。运动组织最主要的意思是“正式的等级组织”，它是把社会运动或对抗运动的优先选择作为自己的目标，并试图推行这些目标。运动组织的第二个意思“是指与对手接触的集体行动组织”。这种组织包括挑战者的暂时集合、非正式社会网络、正式部门、俱乐部乃至军事化小组。它们要么由正式组织或组织联盟控制，要么便没有特别的人来控制，使社会基层的关系网络成为运动新成员的最主要的来源。运动组织的第三个意思是指联系的结构，它联系着领导和其追随者、中心和边缘以及运动的不同部门，使运动组织间能够相互合作和相互联合，使运动即使在缺乏正式组织的情况下也能继续存在。只有当这种联系结构被内化为运动组织的一部分，而且集体行动也受到领导者的控制时，社会运动才与单独的组织有关。更常见的情况是，正式的组织只是不完全地反映了运动的非正式联系网络。如果没有一定程度的组织，即使运动能达到斗争的顶峰，通常也会消退或分散精力。②

塔罗认为运动组织者的问题是：创造一些组织模式，使它们既能足够有力地构造与对手的持续抗议，又能足够灵活地使人们和社会网络互相联系的非正式关系集合起来，共同斗争。他在考察雾月十八日之后的社会运动、欧洲民主社会运动以及西方民权运动中，发现组织总是在制度主义和无政府主义、官僚化和民主化、正式联系和非正式联系之间摇摆。他进行了一个总结，当官僚化的正式组织失去效应的时候，如工会

① McAdam, Doug, *Political Process and the Development of Black Insurgency, 1930—1970*, Chicago: University of Press, 1982, pp. 40 – 59.

② 西德尼·塔罗：《运动中的力量：社会运动与斗争政治》，凤凰出版传媒集团、译林出版社2005年版，第166页。

不能提供社会运动动力的时候，那么就会有当代临时小组、专业运动群体、权力分散组织和联盟活动的革新，它们最为成功的原因在于非正式联系结构在正式运动组织内部及之间的作用。也就是说，等级性运动组织的困境在于当它们把自己的基础永远内在化时，它们就失去了破坏的能力。而当它们背道而驰时，它们又缺少维持与同盟、当局和支持者的持久互动的基础结构。这就表明，在正式组织和自治组织之间需要一种微妙的平衡——只有通过强大的非正式的非等级性联系结构，才能维持这种平衡。①

赵鼎新认为，社会运动中组织的这种变化很大原因首先在于20世纪60年代后，西方社会民主化程度得到进一步提高，大多数以前可能被镇压的社会运动和抗议形式逐渐合法化。其次，现代西方的大多数新社会运动均是单一议题（如环境运动、女权运动、同性恋运动，等等），行动基本合法，也为成员关系松散的、非等级结构的社会运动组织提供了基础。最后，这些组织的成员的文化水平普遍较高，加上现代通信技术的发展，使之能够娴熟地利用媒体和各种电子通信手段来动员运动的参与者，从而不再需要复杂的组织结构来保证有效的动员。于是一种新型的、成员关系松散的、非等级结构的，甚至是以全票通过作为决策手段的组织形式在西方逐渐兴起。但是，赵鼎新同样清醒地看着，这些组织：一是组织效率低下，很难在专制的政治环境中存活；二是社会运动的议题和目标比较单一，否则组织内难以达成一致，结果会一事无成；三是组织较难克服的“搭便车”现象。②

总之，不同的组织形式，对社会运动来说，有利有弊。这意味着采取什么样的组织形式，对于社会运动的成败来说非常关键。

三　组织社会运动

当我们从组织的名词属性转向动词属性时，社会运动是如何被组织的。即意味着思考不同的人群为什么会参与到集体行动中，组织是如何形

① 西德尼·塔罗：《运动中的力量：社会运动与斗争政治》，凤凰出版传媒集团、译林出版社2005年版，第165—185页。

② 赵鼎新：《社会与政治运动讲义》，社会科学文献出版社2006年版，第94—95页。

成的，同时需要做哪些工作才能动员民众参与到社会运动中来。我们首先从解决奥尔森难题开始，其次讨论具备什么样的技能才能动员民众参与到社会运动中来。

（一）奥尔森难题的破解

在曼瑟尔·奥尔森的《集体行动的逻辑》之前，集体行动难题并没有引起广泛的重视。相反，那些集团理论认为，“集团会在必要的时候采取行动以增进它们共同目标或集团目标”。[①] 马克思认为，随着资本主义的内在矛盾的不断演化，工人阶级的人数会增多，发生工人运动的可能性就越大。勒庞的群体心理学理论指出，随着人数的增多，人与人之间的感染力会越来越大，每个人越来越激动，他们发起集体行动或社会运动的可能性也就会越来越大。1965 年奥尔森在《集体行动的逻辑》一书中，提出了这样的难题，即每个理性的人，基于成本利益考虑，在大型的集体行动和大型组织中，个人往往希望别人付出更多，而自己付出更少，以便在较少投入的情况下，获得最大的收益。而且在以下情况下，集体行动更加不可能。即随着集团人数的增加，个人的收益会越来越少，其参与集体行动所获得的荣誉感、成就感或者收益会相应降低，集体行动不可能；随着人数的增加，组织成员参与、协调以及其中存在的摩擦成本越来越大，意味着成员要付出的代价越来越大，集体行动不可能；同时随着人员的增加，对其实施监督的难度越来越大，因而会出现广泛的“搭便车”行为，集体行动不可能。基于这样的理性人假设，奥尔森认为，除非存在相关机制解决上述问题，否则集体行动发生的可能性很小。[②] 奥尔森提出的解决办法是选择性激励。奥尔森难题也激励后来的学者们不断加入进来思考它的解决之道，并提出了许多有益的解决办法。

1. 选择性激励

奥尔森基于大型集团组织存在的事实，提出了解决集体行动困境的方法，称之为选择性激励。他写道：“除非一个集团中人数很少，或者除非

---

① 曼瑟尔·奥尔森：《集体行动的逻辑》，上海三联书店、上海人民出版社 1996 年版，第 1 页。

② 同上书，第 2 页。

存在强制或其他某些特殊手段以使个人按照他们的共同利益行事，有理性的、寻求自我利益的个人不会采取行动以实现他们共同的或集团的利益。除非在集团成员同意分担实现集团目标所需的成本的情况下给予他们不同于共同或集团利益的独立的激励，或者除非强迫他们这么做，不然的话，如果一个大集团中的成员有理性地寻求使他们的自我利益最大化，他们不会采取行动以增进他们的共同目标或集团目标。”① 概括起来，奥尔森提出以下的解决路径：一是集团组织小型化，这样每个人的成本收益可以清晰计算出来，而且监督以防止“搭便车”也是可以实现的；二是集团组织官僚化，对组织进行结构性改造，以实现权威性控制和管理；三是集团组织激励化，奥尔森提出了诱致性激励和强制性激励的方法，如可以给予工人会员制（以便于招工中优先录用，失业时有所保障；给予金钱、荣誉、权力等方面的激励）或者强制性激励（实行工人纠察队、实施相应的惩罚措施等），以使人们参与集体行动。

2. *认同感激励*

虽然奥尔森从理性人角度，着力于集团组织的建设的角度谈论集体行动的可能性问题，而忽视了人们基于血缘、地域、兴趣或者传统、习惯和信仰而产生的集体认同感在集体行动中的作用。费尔曼和甘姆森认为，“团结感和忠诚感在人们心中一旦形成，就不再会计较个人的一些得失，而愿意为集体做出一定的牺牲，如果社会运动目标在他们心目中价值越大，目标实现后给他们带来的喜悦也就越大。因此，内在认同感激励也是解决搭便车困境途径之一”。②

曼纽尔·卡斯特也同样认识到了集体行动中认同（性别、宗教、民族、种族、地域、社会—生物等方面的认同）的力量。他写道：“在过去的25年里经历了集体认同感强烈表达的漫天烽火。这些集体认同为了捍卫文化的特殊性，为了保证人们对自己的生活和环境加以控制，而对全球化和世界主义提出了挑战……它们包括了各种主动式的、意欲在最根本的层面上转变人类关系的运动，如女权主义和环境主义。它们也包括了一大

① 曼瑟尔·奥尔森：《集体行动的逻辑》，上海三联书店、上海人民出版社1996年版，第2—3页。

② Fireman, and William A. Gamson, “Utilitarian Logic in the Resource Mobilization Perspective”, in Edited by Mayer N. Zald, and John D. McCarthy, the Dynamics of Social Movements, Cambridge, Mass.: Winthrop, 1979, pp. 8 – 44.

批反应性的、意欲构筑堡垒来保卫基础概念的运动，这些基础概念包括神、民族、种族、家庭和地域等。①

3. 长博弈链

阿克塞罗德1984年发表的《合作的进化》中，提到了“搭便车”行为的可能性解决办法，他认为，在博弈链比较短的情况下，人们可能采取逃避责任、“搭便车”的行为，但是在博弈链足够长的情况下，人们往往会走向各类合作性的集体行动。阿克塞罗德借用生物学模型，将其称之为“协同进化”，使得集体行动中的个人产生互利共生关系。② 这种博弈合作模型，在埃莉诺·奥斯特罗姆等人所著的《规则、博弈与公共池塘资源》一书中同样得以体现。为了解决一群参与者如何组织起来合理利用公共池塘资源，以使所有人在面对“搭便车”、规避责任或其他机会主义行为诱惑时仍能取得长期的收益的问题，他们通过多个案例说明公共池塘资源利用过程中，非合作博弈、重复性博弈和多层面的博弈所造成的影响，从而最终强调走向合作共赢的道路。③

4. 社会资本

罗伯特·帕特南在研究意大利30年的民主转型过程中，认为社会资本能够解决集体行为悖论以及由此产生的违背自身利益的投机行为，成功超越这些依赖更为广阔的社会背景和历史背景，在那里，任何一种博弈都能够进行。在一个继承了大量社会资本的共同体内，自愿的合作更容易出现，这些社会资本包括互惠的规范和公民参与的网络，它们能够促进合作行为来提高社会的效率。

社会资本促进了合作，帕特南通过轮流信用社组织的实例说明了这一点，在一个组织中，“搭便车”和投机性行为被强大的规范和密集的互惠性参与网络降到了最低。社会网络使得信任可以传递和扩散：我相信你，是因为我相信她，而她向我保证，她信任你。轮流信用组织表明，集体行动困境，可以通过利用外部的社会资本加以克服，人们“借用原来的社会联系来解决信息不完全和执行方面的问题”。如同常规资本之于一般借贷者，社会资本就像一种担保品在起作用，那些无法进入普通信贷市场的

① 曼纽尔·卡斯特：《认同的力量》，社会科学文献出版社2006年第2版，第2页。

② Axelrod, Robert, M. *The Evolution of Cooperation*, New York: Basic Books, 1984.

③ 埃莉诺·奥斯特罗姆、罗伊·加德纳、詹姆斯·沃克：《规则、博弈与公共池塘资源》，陕西出版集团、陕西人民出版社2011年版。

人也可以得到它。在没有物质财富做担保时，参与者实际上是在用他们的社会联系作保。人们用社会资本来举债，扩展了共同体内的信贷机构，提高了市场的效率。[①]

（二）运动中的组织动员

上述奥尔森难题的解决更多是从组织结构或者静态的方式来探讨的。奥尔森难题的解决还可以依赖动态的方式，即组织动员的方式予以解决。其中主要包括关系网络动员、社会利用和居间联络、框架建构、资源动员等手段。

1. 关系网络动员：强联系和弱联系

社会运动总是在特定区域发生的集体抗议行为。因而促使由地域形成的关系网络对社会运动的作用不言而喻。约翰·阿格鲁认为社会关系和制度的生产和再生产是通过不同的地域单元发生的，行动者的社会属性（即阶级、种族、性别等）在形成一般的政治立场方面是非常重要的，不过，这些属性在政治上有意义，是需要通过地理上的嵌入式交流实现的，这种交流在家庭、工厂、学校、教堂等结点中形成。人们在进行活动的地方造就了既是地理意义上、也是社会意义上的场域感和相应政治立场。场域是广泛的经济和政治过程得以展开的地方（locations），是社会和组织关系发展起来以在微观层面协调回应宏观进程的场所（locale），是在其特定的世界中意义感得以形成的空间想象（place），构成场域的这三个基本要素相互交叠贯穿于每个行动者的日常实践，日常生活的轨迹和规划在场域的三个意义上提供了实际的黏合剂，其中建构产生的关系属性，可以称为“强联系”。[②]

特定的场域提供给集体行动者相应的文化和认知框架，提供给人们一个分类的评估标准：谁是同道，谁是对手，什么值得去战斗[③]，以场域为基础的网络产生了一定的“关系属性”，像信任、忠诚和责任，它们有利于资源动员和紧密团结。古尔德对巴黎公社的实证研究中证实了关系网络

---

① 罗伯特·帕特南：《使民主运转起来》，江西人民出版社 2001 年版，第 195—198 页。

② Agnew，J.，*Place and Politics: the Geographical Mediation of State and Society Allen and Unwin*, Boston MA.，1989，p. 28.

③ Emirbayer，M. and Goodwin，J. “Network Analysis，Culture，and the problem of Agency”，*American Journal of Sociology*，*Vol.* 99，1994，pp. 1154－1411.

对组织维系、抗议动员以及内部团结方面的重要性。巴黎公社期间，国民自卫队的士兵主要有两个来源：一是从巴黎社区中招募而来；二是市民自愿报名。以社区为基础的招募方式使得国民自卫队内部和国民自卫队之间产生了许多以邻里关系为基础的关系网络，提高了国民自卫队战士的凝聚力和战斗力。以国民自卫队为基础的正式网络和以街区邻里关系为基础的非正式网络相结合，构成了网络结构，这个结构在很大程度上决定了各个国民自卫队的战斗能力。①

尼克尔斯在洛杉矶的社会正义运动研究中显示，移民协会、工会、宗教组织和左翼学术协会之间的反复合作在主要行动者之间产生了强烈的信任感，增强了高级别的资源动员能力，有力地推动人们加入并坚持社会运动，即使冒着生命、自由和财产的风险也在所不惜。② 强联系存在于特定的场域之中，它对社会运动至少有以下三个方面的作用："一是以场域为基础的关系能够把社会属性（即阶级、种族、性别等）转化成有意义的政治价值、立场和利益；二是以场域为基础的关系能够提供关系和认知属性，这些属性能够增强集体行动者的凝聚力；三是起源于以场域为基础的关系之上的团结能够使集体行动成为可能，但是它也创造了一种分裂，从而使社会运动的发展受到威胁。"③

近来，也有地理学家开始质疑场域地理观的基础假定。他们认为生活在相同地方的人们也有不同的社会属性、不同历史和地理的维系、不同的动员。居住在相同地方并不一定产生独特的政治立场和团结。常常是这样一种情况，一个人对政治共同体的感觉与其说是由与他/她邻近的居住者的关系塑造的，不如说是他/她和世界上其他地方的人之间的关系塑造的。而且，全球化加速了人口、资源和思想跨越空间的流动，从而使特定地方的关系强化成独特的社会和政治单元越来越难。在一个流动性的世界中，

① Gould Roger V. , "Multiple Networks and Mobilization in the Paris Commune 1871", *American Sociological Review*, Vol. 56, 1991, pp. 716 – 729.

② Nicholls , W, J. "Forging a "New" Organizational Infrastructure for Los Angeles's Progressive Community", *International Journal of Urban and Regional Research*, Vol. 27, 2003, pp. 881 – 896.

③ Nicholls , Walter. , "Place, Networks, Space: Theorising the Geographies of Social Movements", *Journal Compilation Croyal Geographical Society* (*With The Institute of British Geographers*), 2009, pp. 78 – 93.

对特定区域的政治结构关系概念的强调是越来越成问题的。[①] 随着现代科学技术，特别是互联网络、现代手机通信等技术工具的广泛使用，这种邻里关系、血缘关系、朋友关系对社会运动的发生并不是那么特别重要，在全球共时性运动中，“弱联系”相对于“强联系”来说，其重要性倒是尤为明显。

“弱联系”是美国社会学家马克·格兰诺维特于1973年提出的。20世纪60年代晚期，他就麻省牛顿镇的居民如何找工作以反映社会网络的研究中发现，亲密的朋友反倒没有那些平时很少联系或不怎么熟悉的人更有帮助，真正能帮助介绍到工作的，不是朋友，而是陌生人。格兰诺维特指出，在传统社会中，虽然人们接触最频繁的是自己的亲人、同学、朋友、同事这种十分稳定然而传播范围有限的“强联系”现象，但是与此同时，人类社会中还存在某个人可能无意间被人提到或者打开收音机偶然听到的现象，他界定其为“弱联系”。[②]

格兰诺维特在探究一些网络现象时，发现使用弱联系的概念比使用“强联系”的概念更有效。“弱联系”虽然不如“强联系”那样坚固，却有着极快的、可能具有低成本和高效能的传播效率。由于“弱联系”是在群体之间发生的，其分布范围较广，因此它比“强联系”更能充当跨越其社会界限去获得信息和其他资源的桥梁，可以将其他群体的重要信息带给不属于这些群体的某个个体。同时，格兰诺维特提出了测量关系强度的四个维度：互动频率（互动的次数多为强关系，反之为弱关系）、感情力量（感情较深为强关系，反之则为弱关系）、亲密程度（关系密切为强关系，反之则为弱关系）、互惠交换（互惠交换多而广为强关系，反之则为弱关系）。他还提出了一个可行的判断方法，即朋友圈子的重叠（overlap）程度。当两个人没有关系时，他们的朋友圈子重叠程度最小；关系强时，重叠程度最大。[③]

个体间一旦建立起强联系，便意味着其朋友圈子的重叠程度较大，群体内部相似性较高，群体内部个体所了解的事物、事件的相似性较高，因

---

① Amin, A. , Regions Unbound: Towards a New Politics of Place Geographiska Annaler 36B, 2004, pp. 33 - 34.

② Granovetter, Mark, “The Strength of Weak Ties”, *American Journal of Sociology*, Vol. 78, 1973, pp. 1360 - 1380.

③ Ibid. .

此通过“强联系”获得的信息的重复性很高。“弱联系”更多地发生在群体与群体之间，由于“弱联系”的分布范围较广，它比“强联系”更能充当跨越其社会结构与阶层的界限去获得信息和其他资源的桥梁，可以将其他群体的重要信息带给不属于这些群体的某个个体，进而创造出更多的社会流动机会。这就是“弱联系的力量”。①

“弱联系”可以获得更丰富的信息。“强联系”代表着行动者之间关系较亲密，互动较频繁，因而所产生的讯息通常也是重复的，容易自成一个封闭的系统，在组织中“强联系”网络并不是一个可以提供创新机会的管道。而“弱联系”的情况却恰恰相反，作为不同社交人群之间分享信息的重要渠道，加快加强了信息间的交流和传递，那些对某些信息有共同兴趣喜好的用户，通过信息这个媒介联系起来，并逐渐形成一个特定圈子，这样社会化网络就能真正搭建起来。特别是现代通信技术的发展，让原本素不相识、地理距离和社会距离都很遥远的陌生人有了互相结识和交谈的机会，非常适合“弱联系”的建立和增长，对于强化整个社会的信息共享具有非常积极的意义，各种网络的“弱联系”既有利于帮助人们开展网络社交，也为构建各种新的社会联系的网络平台等提供了政策、资金、技术上的支持。

建立在信息基础上的“弱联系”，据有较高的动员能力，因其匿名性、隐蔽性而具有较低的风险，有利于建立广泛的跨国联系，积累更多的社会资源，能够为运动创造一个和谐的氛围。在这种氛围中，人们能够学会一种新的自我尊重，更深入的、更自信的集体认同，公共技巧以及公民美德。如果说传统的社会运动，如工人阶级运动和废奴运动等是“强联系”的结果，那么，随着报纸、小册子、电视、电话以及互联网络等技术手段的创新，使得非正式的、松散联系的社会网络的形成成为可能，在一定程度上实现了跨阶级和团体互相配合的集体行动。

“弱联系”因是建立在信息共享、价值观共识、信仰一致、身份认同以及就利益一致的基础上，由“弱联系”所引发的集体行动和社会运动可以瞬间在不同地方同时发起。从墨西哥的萨帕特运动到备受瞩目的西雅图、丹佛、华盛顿、墨尔本、布拉格、波尔图、魁北克和热那亚等地方发

---

① 大卫·伊斯利、乔恩·克莱因伯格：《网络、群体与市场》，清华大学出版社 2011 年版，第 32 页。

生的事件，都是“弱联系”产生的社会运动，特别是2010年的“占领华尔街”运动，最后蔓延到1000多个城市，几十个国家。“弱联系”使不同区域的相似性运动得以同时举行，形成跨国运动网络。

但是“弱联系”与“强联系”相比较，其寿命更加短暂，抗议成员之间缺乏必要的稳定性，内部更容易出现派系斗争，降低了组织的稳定性和内部团结，从而影响动员能力。其内部的不团结也为竞争对手打败自己提供了有利的条件，组织经常会土崩瓦解。

正是基于“强联系”和“弱联系”优势和劣势的比较，塔罗不无道理地说道：创造一些组织模式，使它们既能足够有力地构造与对手的持续对抗，又能足够灵活地使人们和社会网络互相联系的非正式关系结合起来，共同斗争。最有效的组织形式部分立足于自发的、根植于一定背景中的地方团体，这些团体一般通过联系结构连接在一起，并由正式组织来协调。[①] 这样可以使社会运动得以持续地进行下去。

2. 社会利用和居间联络

查尔斯·蒂利将促发社会运动的要素分为两大部分：一部分是社会运动的基础，即是由一些运动组织、网络、参与者以及累积起来的文化人造品、记忆与传统组成，这些因素有助于社会运动活动的开展。另一部分是社会运动的活动，即是针对当权者的持续挑战。这一挑战行动是以当权者治下民众的名义，借助共同公开展示其价值所在、其团结一致、其人数及其献身于抗争的决心，采用诸如公众集会、示威、请愿及新闻发布之类手段而展开的。[②] 前者涉及社会利用问题，后者涉及到居间联络问题。社会利用就是利用组织性和制度性的基础发动运动，居间联络指的是在此前没有联系的地点间建立起一种新的联系。[③]

组织社会运动需要一些基础性的条件，而在社会运动没有发生之前，社会上总是存在各种各样的物质基础、制度基础和文化基础。社会运动组织者需要充分利用这些基础性条件，来发动社会运动。通过蒂利对波兰1980年团结工会的历史性叙述，我们可以归纳出这样的一些社会利用机制：一是他们充分获得波兰最大的权威机构天主教会的认可，

---

① 西德尼·塔罗：《运动中的力量：社会运动与斗争政治》，凤凰出版传媒集团、译林出版社2005年版，第166页。

② 查尔斯·蒂利：《抗争政治》，凤凰出版传媒集团、译林出版社2010年版，第140页。

③ 同上书，第38、43页。

运动的领袖们不仅和波兰出身的天主教皇之间建立清晰而明确的联系，而且将工人的权利要求与天主教的信条糅合在一起。二是他们充分利用了以罢工为核心的罢工参与者之间的团结网络，特别是一些妇女团体的帮助，使其运动规模不断向周边以及农村扩散。三是他们充分利用了政治机会结构广泛存在的机遇，特别是波兰政府对于他们的活动所采取的镇压手段更为节制的时候，发动社会运动。四是他们还对自身抗争运动的策略进行了相应的调整，即由以前的攻击政府改为“建立公民社会”，减少对抗性，扩大建设性，以获得广泛的支持以及减少不必要的镇压，有利于社会运动发生并得以持续进行。五是团结工会的积极分子利用了工人阶级起义中诸如罢工和占领工厂之类的传统斗争工具，同时他们也发起了诸如游行、示威、宗教性的列队游行以及许多起支持作用的抗争剧目。[①] 充分的社会利用，使得波兰的团结工会运动获得了非常大的成功。

居间联络是指经由某个中介单位在以前互不相连的两个或更多社会地点相互之间关系以及/或它们与其他地点之间关系方面的斡旋，将以前互不相连的两个或更多社会地点连接起来的一种机制。[②] 居间联络可以是个人，也可以是群体和组织，使人与人之间、相关区域之间建立直接联系，以朝着相同的目标行动。居间联络者可能有各种各样的动机，但居间联络确实改变了某一特定政体中相互联系着的许多人，他们能够达成有关他们在该政体内共同命运的定义，居间联络在政治行动者们中间造成了新的界限和联系。居间联络创造出新的集体行动者，特别是当新近建立联系的各地点储藏了互补性的资源时，居间联络便为社会运动创造出各种有利条件。通过罗伯特·贝茨和道格·麦克亚当等人对肯尼亚茅茅运动的研究，可以看到居间联络在其中所发挥的作用。贝茨指出，茅茅运动在地理上呈现出一个“V”字形，其顶端是内罗毕，左翼向北延伸至裂谷省的白人定居者农场地区；右翼是深入到基安布、福特·霍、涅里等区，属于基库尤人的保留地。茅茅运动的地理分布揭示出这是一场基库尤族的抗争运动。基库尤族遭受着殖民统治，其部族体系

---

① 查尔斯·蒂利：《抗争政治》，凤凰出版传媒集团、译林出版社 2010 年版，第 142—148 页。

② 道格·麦克亚当、西德尼·塔罗、查尔斯·蒂利：《斗争的动力》，凤凰出版传媒集团、译林出版社 2006 年版，第 129—130 页。

和生活方式遭受外来的冲击，在占据者土地上遭受到的排斥，促使他们起来反对白人定居者和殖民统治。[①] 弗列迪研究了茅茅运动中存在的三种居间联络者发挥的作用。一是在一条径直的大路将奥伦古鲁昂与莫洛和埃尔布根连接起来的区域，埃尔布根“基库尤中央协会”的激进分子们与奥伦古鲁昂始终存在联系。一大批来自奥伦古鲁昂的好战分子动身去农场，以争取占地者对他们的斗争的支持。“基库尤中央协会”的激进分子们所起的作用，就是将早期在下层民众心中存在或潜伏的运动、革命和抗议的意识重新激活，他们利用传统的起誓方式来强化已有的组织或建立新的组织，并将这些活动带到白人高地等地方。二是那些决意为运动动员提供支持力量的斗争领袖们，也积极致力于把起誓做法与运动的更大目标以及对运动的理解带到白人控制的高地的农场里。弗列迪指出，“奥伦古鲁昂斗争的重要性……并不仅仅是象征性的或者有示范意义的，还在于它对政治组织领域的影响。奥伦古鲁昂的移居者们发动了一个政治动员过程，这一过程则为白人高地的‘茅茅’运动的增长提供了直接的组织推动力”。三是在茅茅运动中，还有一群居间联络者，即是那些巡回流动的商人们，他们每天的日常活动要求他们穿行在他们所在的居留地、内罗毕和白人高地的农场之间，这些商人们所扮演的不仅仅是建立信息联系的中介人的角色，更多的是起到传播者的作用；他们不仅仅是起誓做法的传播者，而且他们本身便是战后土地紧缺的部分写照，他们其实并不是那种可以任意选择从事某种有利可图的生意殷实而富足的商人，而是一些由于缺少土地或在城里没有找到合适职业，只能通过充当农场的临时佃农或者一有机会便在一分为三的基库尤各地从事一些商业活动以勉强度日的边缘人，是他们将基库尤社会结合到了一起，他们是早在茅茅起义发生之前就从事居间联络的中介人。[②] 正是他们的居间联络，将不同地区的人们联络起来，识别遭遇到的剥削和不公，利用传统的起誓和认同，建立起抗争同盟和组织，共同对抗不

---

① 罗伯特·贝茨：《超越市场奇迹：肯尼亚农业发展的政治经济学》，吉林出版集团有限责任公司2009年版，第18页。

② Furedi, Frank, *Olenguruone in Mau Historiography*, Paper Presented at the One - Day Conference on the Mau Rebellion, Institute of Commonwealth Studies, March 29, 1974a, pp. 1 - 3. 参见道格·麦克亚当、西德尼·塔罗、查尔斯·蒂利《斗争的动力》，凤凰出版传媒集团、译林出版社2006年版，第131—134页。

公正的殖民统治和当局。

随着现代科技的发展，特别是互联网络等现代技术的发展，居间联络更加呈现分散化、多元化的特征，因而动员可以于瞬间在全球范围内出现，实现即时性的社会动员以发起社会运动。

3. 框架建构

麦克亚当强调，一个社会运动是政治机会、社会运动组织力量和认知解放三个因素共同作用的结果，如前面图 1—1 所示[①]。

麦克亚当清晰地提醒我们，在情境机制和结构机制之外，还需要注意认知机制对社会运动的影响力。社会运动的发生除了在关系上的动员外，还需要对人的情感上和心理上的动员。伯特·克兰德曼斯在他对集体行动框架概念的综合分析中写道："把社会问题转入集体行动，这不是自动发生的，而是社会行动者、媒体和社会成员共同阐释、定义和重新定义形式的过程。"[②] 在一系列重要文献中，社会学家戴维·斯诺和他的合作者采用了戈夫曼的集体行动的构造概念，认为存在一种特别的认知理解范畴，即集体行动框架，它与社会运动行动的建构意义的过程有关。用斯诺和本福德的话说，集体行动框架是一个通过选择性地突出人们过去和现在所处环境中的某些客体、情境、事件、体验和一系列行动并对其加以编码，从而对"人们面前的那个世界"进行简化和压缩的解释图式。用戈夫曼的话说，框架允许个体"去界定、看待、辨认和标签"发生在他们生活空间内的或整个世界内的事件。[③] 这种集体行动框架对于社会运动的发生具有三项重要的职能：一是标注功能；二是归因功能；三是动员功能。

（1）标注功能。甘姆森认为，人们在现实中所观察和体验到的往往都是碎片化的、不完整的事件和经历，可能各不相同甚至是不协调的，社会运动企业家需要将"现实的碎片进行解码、包装、标记和整理，使它们以某种方式编织在一起，那些原先没有觉察到的，或至少没有明确表述

---

① McAdam, Doug, *Political Process and the Development of Black Insurgency*, 1930 - 1970, Chicago: University of Chicago Press, 1982, p. 51.

② Klandermans, Bert, *The social psychology of protest*, Oxford: Blackwell, 1997, p. 44。

③ Goffman, Erving, *Frame Analysis: An Essay on the Organization of Experience*, Cambridge, Mass.: Harvard University Press, 1974, p. 21.

过的事件和经历，现在富有意义地相互有了关联，给集体行动框架带来新意”①。集体行动框架的标注功能就是在发动社会运动时，通过某些事件或经历来突出强调某种社会状况的严重性和不公正程度，或者把某个原先认为不幸但还可以忍受的社会状况，重新界定为不公正的、不道德的或者不可原谅的。同时指明其前因后果，以及谁应该受到谴责。拉尔夫·特纳特别强调了这种不正义感的标注对于社会运动的作用。他从不幸和不正义感的区分中说明了标注功能的重要性。

任何主要的社会运动必须依赖并促进一些规范的调整。假如社会运动对社会变化有重大意义的话，那么规范性的革新就要采用什么是正当的、什么是不正当的新的意义形式……变化表现出的差异主要体现在把所察觉的问题看作是不幸的还是不正义的。贯穿整个记载历史，人类一直有较强的不幸意识。人类已经建立许多制度性的程序去缓和这种不幸的影响。人们一直承认同情是由于那些人遭受到不幸，也一直有很高的友爱活动去减缓各种类型的不幸。但是不幸不同于不正义。死亡和疾病是不幸的，我们对一个年轻人死于疾病而失去大好前途而深深惋惜，但不会认为它是不正义而唤起愤怒感去反对产生这种不幸的系统。

不幸和不正义的感觉可以通过请求（petition）和要求（demand）之间的差异而得以鉴别。不幸的受害者请求那些有能力帮助的人给予一些援助，而不正义的受害者要求满足他们的诉求。穷人申请救济金正在展示他们的不幸，而穷人在华盛顿大街上游行要求矫正他们状况，这是在表达一种不正义感。另一个暗示这种差异的，就是所说的仁慈和人们有权利期望什么之间的比较。穷人申请救济金吸引那些有钱的好心人为他们做一些事情，那些游行在大街上的人要求实现他们的主张被看作是他们的权利。20世纪30年代的劳工运动回应了亨利·福德的宣称，他被支付比他的竞争者更高的薪水是由已经确立的原则决定的，即合理的有利的薪酬结构是他们的权利而不是因为雇主的慷慨。

一个重要团体成员看到了一些不幸，并把不幸不再看作可以通过仁慈予以保证，而是把它看作是社会上不可忍受的不正义的时候，一个重大的

① Gamson, William, A., “Political Discourse and Collective Action”, in Bert Klandermans, Hanspeter Kriesi, and Sidney Tarrow, *From Structure to Action: Comparing Movement Participation across Cultures. International Social Movement Research*, vol. Greenwich, Conn.: JAI Press, 1988, pp. 219 - 247.

社会运动变为可能；当一群人停止请求其他的好心人帮助去减轻他们的不幸，而是作为权利要求其他人保证矫正他们的状况的时候，一个社会运动才有可能产生。[①]

集体行动框架的另一项标注功能就是确立值得为之献身乃至行动的理想目标，以及为行动而设计的美好蓝图，并说明为之采取行动是值得的、光荣的。从过去的共产主义运动到当今的新社会运动，如环境保护运动、和平运动以及追求公民权运动等，都可以看作是为了某一理想而采取集体行动的意义所在。

（2）归因功能。戴维·斯诺和罗伯特·本福德认为，集体行动框架的归因功能可以通过诊断式的（diagnositic）和预见式的（prognoctic）归因达致。在诊断式归因的例子中，主要说明一种社会状况的原因，如关于贫穷的诊断中，是劳动者自身的原因所致，还是自然气候的原因所致，还是社会剥削所致，通过这种贫穷状况的诊断，意味着人们谴责对象的不同，标志着人们会有不同的心理预期和行动可能。当格尔诊断出一种社会状况存在相对剥夺感时，人们往往会起来造反。在预见式归因的场合中，如列宁式的问题（即“怎么办”）是这样得以阐明的，即提出改善问题的一般行动思路，并提出实施该行动的责任分配方案。戴维·斯诺和本福德总结两种归因的差异时写道：“诊断式归因所关注的是问题的认定，而预见式归因则提出了解决问题的办法。”[②]

在这两种归因之外，道格·麦克亚当等人提出了第三种归因，即机遇归因，这种归因表明采取行动的可能性问题。“机遇和威胁”并不一定被视为客观的结构因素，可以把它们看成受制于归因的因素。无论机遇如何具有客观上的开放性，它也绝不会引发动员，除非它对潜在挑战者而言是可见的，以及被认识到是一种机遇。对于经典模式重视不够的威胁也应作如是观。尽管镇压的威胁较之参与行动的机遇更为明显，但还是出现了无数的运动，这是因为运动的参与者既不能看出威胁，也拒绝承认威胁为事实。机遇和威胁的归因是一种驱动机制，它成为以前无动于衷的人们被动

---

① Ralph H. Turner, “The Theme of Contemporary Social Movements”, *The British Journal of Sociology*, Vol. 20, No. 4, Dec., 1969, pp. 390 – 405.

② 艾尔东·莫里斯、卡洛尔·麦克拉吉·缪勒：《社会运动理论的前沿领域》，北京大学出版社 2002 年版，第 157 页。

员起来的部分原因。[①]

在关于黑人公民权运动中，蒙哥马利市的罗莎·帕克斯事件不再被看作是一个孤立的事件，黑人种族运动领袖们不仅将其归因于实行种族隔离主义的不正义，而且将其归因于对蒙哥马利市当权者施压的一种机遇。这种机遇既可以展示黑人居民潜在的影响力和动员能力，同时可以利用当时开放的政治机会结构（如杜鲁门总统任命了一个民权委员会，调查“国内现行民权改善办法，并且为那些已暴露出来的缺陷提供合适的立法补救措施”）实现黑人公民权运动的目标。从某种意义上来说，抵制乘坐公共汽车行动并非运动的开端，而是作为一场全国性冲突中的逾越界限的局部事件出现的，这种全国性冲突发生在蒙哥马利事件之前多年，并且包括了行动者对威胁和机遇的互动性归因在内。[②]

（3）动员功能。集体行动框架除了标注功能和归因功能外，还使得运动积极分子能够把相当广泛的一系列事件和经历连接和联合起来，以相对统一和有意义的方式团结在一起，以动员民众参与到社会运动中来。在框架建构过程中，其动员功能表现为情感激发、框架联合和认同感建构或者三者的综合。

情感动员表现为法国革命心理学家古斯塔夫·勒庞与甘姆森等人所谓的“情绪性激发”和“盲目性追随”。古斯塔夫·勒庞将社会群体分为领袖和乌合之众。领袖的主要作用就在于激发民众心中的情感之火，追随领导者去从事伟大的事业。正如在绪论中所言的，领导者通过重复法、断言法和传染法去激发民众的激情之火，以使他们无意识地追随自己。在这种情况下，民众不再独立思考，而呈现一种狂热性的和盲目性的追随与服从，表现出安东尼·吉登斯所谓的“退化性认同”[③]，退化性认同表现为独立人格的退化。对领袖的狂热追随，对各项安排的盲目服从以及对外群体的强烈排斥，以使自己无意识地参与到革命和社会运动中来。

甘姆森认为动员群众参与社会运动必须利用民众的情感心理，只有激发他们心中的冤屈、不满和愤怒，才能发动人们参与社会运动。大多数斗

① 道格·麦克亚当、西德尼·塔罗、查尔斯·蒂利：《斗争的动力》，凤凰出版传媒集团、译林出版社2006年版，第55页。

② 同上书，第58—59页。

③ 安东尼·吉登斯：《民族—国家与暴力》，生活·读书·新知三联书店1998年版，第356页。

争构造“工作”是可以感知的，它能够识别不满，并在与其他不满相对照的情况下，将其转化为更广泛的要求。社会运动的框架构造工作如果不利用或创造情感的力量，就不可能完成把要求变成行动的重要转化。甘姆森写道，“社会运动的焦点是造成满腔怒火和坚定意志的义愤”。但是，往往很难让胆怯的人们相信：他们的日常生活中所受的并非命中注定，他们可以将其归结为某种原因，而且他们可以采取集体行动改变这种状况。“可察觉的不平等会激起不同的情绪——愤世嫉俗、茫然的嘲弄和屈从。”① 斗争建构过程就在于确定一个敌人，寻找潜在的支持者获取行动的力量。“如果个人对正在发生的事情私下采取不同的解释，那么斗争力量就嫌不足。潜在的挑战者必须公开分享一种不公正框架以使之被集体利用。”②

情感支点虽然可以动员参与的力量，斗争的过程中必须尽可能通过各种方式激发民众的情感支点，但是由于情感的即时性、随意性，往往使得社会运动等集体行动并不能持续下去。与之相比，热爱、忠诚和尊敬显然更有动员力。戴难·斯诺等人提出了“框架联合”策略以及梅卢西提出了“认同感建构”来解决动员的持久性问题，以留住老成员和吸引新成员，其中包括各种各样的选择性激励，解决“搭便车”和逃避责任问题。

框架之所以能够动员其民众参与社会运动，一方面是因为能够产生框架共鸣，另一方面是注重了框架联合的动员策略。戴维·斯诺和本福德认为框架共鸣的动员反响在于框架塑造在心理上实现如下的契合的程度，即经验上的可信度（empirical credibility）、经历上的可测量度（experiential commensurability）以及观念上的重要性（ideational centrality）或叙事的可靠性（narrative fidelity）。③ 而框架联合的动员策略，他们则提出了主框架和四种联合形式。主框架指的是一定时空中形成并有重要影响的主流观点，成为引导人们行动的主导范式；框

① Gamson, William, "*The Social Psychology of Collective Action*", in Aldon D. Morris and Carol McClurg Mueller, eds., *Frontiers in Social Movement Theory*, New Haven: Yale University Press, 1992a, p. 32.

② Ibid., p. 73.

③ 艾尔东·莫里斯、卡洛尔·麦克拉吉·缪勒：《社会运动理论的前沿领域》，北京大学出版社 2002 年版，第 161 页。

架联合指的是把若干具有相近的思想观念、价值目标通过一定的方式联合起来。框架沟通（frame bridge），指两个或两个以上在意识形态上等同而在结构上不相连、有关某一特定问题或事项的框架联结；框架放大（frame amplification），指对一个与特定问题相关的解释框架的详细阐述和补充说明；框架扩展（frame extension），试图把自己的目标与活动描绘成是和潜在的支持者的价值观和利益相一致，来扩展其支持者的后备力量；框架转型（frame transformation），有必要“培育新的价值观并使它得到滋养，有的意义和理解被抛弃掉，而错误的信仰或误构必须得到重新架构”①。赵鼎新在其基础上提出了第五种框架联合方式，即框架借用，在自己思想观点不成熟或不具有吸引力的情况下，借用其他的思想资源作为自己行动和动员的依据。② 这五种策略可能并不是互相排斥的，不过是在一个粗略的刻度盘上取得的不同读数，通过它们，能够识别抗争的原因、诊断抗争的目标，实现框架共鸣以团结起来进行社会运动。

梅卢西认为社会运动动员的持久性主要动力在于认同感建构，它是社会运动的最核心的任务，涉入社会运动或集体行动中的“我们”得到了阐明并被赋予了意义。认同感的成功与否成为社会运动成功与否的关键所在。一个社会运动的集体认同感是用于表明立场的一种速记标识：它是一组态度、承诺和行为规则，暗示着我们是谁，为了什么而行动。集体认同感就是对自己的身份、地位和价值观的公开宣称。在梅卢西眼里，社会运动本身就是社会建构，是行动者相互沟通、协商和制定决策的过程，是归属感建构过程，是对新的群体理解力、自我概念和新的开放方式以及新的文化类别的提倡。这种认同感建构不仅包括了政治意识和关系网络，而且也包括了运动的“目标、手段和行动环境”。认同感建构是政治文化的“浸没了的网络”，这些网络是和日常生活相互交织在一起的，提供了向占统治地位的表征发起挑战的、新的认同感的

① Snow David A. , E. Burke Rochford Jr. , Steven K. Worden, and Robert D. Benford. , “Frame Alignment Processes, Micromobilization, and Movement Participation”, *American Sociological Review*, *Vol.* 51, 1986, *pp.* 467 - 473；也可参见赵鼎新《社会和政治运动讲义》（第211—213页）和艾尔东·莫里斯、卡洛尔·麦克拉吉·缪勒《社会运动理论的前沿领域》(214—216)。

② 赵鼎新：《社会与政治运动讲义》，社会科学文献出版社2006年版，第214页。

表达方式。[①] 查尔斯·蒂利认为，认同感主要有以下四个构成要素：(1) 将我与你或我们与他们区分开来的界限；(2) 界线之内的一系列关系；(3) 超出界限的一系列关系；(4) 关于此种界限以及界限内外诸多关系的共同理解。[②]

认同感一旦被建构起来，在群体内部充满友爱和关怀，在对抗的群体之间产生愤怒、不满和仇恨。社会阶级、族群团体、宗教信仰、邻里组织与其他类似群体之间的界限已然存在，认同感建构典型地激活了这些界限，同时努力钝化其他一些可能一直与抗争参与者相关的界限。萨帕塔起义便是激活了广泛的土著认同界限的同时，钝化了那些不安地共处于恰帕斯省内的不同族群间的界限，这些界限激活随即又令族群性开始发挥作用，并将性别、居住地点、阶级、职业之类的种种区别推到了背景的位置上，致使族群之间的冲突几乎肯定会接踵而至。[③]

社会学家阿里·霍切斯希尔德强调，认同感建构是在特定的群体中形成"情感文化"[④] (Hochschild, 1990)，许多社会运动就是建立在故意培养的仇恨和愤怒的基础上。宗教是其中最重要的情感认同，如北爱尔兰天主教徒和新教徒之间长期而折磨人的斗争，只能被看作是故意在煽动仇恨，否则很难理解；波斯尼亚地区的塞尔维亚人故意糟蹋穆斯林妇女，其目的不仅是要让他们自己的士兵变得麻木不仁，还要侮辱他们的受害者。[⑤] 西德尼·塔罗正确地指出，旨在动员群众在斗争背景下摆脱顺从和采取行动的那些框架和情感就是建立集体行动文化的基础。为了在包括国家、社会对立者、好战分子和目标群体在内的所有平行社会行动者中操纵自如，运动领导者从文化宝库中选取的符号将与有行动导

---

① Melucci, Alberto, *Nomads of the Present: Social Movements and Individual Needs in Contemporary Society*, Philadephia: Temple University Press, 1989, p. 35.

② 查尔斯·蒂利、西德尼·塔罗：《抗争政治》，凤凰出版传媒集团、译林出版社 2010 年版，第 98—99 页。

③ 同上书，第 100 页。

④ Hochschild, Arlie, "Ideology and Emotion Management: A Perspective and Path for Future Research", in Theodore D. Kempet, ed., *Research Agendas in the Sociology of Emotions*, Albany: State University of New York Press, 1990, pp. 117 - 132.

⑤ Eisentein, Zillah, *Hatreds: Racialized and Sexualized Conflicts in the 21st Century*, New York: Routledge, 1996, p. 167.

向的信仰结合。最重要的是，为了把消极顺从转为积极行动，集体行动文化被赋予了一种情感的效价。[①]

任何社会运动的框架建构往往包含了情感、认知和文化信念的综合，它们往往相互交织起来，推动社会运动的兴起，历史文化的积淀需要不断地被激活，而情感的不断激发也是社会运动的一个必要的组成部分，否则社会运动将被逆转或消解。

4. 资源动员

麦卡锡和扎尔德富有洞见地发现，社会运动的发起不仅仅是心理或者人的因素，还需要注意社会运动的资源动员。但是麦卡锡和扎尔德更多是从社会运动的新范式的角度来提出和解释资源动员，他们突出了资源动员理论与传统社会运动研究的分野，并解释了新的社会运动研究的支持基础，即社会运动是理性参与者的组织行动，提出社会运动所采取的战略战术，包括精英动员支持者、科层化组织的建设以及对外部资源的充分利用（通信传媒、社会关系网络以及金钱、时间和专业化的分配等）。[②] 但是他们对于社会运动的资源大多情况下做了模糊的处理。弗里曼是最早对运动中资源进行分类的学者之一。他把运动资源分为有形资源和无形资源，前者包括金钱、空间以及宣传的手段等，后者又可分为专业性资源和非专业性资源。专业性资源涉及技能、特有的关系以及接近决策者的渠道等，非专业性资源包括时间和奉献精神等。[③] 后来，爱德华兹和麦卡锡在总结前人的基础上，把运动资源进行了非常细致的分类，具体包括：（1）道义资源，即外界对运动的声援和支持，包括运动的合法性认同、团结和同情性支持。（2）文化资源，一些传播社会运动的文化技能、产品、概念和专门的知识等，如新闻发布会、宣传小册子、召集会议等。（3）社会组织资源，包括基础设施、组织创建和关系网络的形成等。（4）人力资源，包括人力、技术经验和领导能

① 西德尼·塔罗：《运动中的力量：社会运动与斗争政治》，凤凰出版传媒集团、译林出版社 2005 年版，第 151 页。

② McCarthy, John D. and Mayer N. Zald, "Resource Mobilization and Social Movements: A Partial Theory", *American Journal of Sociology*, Vol. 82, 1977, pp. 1216 - 1217.

③ Freeman, Jo., *The Politics of Women's Liberation: A Case Study of an Emerging Social Movement and Its Relation to the Policy Process*, New York; London: Longman, 1879, pp. 170 - 174.

力等。(5) 物质资源，包括资金、物质资本等。[①] 这些都是组织社会运动所必需的资源，需要动员筹划以及合理的配置，才能对社会运动的发生和进展提供促进作用。

帕米拉·E. 奥利弗和吉拉尔德·马维尔对社会运动中的资源动员的技术性差异对社会运动的影响进行了实证性研究。[②] 奥利弗和马维尔区分了社会运动中的积极分子（愿意为某一问题花费自己时间和金钱，同时需要去动员更多的资源、维持资源做出重大努力的人）和非积极分子（从不发动行动，只是对积极分子所创造的机遇的反应，对贡献自己的力量持有不确定性立场的人），这意味着在资源动员时需要相应的生产技术（如何实现诸如游说、示威、罢工或参加公开举行的听证会等的一整套方法和技术）和动员技术（如何积累生产技术所需的资源如时间和金钱的方法和技术）等。奥利弗和马维尔特别对动员时间和金钱的技术进行了许多归纳。动员金钱的专业化技术，涉及寻求大型捐助者的资助、寻求津贴和合约、直接邮寄劝捐和电话推销等，包括从职工工资中直接扣除捐款、宗教式的筹款仪式以及在电话劝捐中使用900热线之类的方法等；还有就是使用志愿者劳动力的技术，包括开办集市、出售旧衣服和烤面包、举行冷餐会、洗车、长途步行、抽奖义卖、分发广告宣传册以及出售各种物件以收取佣金等丰富多彩的形式。在动员时间上，奥利弗和马维尔强调了通过“强联系”、联合式动员，包括亲自接触、磋商、媒体宣传、消息发布等。奥利弗和马维尔强调了动员技术在资源筹集中的重要性，从某种意义上，专业化的资源动员已经取代了以前的自发的草根式动员，虽然草根式动员依然重要。只有更多的资源被动员起来投入到社会运动中来，才能更好地策划和组织社会运动。资源动员除了专业化技术的影响之外，冯仕政在总结爱德华兹和麦卡锡的研究成果时提到，在资源动员和配置方面还需注意其空间、时间和社会的差异对社会运动的影响，注意资源在各种社会分配中的竞争，以努力获取更多的支持社会运动的资源。[③]

---

① Edwards, Bob and John D. McCarthy, “Resources and Social Movements Mobilization”, pp. 116 – 152, *D. A. Snow, S. A. Soule, and H. kriesi. Malden, in The Blackwell Companion to Social Movements*, MA: Blachwell Pub, 2004, pp. 125 – 128.

② 艾尔东·莫里斯、卡洛尔·麦克拉吉·缪勒：《社会运动理论的前沿领域》，北京大学出版社2002年版，第288—313页。

③ 冯仕政：《西方社会运动理论研究》，中国人民大学出版社2013年版，第110—113页。

四 媒介适用：媒介革命和内容选择性渲染

从18世纪晚期以来，社会运动开始成为一种抗争形式的主流形态，从某种意义上也与媒介化革命有着密切的关联。著名的传播学鼻祖马歇尔·麦克卢汉写道："媒介即讯息，因为对人的组合与行为的尺度和形态，媒介正是发挥着塑造和控制的作用。"[①] 一定意义上与其说社会是被人们交流的内容所塑造，不如说是被人们用以交流的媒介所塑造。其中主要的传播媒介的革命性变化包括报纸、杂志、广播、电视、电话和互联网络等媒介的产生，使得社会运动的组织形式能够普及到广泛的民众中，实现了社会运动组织的及时性联络、沟通和组织，有利于社会运动的发生。

（一）媒介革命

传统的传播媒介在于口耳相传，受限于语言以及历史习惯，因而抗争形式更多局限在特定的区域内，其影响乃至规模效应都非常有限。虽然15世纪已出现书籍的印刷出版，但是受限于读者的识字率与购买成本，书籍印刷的普及率非常低，影响乃至动员民众也非常有限。民众能读到的出版物在商业化、文化普及和印刷品价格下降之后才出现，而它们一旦出现，就使大众化报纸、油印歌本和小册子，在同样的纸页上，不仅传播统治者和贵族的形象，还传播资本家、平民、技工、商人、城市居民和乡村名人的形象。这可以在托克维尔论述法国大革命中以及E. P. 汤普森描述英国工人阶级形成中发现，出版物在其中发挥的影响力。新教运动也是从不同的人群开始能够阅读圣经，并对之形成不同的解读中产生出来的。从书籍等出版物的影响力开始，禁书、禁止出版物、审查出版社以及焚书成为阻碍社会运动以及各种抗争形式的主要举措，可以从反面看出报刊、书籍对社会运动的作用。

广播电台的产生更是突破了在沟通交流上的许多障碍，特别是识字率以及空间距离的限制，将人们从视觉依赖转向听觉依赖，仅仅需要对语言的理解。广播可以对着你的耳朵轻语，因此，当广播在20世纪20、30年

---

① 马歇尔·麦克卢汉：《理解媒介：论人的延伸》，凤凰传媒出版集团、译林出版社2011年版，第19页。

代开始普及后，很快成为被社会运动利用的有力工具。如美国的高福灵教父在 1931 年创办了自己的电台，宣传各种保守主义和民粹主义主张，利用电台的收益和各种捐款组织了若干个反共、反犹太人和反资本主义的社会运动和工会组织。新兴的电台成了社会运动的中坚。[①]

电视的出现，不仅是听觉上，而且融合了视觉效果，使得空间地点失去了意义，它融合了报纸、电台和书籍等多方面的优势，同时也克服了其他媒介的诸多障碍（如在书写文化下，不同类型的读者很容易被分割以及受限于文化素质等），将图像、声音以及雅俗共赏的特征融为一体，男女老少皆宜，扩大了影响规模，使之成为影响社会运动的主要力量。马克·科兰斯基认为，电视刚开始普及时，在两个方面彻底改变了广播新闻：一是录像带；二是卫星直播。同时主持人如果带有选择性的和富有煽动性的间接的话语，往往就可以影响民众对某个事件的看法，甚至采取行动来捍卫一种观点。当电视画面播放出白人殴打黑人的镜头的时候，当黑豹乐队和披头士音乐在电视上呈现的时候，当《克朗凯特秀》报道美国越南战争中巨大谎言以及 87 岁的珍妮特·兰金带领 5000 名身着黑衫的妇女边走边唱抗议越战的时候，它对于民众反抗种族歧视以及反越战运动具有巨大的影响力。[②]

互联网络的异军突起，使人类的交往范围大大拓宽，交往方式发生了革命性的变化。网络交往代替了先前狭隘的地域性、个体性的交往，使世界呈现共时性的、普遍的群体性交往。通过网络的网状扩散结构，人们可以在任何时间、任何地点就任何问题与任何对象进行互动式交流，公众能够根据自己的需要主动搜寻、衡量或者制造信息，不再被动等待他者提供信息。网络时代交往的自主性、独立性、随意性、即时性与共时性，使它突破了传统媒体的治理框架，对现实生活、社会决策以及政治稳定产生很大的影响。信息网络时代，网民一般是由分化而类聚的，很容易形成群体内部同质、群体之间异质的特性。互联网板块通常以“协同过滤”（collaborative filtering）方式设计，即通过信息筛选和过滤为网民提供同类信息搜集和网址链接。过滤、筛选后的信息具有一定的同质性，网站又倾向

① 赵鼎新：《社会与政治运动讲义》，社会科学文献出版社 2006 年版，第 269—270 页。

② 马克·科兰斯基：《1968：撞击世界的年代》，生活·读书·新知三联书店 2010 年版，第 41—60 页。

于链接与自己志同道合的网站，这样网民不可避免地进入与自己观点相同或相近的网站，使网民难免处在一个或几个高度同质的团体当中。互联网虽然造就了以共同兴趣和偏好为基础的虚拟交流，但由于信息不对称以及从众心理，网民将自己的理性交付给论坛管理者和论坛“意见领袖”，形成同质网站的“金字塔”结构：居于塔顶的是少数能够提出实质性意见的“舆论领袖”；位居塔身的是一些积极顶帖、灌水的中坚力量；而处于塔底的是散乱点击的大多数网民，他们很容易受到上面的影响。网络中的群体偏向与无责任意识，成为众多网友的黏合剂，促成高度同质的团体生成。这种同质性的网站特征，打破了以地域为特征的现实交流模式，其中不同意见经过相互间的协商与碰撞，可能避免群体内信息高度的一致，因为现实中的双方都不可能窄化或过滤对方所发出的信息而完全趋于同质。①

网民单一化的信息接受自然会强化他们自己原有的观点从而走向极端，使得网络群体“将无可避免地导致群体极化”②，主要指群体在进行决策时，往往会比个人决策更倾向于冒险或保守，向某一个极端偏斜，从而背离最佳决策。其后，法国学者塞奇·莫斯科维奇在其著作《群氓的时代》里深刻地研究了群体极化现象。他认为，当个人聚集到一起时，一个群体就诞生了。他们混杂、融合、聚变，获得一种公有的、窒息自我的本能。他们屈从于集体的意志，而他们自己的意志则默默无闻。③

传播媒介的变化，使得信息流动的速度、灵活性和范围大大地扩展，极大地改变了社区、社会和人际关系，促进了全球的互动，加强了邻里之间的关系，大大增强了社会运动的动员能力，从墨西哥的萨帕塔运动到西雅图运动，以及后来经历的世界范围内的布拉格、魁北克、热那亚以及“占领华尔街”运动等，都可以看到传播媒介在其中所起的革命性作用，它们对反自由贸易、民族独立运动以及追求全球正义运动提供了诸多便利条件。

媒介除了自身对于人们生活方式和行为方式的影响外，其对于社会运

---

① 张孝廷、赵宬斐：《网络集群效应下的执政风险及其规避》，《宁夏大学学报（人文社会科学版）》2012年第4期。

② 凯斯·桑斯坦：《网络共和国：网络社会中的民主问题》，上海人民出版社2003年版，第49页。

③ 塞奇·莫斯科维奇：《群氓的时代》，江苏人民出版社2003年版，第18—19页。

动的影响，无论是促进还是阻碍，主要来自于其宣传内容的选择性渲染。

（二）内容的选择性渲染

托德·吉特林写道："媒介对于社会经济的关注以及传播事件和报道新闻的时效及功能，使得社会运动在试图改变既有社会秩序，同时日新月异……在一个日益模糊与不确定的世界里，人们越来越依赖于大众媒介在寻找并试图发现自我。……在生存世界的裂缝中，为了获取概念、英雄人物的形象、信息、情感诉求、公共价值的认同以及通常的符号、甚至语言，人们发现自己已经越来越依赖于大众媒介。"① 托德·吉特林针对新左派运动兴起和衰亡的研究过程中，媒介所起的作用，使我们发现媒介报道内容的选择性完全可以左右社会运动的走势。

就媒体自身而言，第一，报道内容的选择性渲染首要考虑的是组织利益。组织的生存意味着他们在某些情况下可能依赖于政府当局。由于政府当局的权威性以及获取信息的即时性等因素，新闻媒体为了节约报道的成本，往往会从政府那里直接获取新闻信息。在某些情况下可以倾向于客户，并在客户群之间建立持久的联系，当涉及某些客户的利益时，如大型赞助商的利益时，他们往往会对此事件进行报道。第二，媒体报道的新闻需要在吸引力、新闻性、真实性与价值倾向性之间进行"平衡"。新闻并非"事实就是如此"，而是现实的一种反映，一种没有停止的反映。新闻业并不是"单纯反映现实的一面镜子"。至少它是建构现实不可缺少的一部分，并进入了我们的思考——我们是谁，我们又在做什么。② 第三，媒体的选择性报道还与新闻从业人员的教育、培训、成长有关，与新闻操作的流程有关。新闻从业人员所有的培训、教育、奖励和提升等，使他们明确地形成了这种对新闻的界定的方式——事件是具有新闻价值的。任何时刻必须确保新闻的客观性。当记者们从编辑和条文中领悟了新闻价值的含义时，或者接受了官方的分析模式甚至采取相反的态度时，他们能按照惯例自动地对新闻内容加以编辑。新闻操作的媒介框架是认知、解释和表达的连贯模式，是筛选、强调和排除新闻报道的过程，同时也是事件操纵者组织言论的过程，不管这种言论是动态的还是视觉的。媒介框架保证记者

① 托德·吉特林：《新左派运动的媒介镜像》，华夏出版社 2007 年版，导言，第 9 页。

② 同上书，序言，第 4、7 页。

们能快速、常规地处理大量的信息：对信息进行识别；纳入认知类别，然后进行包装，更有效地呈现给大众。[①] 第四，新闻的选择性报道还与政府当局的核心利益程度以及政治机会结构的开放与封闭有关。当政治精英们达成一致时（比如 1990 年的沙漠风暴和 2001 年的反恐行动），媒体便会百依百顺。而当这些政治精英们存在分歧时，媒体又显得阳奉阴违，不是提出尖锐的问题……当媒体发现政府失去或正在失去合法性的时候，它便会摆出咄咄逼人的攻势（如 1986 年的伊朗门事件）。[②]

就社会运动组织而言，媒体的选择性渲染第一是要保持事件的新闻效应。这是一个难题，因为新闻的新颖性往往会很快过去，社会运动必须努力寻求新闻的价值以及努力吸引人的眼球。我们常常可以看到领导人不断提出各种符号性语言来激励或者吸引媒体注意，如“黑人力量”，举行大型演唱会、穿着各种耀眼的或者带有标志性的服饰举行游行示威等。第二，社会运动组织者还必须设法让媒体选择性报道对他们有利的部分。[③] 社会运动者必须理解新闻报道的这些特征，而寻求特定的横截面让媒体报道。如马丁·路德·金为了吸引媒体的注意力，他注意到《生活》杂志的摄影师弗利普·舒尔克放下相机去帮助一个遭警察殴打的人。之后，金设法找到了他，对他说他们不需要他救助示威者，而是拍摄他们。金说，“你的角色是摄下我们所遭遇的事情”。[④] 反之，如果媒体对此进行忽视、或者进行扭曲性报道时，往往会影响社会运动。如 1978 年 5 月，在科罗拉多的洛基弗拉茨工厂发起了一系列示威，示威主要反对一家为美国氢弹生产环触发器的工厂。随后，一位反对核武器的人士获准释放。他打电话给《纽约时报》华盛顿总部的一个编辑，询问该报是否报道过在示威中部分工人遭到拘禁的事情。该编辑对此予以否认，而且补充说：“美国厌倦了抗议，美国厌倦了丹尼尔·埃尔斯伯格。”就这样，蒙蔽大众终于无法避免；编辑或执行审查人员将他们的篡改合理化，并谦逊诡秘地将其奉献给愚昧而又趋于同质的受众。[⑤]

① 托德·吉特林：《新左派运动的媒介镜像》，华夏出版社 2007 年版，导言，第 14、17 页。

② 同上书，序言，第 6—7 页。

③ 同上书，导言，第 14 页。

④ 马克·科兰斯基：《1968：撞击世界的年代》，生活·读书·新知三联书店 2010 年版，第 39—40 页。

⑤ 托德·吉特林：《新左派运动的媒介镜像》，华夏出版社 2007 年版，导言，第 12 页。

托德·吉特林分析了新左派运动在媒介镜像中的不同形象，说明了新左派学生运动的兴衰变化，虽然并不完全是媒介塑造的结果，但是媒介镜像肯定起到了至关重要的作用。当学生运动被视为进步力量或者是对社会弊端进行改革的促进性力量出现在媒体面前的时候，吸引了越来越多媒体的报道，动员了更多人参与进来，使社会运动的规模不断扩大，影响力不断增强。但是当媒体越来越趋向保守时，对学生争取民主社会组织进行越来越多的负面报道时，如将他们称之为迷惘的一代，是天真烂漫的一代，不过是昙花一现的时尚时，甚至将新左派内部各种吸毒、淫乱以及内部混乱和分裂不断付诸报端以及媒体镜头前时，社会运动的力量将因此而受到削弱。大众媒介就是通过对信息的筛选和删除、强调以及运用语调等所有的处理方式来实现自己的作用和影响。

五　总结

多娜泰拉·德拉波尔塔在研究意大利和德国社会运动组织抗争过程中，认为社会运动走向激进化或发生根本性转向，有以下两个方面的影响：一方面，领导者寻求能够让组织生存下来的方案；另一方面，领导者的决策总是目光短浅：他们制造了短期“利益”，但却为在长期中（并不非常长）的组织崩溃铺平了道路。而且，一些社会运动看起来陷入了自己选择的歧路中。激进化帮助一些组织在更有暴力倾向的环境中变得更具有竞争力，但也制造出具有致命后果的事态升级的急剧增长。尽管进入地下状态的决策减小了被捕的风险，但它减少了行动的机会。这个决策一旦做出，就会使团体成为一个封闭体系，只留下很少的外部联系，而且地下团体的成员很少有机会退出。[①] 从一个角度说明社会运动的走向，与领导者之间的团结与否密切相关，同时也与他们对现有组织利用、媒体利用和动员能力密切相关。当现有组织成为领导者动员活动的阻力时，组织满足了人民对各种诉求的情况下，它往往是社会运动的灭火剂；反之，当组织成为社会运动的主要场所时，它现有的财力、人力等都可能成为社会运动的助燃剂。领导者的动员能力一方面需要解决奥尔森难题，另一方面还要

① 多娜泰拉·德拉波尔塔：《社会运动、政治暴力和国家：对意大利和德国的比较分析》，上海世纪出版集团2012年版，第134页。

充分考虑人们各种关系的联系情况，而选择不同的动员策略。这些策略包括框架建构、情感共鸣和各种认同的创造，另外还包括利用媒体来进行必要的选择性渲染，以动员民众参与社会运动。但是在动员过程中，往往会遭遇国家的逆向动员，这种逆向动员从某种意义上会阻碍社会运动的发生。还有一种可能的情况是，国家往往鼓励社会上的反对某个社会运动的逆向运动，而这种逆向运动不能表示社会运动发生的减少，反而是一种变相对社会运动的利用而鼓励了社会运动的发生。

当国家对社会运动采取策略性行动时，社会运动往往也会采取反制或创新手法以应对国家，从而在互动中，使社会运动发生很大的变化，甚至出现抗争周期的演化现象。这将是下一章所要介绍的内容。

第六章　社会运动发生的互动机制

托克维尔写道："在统治人类社会的法则中，有一条最清晰的法则，如果人们想保持其文明或希望变得文明的话，那么，他们必须提高并改善处理相互关系的艺术，而这种提高和改善的速度必须和提高地位平等的速度相同。"[①] 18 世纪以来，社会和经济变革——城市化、扫盲和教育的提高，工业化、大众媒介的推广——扩大了政治平等意识，提高了政治要求，拓宽了政治参与面。当社会动员与政治参与的扩大日新月异，而政治上的组织化和制度化却步履蹒跚的时候，即追求政治平等以及政治参与速度远远超过了"处理相互关系的艺术"的发展速度的时候，各种冲突和不稳定性将会产生。结果，必然发生政治动荡和骚乱。

抗争政治作为公民群体向国家表达诉求的一种方式，这种诉求目标对政治当局的影响所招致政治回应的强度和方式也会不同，表现在互动关系中相互制约、冲突和调整的过程。社会运动从某种意义上说，就是这种互动中所表现出来的崭新的抗争形式。具体来说，社会运动的发生及其影响力与其追求的政策目标、采取的手段以及政府当局的回应措施密切相关。

一　运动类型及招致的回应

社会运动不完全是对情境变迁的被动式反应，也不完全是对自身目标追求的主动式行动，它可能是对政府当局各项措施的被动的、主动式回应，同样，政府当局也会就社会运动做出主动或被动的回应，从而影响着社会运动的发生以及各种可能的走向。任何政府当局并不完全对社会运动采取一概否定的、镇压的方式，而是选择性地予以镇压，针对不同的社会

---

① Alexis de Tocqueville, *1955*. Democracy in America, ed. Phillips Bradley, New York, Knopf, 2, 1955, p. 118.

运动类型采取不同的处理方式，往往从不同的方面影响着社会运动，杜温达克和朱格尼借用库普曼斯的社会运动类型学划分、艾辛格的政治机会结构概念以及利用杜温达克自己所创立的政策领域的高外形、低外形概念，实证研究了社会运动在与政府当局互动中所受到的影响。以下内容将根据杜温达克等人的实证研究展开分析。①

库普曼斯根据社会运动行动逻辑（身份的/工具的）和它的一般倾向（内在的/外在的），将社会运动分为工具性社会运动、亚文化社会运动和反文化社会运动。如图6—1所示。库普曼斯认为，亚文化运动首先是针对集团内部相互作用中构成和产生的身份的运动，如同性恋运动、新妇女运动和许多少数民族运动等；反文化运动，是从与其他集团的冲突和对抗的相互作用中派生出他们的集体身份，如恐怖主义组织或擅自占地者运动以及许多少数民族运动；而工具性运动是将社会运动作为工具以追求其他外在目标的社会运动，如生态运动、和平运动和团结运动等。库普曼斯认为没有这样的逻辑基础已经把社会运动作为工具又追求其内在的倾向，因而不存着这样的社会运动。虽然每一种运动类型在不同国家有不同的情况，每一种类型会随着时间的推移而发生转化和变化，但是不影响对此进行展开的分析。

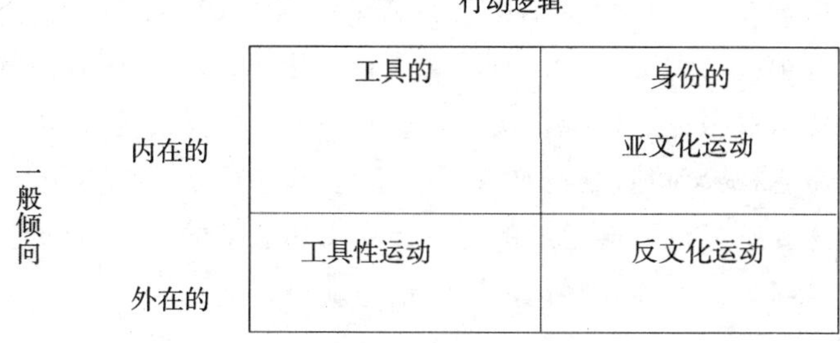

图6—1　社会运动的三种类型

杜温达克等人通过对法国、德国、荷兰和瑞士四国的社会运动的案例的研究，根据它们所受到的促进、压制、成功机会和改革与威胁的四种动机因素，分析社会运动可能的动员水平、行动技能，如表6—1和表6—2所示。

① 汉斯彼得·克里西、库普曼斯、简·威廉·杜温达克、马克·G. 朱格尼：《西欧新社会运动：比较分析》，重庆出版集团、重庆出版社2006年版，第103—131页。

表 6—1 每个国家的三种类型的动员水平（非常规事件百分比）

	法国	德国	荷兰	瑞士
1. 活动水平（%）				
工具性的	89.7	79.8	72.9	66.8
反文化的	8.1	17.6	21.5	28.9
亚文化的	2.2	2.6	5.6	4.3
总体（%）	100	100	100	100
N	(737)	(1770)	(863)	(772)
2. 参与程度（%）				
工具性的	99.0	96.7	93.7	91.7
反文化的	0.0	2.3	2.5	6.6
亚文化的	1.0	1.0	3.8	1.7
总体（%）	100	100	100	100
N	(737)	(1770)	(863)	(772)

简·威廉·杜温达克等人通过四国各种类型的社会运动的活动水平和参与程度来说明这四个国家不同类型社会运动的活跃程度。从表 6—1 中可以看出，工具性社会运动因为具有非内部倾向的以外在目标为追求对象，具有很高的动员水平；而反文化运动因为基于外部倾向的身份行动，因而需要采取激进的措施，实行较高的动员，但是因为往往其激进的行动策略以激起社会对他们身份的确认，所以其动员水平成本很高，其动员水平很难达到工具性社会运动的水平；亚文化运动的行动逻辑是在运动内部产生关系纽带，不需要很高的动员措施就可以达到。

表 6—2 每一个国家三种运动类型的行动技能（非常规事件百分比）

	法国	德国	荷兰	瑞士
工具性的				
示威的	64.8	73.8	65.6	88.0
对抗的	17.7	16.8	24.6	6.6
暴力的	17.5	9.4	9.8	5.4

续表

	法国	德国	荷兰	瑞士
总体（%）	100	100	100	100
N	（661）	（1413）	（629）	（516）
反文化的				
示威的	5.0	30.9	18.3	29.6
对抗的	11.7	31.2	58.6	30.5
暴力的	83.3	37.9	23.1	39.9
总体（%）	100	100	100	100
N	（60）	（311）	（186）	（223）
亚文化的				
示威的	93.8	84.8	91.7	97.0
对抗的	6.2	8.7	6.3	3.0
暴力的	0.0	6.5	2.0	0.0
总体（%）	100	100	100	100
N	（16）	（46）	（48）	（33）

简·威廉·杜温达克等人将三种社会运动的行动技能分为示威的、对抗的和暴力的行动，这三种技能在四国表现有很大的差异性。示威性的事件或者传统的事件，指的是那些已广为普通大众所了解的抗议行为，这种行为不会激起当局或公众的惧怕或者产生威胁感，如游行、集会、示威等；对抗性行为，指的是新的或非法的抗议，它并不以暴力为特征，而是通过利用某些资源以期引起人们对其行为感到震惊，由此而导致在政府当局或公众中产生紧张或对抗感，如封锁街道或者占领政府大楼的行动；暴力性行为，包括物质毁坏或人身伤害，如洗劫商店或者绑架伤害官员等。[①] 如表6—2所示，在这些行动技能中，其中工具性的和亚文化的社会运动主要通过示威性的方式进行抗争，而反文化运动在四国都表现出较高的对抗性和暴力性的抗争策略。社会运动的这些不同动员参与水平和行

① López Maya, Margarita. 2002. "*Venezuela after the Caracoza: Forms of Protest in a Deinstitutionalized Context.*" Bulletin of Latin American Reseach21: 199—218. p. 203.

动技能，简·威廉·杜温达克等人从以下几个方面进行归因分析：除了社会运动自身的行动逻辑和不同倾向外，还与社会运动对政策领域影响的外形特征、政治机会结构、获得政治盟友以及政府当局采取的手段有很大的关系。

杜温达克等人证实了不同类型的社会运动受到政府的差异性对待。如表6—3所示，杜温达克等人通过受到压制的示威抗议事件的百分比和示威抗议事件逮捕的平均数来说明不同类型的社会运动招致的政府反应。反文化运动处理的问题对政府当局来说表现不出任何“积极的”价值，而且反文化运动对政府当局做出强烈反应。反之亦然，双方似乎更感兴趣的是冲突，而不是合作，因此，政府当局对其压制是强烈的。相反的情况属于亚文化运动，如同性恋运动、新妇女运动和许多少数民族运动，首先针对的是在集团内部相互作用中构成和产生的集体身份，这些运动对政府当局来说并不代表一种“威胁”，而且它们不以激进的方式行动，所以它们经受的压制水平也就相当低；工具性社会运动则介于二者之间。

表6—3　每一国家运动类型的压制水平（非常规事件百分比）

	法国	德国	荷兰	瑞士
1. 压制的示威事件的百分比				
工具性的	9.8（428）	16.7（1043）	7.0（412）	4.2（454）
反文化的	a	39.6（96）	29.4（34）	16.7（66）
亚文化的	0.0（15）	10.3（39）	6.8（44）	0.0（32）
2. 每一示威事件逮捕的平均数				
工具性的	0.2（428）	4.1（1043）	0.1（412）	0.0（454）
反文化的	—	14.6（96）	1.2（34）	0.4（66）
亚文化的	0.0（15）	0.0（39）	0.4（44）	0.0（32）

注：（1）圆括号内是事例数；（2）a表示少于10例。

杜温达克等人认为，政府当局处理社会运动，首要的是政治上的考虑，在考虑政治议程时，总有政治安排上的优先性，需要考虑到国家的核心任务和主要利益。社会运动如果涉及对这些因素产生影响，或者对政府当局的权力体系产生威胁，属于高外形领域的社会运动，反之则属于低外形的社会运动。这些取决于政府当局对其核心任务和核心利益的界定和理解。杜温达克等人提供了区分高低外形的几个维度：一是在政策领域涉及的物质资源量。社会运动涉及的资源越多，对政府当局就越有威胁，其高外形特征就增强了。二是对关键权力的影响。如果社会运动对现有角色的权力和潜在地对权力要求提出竞争，则是高外形的。三是高外形的社会运动与选举的相关性有关。四是可能涉及的“民族利益”的程度。杜温达克等人考察了核武器、国家防卫、能源、运输、环境、国际团结七个方面社会运动的高低外形特征，认为核武器、国家防卫、能源等都是高外形领域的社会运动，运输（飞机场建造例外）、环境、国际团结一般属于低外形政策领域。当一个社会运动属于政府当局认定的高外形领域时，可能受到更多的压制，政治机会结构对其是封闭性的。反之低外形领域的社会运动则意味着受到压制的可能性很小，还可能有更多的盟友，政治机会结构对其是开放性的。

杜温达克等人强调了外部支持对社会运动可能产生的影响，如表6—4所示。所谓的外部支持，包括：（1）存在着有组织的支持，既有的政治角色提供物质的（金钱、成员等）和象征的（公开承认、组织艺术等）促进；（2）支持采取共同参与抗议事件的形式。支持可以来自政党，也可以来自利益集团，在所有这四个国家里，反文化运动得到的外部既有角色的支持要比工具性运动少得多，即使它们采用同样的行动方式，反文化运动激进主义的目标和它们在一般公众中的否定性形象，在很大程度上促成了它们的孤立。亚文化运动处理的是特殊类型的问题。一方面，它们的问题不是要求政府当局做出（压制的）反应的国家利益的问题；另一方面，这些问题“象征性”的特点使得它们对政党表达它们的团结具有吸引力：这些运动为盟友提供了无须付出许多成本而展示自身形象的机会，向具有强烈身份的集团致意的政党可以指望积极的选举结果。因此，当政治盟友想支持非常规的政治行动时，它们根据运动的类型而具有不同的行为形式。工具性运动涉及外部目标的广泛性以及行动技能的针对性，使得它们受到很多的外部支持，因而政府处理工具性社会运动采取的手段往往也最为多元。

表 6—4 每一国家对运动类型的外部支持（受到支持的非常规示威事件百分比）

	法国	德国	荷兰	瑞士
工具性的	30.8（428）	34.8（1043）	18.7（412）	16.5（454）
反文化的	—	17.7（96）	2.9（34）	3.0（66）
亚文化的	6.7（15）	35.9（39）	13.6（44）	6.3（32）

注：括号内为事例数目。

杜温达克等人特别强调了权力构造的变化对不同类型的运动的动员水平有不同的后果。工具性运动以活动的增长（社会党人处于反对派）或衰退（社会党人执政）来回应这些变化，而反文化运动则要么不怎么受这些变化影响，要么显示出相反的形式——动员起来反对执政的左派。反文化运动较少受全国层次上变化的影响，这也归因于擅自占地者运动的地方特点。亚文化运动在政治舞台上行动也依赖于政治机会。在它们的情形中，如同对工具性运动来说，社会党在处于反对派地位时则成为一个强有力的盟友，权力构造的肯定性变化是亚文化运动发展它们的运动方面的一个手段，而在不利的环境里亚文化方面成了主导。这一“双重面孔”保证了亚文化运动比其他运动类型更具连续性，权力构造的变化对亚文化运动的影响似乎被它们的亚文化基础所减轻。

杜温达克等人提醒我们，社会运动的可能性变化与政府当局对社会运动的外形界定有关。查尔斯·蒂利也强调了政府当局对于社会运动的区分，将之划分为规定性的社会运动、禁止性的社会运动、容忍性的社会运动，[①] 政府根据社会运动的诉求特征、规模性、协同性和破坏性差异，对之采取的回应方式也就不同，从而影响不同社会运动在一个国家的发生概率和动员水平等。同样的，社会运动也会根据政府当局的回应，结合自己的行动逻辑和倾向性诉求而表现出不同的行动方式。反文化运动往往会通过激进的方式获得政府的压制性回应，而具有讽刺意味的是，这种压制性回应增强了反文化运动的参与者和活动家从这种冲突的相互作用中获得集体身份可能性，它反而刺激

① 查尔斯·蒂利：《集体暴力的政治》，上海世纪出版集团 2006 年版，第 44 页。

而不是威慑了动员，将唤起的是激进的而不是行动技能的温和。[①] 而工具性运动以及亚文化运动由于有政治盟友的支持以及政治机会结构的容忍性或开放性的特征，使得它们不需要采取激进的措施获得支持或者去动员，因而它们更多采用温和的手法来获得自己的规模性和持久性。这样社会运动的行动技能才表现出示威性的、对抗性的和暴力性的差异。

杜温达克等人对于我们理解社会运动类型与政府回应之间的关系提供了非常有益的思考。他们突出强调了政治机会结构以及社会运动对于政府当局可能产生影响（高低外形的影响），来说明政府当局采取的促进、压制、成果机会和改革与威胁，来分析社会运动在不同国家的差异性。除此之外，对于社会运动影响的互动来说，这四种措施的效果还取决于国家的性质、能力，取决于社会运动内在的动员激活能力以及认同的建构与改变，取决于某一外部权威的合法性确认与撤销以及互动中的转化机制，同时也取决于社会运动抗争手法的调整与创新。下面将围绕这些展开论述。

二　抗争互动

杜温达克等人更多地从资源动员、政治机会结构以及政府回应的方式来说明对社会运动的影响。其实社会运动还受到结构主义和文化主义的互动影响，社会运动的斗争互动受到外部权威对其行动合法性的确认和撤销的影响，也受到内部之认同建构与改变、动员与遣散以及边界激活与钝化的影响。查尔斯·蒂利、西德尼·塔罗和道格·麦克亚当无疑是这方面研究的顶尖学者，以下部分以他们的研究成果来论述抗争互动对社会运动的影响。[②] 在社会运动过程中，这些机制相互糅合，出现促进或阻碍的互动机制，为了论述方便，本部分将分别来论述这些机制对社会运动可能产生的影响。

（一）合法性确认与撤销

合法性确认与撤销，说明的是对一项社会运动是否给予道义上的支

---

① 汉斯彼得·克里西、库普曼斯、简·威廉·杜温达克、马克·G. 朱格尼：《西欧新社会运动：比较分析》，重庆出版集团、重庆出版社 2006 年版，第 105 页。

② 查尔斯·蒂利、西德尼·塔罗：《抗争政治》，凤凰出版传媒集团、译林出版社 2010 年版，第 89—128 页；道格·麦克亚当、西德尼·塔罗和查尔斯·蒂利：《斗争的动力》，凤凰出版传媒集团、译林出版社 2006 年版，第 160—209 页。

持，以及随之在组织上、资源上、行动上是否给予支持的条件性机制。在麦克亚当等人看来，“合法性确认指的是为外部权威对行动者、其行为及其要求加以确认的一种机制；合法性撤销则指的是主要的确认者对此种确认的撤销”。[①] 一个社会运动如果受到合法性确认，那么其发生的概率以及其规模和持久性将会增强；反之，则会减少或减弱。对于社会运动对抗的双方来说，给予某一方行动的合法性确认，则意味着对于另一方行动的合法性撤销。同样的，一个社会运动可能在一段时间内受到合法性确认，在另一个时间段合法性被撤销；另外，给予合法性确认和撤销的力量的强弱，也是影响社会运动的主要条件。对于社会运动来说，合法性确认和撤销，既可以来自内部权威，也可以来自外部权威，或者两者兼而有之。合法性确认可以直接给予所支持的社会运动，如萨帕塔主义运动，也可以通过对社会运动对抗方的合法性撤销而间接给予社会运动的支持，如桑蒂诺民族解放运动。

合法性确认出现在某一公认的外部权威发出其准备承认并支持某一政治行动者的存在及其所提要求的信号之时。倘若该权威具有国际影响及非常重要时，则其所发出的信号便传达出该权威可能会在新行动者将来提出要求时予以支持的信息。合法性确认由此不仅改变了新行动者的战略地位，同时也改变了它与其他可能成为压制者、对手或盟友的行动者之间的关系（与此相反的撤销合法性确认过程，则收回了对行动者的承认以及将来支持该行动者的承诺，与此同时，还常常威胁要采取镇压措施）。

1994 年元旦，一个此前不为人所知的团体“萨帕塔民族解放军”(Zapatista National Liberation Army) 宣布了一项针对墨西哥土著人的解放计划，而使整个墨西哥乃至世界为之震惊。该团体夺取了设在恰帕斯圣克里索托瓦尔的政府官邸，并在那里宣读了一份致墨西哥人民的宣言。该宣言称，一个长期遭受苦难的民族已经受够了几个世纪的压迫和剥夺，需要从中解放出来。他们将成为这个民族真正缔造者的继承人，他们才是负责任的自由的男人和女人，是真正的爱国者，并不是遭受污蔑的“毒品贩子、贩毒游击队、土匪或我们的敌人可能会用来诋毁我们的任何称谓”，他们反对独裁统治和政治警察，号召要发动一场代表墨西哥穷人、被剥夺

① 道格·麦克亚当、西德尼·塔罗、查尔斯·蒂利：《斗争的动力》，凤凰出版传媒集团、译林出版社 2006 年版，第 272 页。

者与土著居民利益的革命，与此同时，他们号召“我们”起而反对“他们”。萨帕塔主义者很快便对墨西哥政治产生了影响。在恰帕斯州境内，他们击退了由政府军发动的威胁性镇压，并迫使国民政府开始就农民的财产权问题展开谈判。而在全国范围内，他们则发起了一场为土著人争取权利的更为普遍的运动。2001 年春，他们又发动了一场从恰帕斯这一位于墨西哥最南端的州向首都墨西哥进军的行动。

萨帕塔主义者行动获得成功很大程度上在于获得了巨大的国际名声与支持者。在内部，他们获得了数百个土著团体的确认和支持。土著人在墨西哥历史上出现了很多的政治和军事精英。恰帕斯起义的领导人以 1905 年革命的领袖萨帕塔（Emiliano Zapata）来为他们的组织命名，他们将一个由土著人共同体、宗教积极分子、城市激进分子以及游击队战士集合而成的混杂联盟，联结成一个宣称自己为“萨帕塔民族解放军”的统一协同行动的大规模行动者，他们使用的语言、符号（象征物）及其实际做法在土著团体中广泛传播，用意在于获得土著团体的确认和支持。另外，该运动还获得了国际上的诸多确认和支持，他们通过在国外的支持者经营的一些电子网站和电子邮件名录，将有关萨帕塔主义者的信息面向北美和欧洲播报。经由电子媒体的宣传联络，恰帕斯得到了远在西欧的一些积极分子以及一些充满热情的团体的支持，也获得外部资金的资助。1996 年，萨帕塔主义者吸引了数以千计的支持者们前来参加在萨帕塔丛林举行的“支持仁爱、反对新自由主义第一次国际会晤”。作为观察者的奥尔森写道：“萨帕塔民族解放军在墨西哥境外所引起的兴趣和产生的吸引力，是后冷战时期其他任何运动无法比拟的。”①

萨帕塔主义者正是从墨西哥国内由来已久的土著传统中得到支持，也从诸多外部组织所给予的普遍的合法性确认——一些非政府组织、国外媒体甚至外国政府强烈要求墨西哥政府避免采取大屠杀行动——中赢得支持。这些外部组织能够而且的确对当时的墨西哥政府施加了压力，以迫使政府承认萨帕塔主义者且与之展开谈判，从而使得萨帕塔主义运动获得很大的成功。②

---

① Olesen, Thomas., *International Zapatismo: The Construction of Solidarity in the Age of Globalization*, London, 2005, Zed. p. 12.

② 查尔斯·蒂利、西德尼·塔罗：《抗争政治》，凤凰出版传媒集团、译林出版社 2010 年版，第 89—92 页。

美国等许多国家对尼加拉瓜索摩查政府的合法性确认的撤销，间接支持了桑蒂诺民族解放运动。任何政权结构都依赖于国际国内的关系体系，尼加拉瓜也不例外，一些重要国家撤销它们对于其国政权的支持，通常会对受到它们所支持的该国政权的稳定性的影响。直接影响的方式包括从撤销至关重要的财政或者军事支持到实施严厉的经济制裁，再到答应给予反叛者以援助，直至外国直接军事干预；间接影响则集中于外国支持的撤销对重要的国内行动者所造成的直接冲击。撤销合法性确认常常使得反叛者更大胆地加强其反对政府的行动，或者促使一度作为政府支持者的精英团体背弃他们看来已是无可救药的政府当局。

美国政府对于尼加拉瓜索摩查政府合法性的撤销来自于以下几个方面：一是卡特政府上台以后，基于对人权状况的意图，开始不断减少经济援助，仅在1974—1978年，就削减了75%，同一时期，美国所提供的军事援助下降了43%。二是基于人权状况的考虑，反对索摩查政府对于社会运动等反对力量的镇压，削弱索摩查政权应付起义者的能力。在美国的压力下，索摩查于1977年9月解除它在突袭事件发生时宣布实施的为期33个月的戒严命令，无论戒严令如何具有消极的作用，但是它却有效地限制了反叛活动的开展。三是推动逃往国外的温和反对派领导人的回国，结果却是再一次地适得其反，引发了一场场喧嚣的群众集会与普遍的不满浪潮。

美国政府对索摩查政府经济与军事方面的援助的削减，一方面削弱了索摩查军事力量；另一方面降低了各部门的补贴，增加了各种不稳定的因素和力量，也导致大批的外国投资者从尼加拉瓜撤退，恶化了索摩查政权的执政基础。尽管美国也一贯反对桑蒂诺民族解放阵线，但是美国对于索摩查政府合法性确认的削减或撤销，间接地支持了桑蒂诺民族解放阵线运动，桑地诺民族解放阵线便利用美国与索摩查之间出现的裂痕这一有利时机，更加自由地放手进行动员，1977年的10月和11月，起义者发动了到当时为止他们所曾发动的最大规模与持续时间最长的军事行动。

另外，哥斯达黎加等国在撤销对索摩查政权的合法性确认的同时，直接给予桑蒂诺民族解放阵线以支持，提供对其的合法性确认。一是给予桑蒂诺民族解放阵线运动的行动者以自由活动的场所。哥斯达黎加连续三任总统都给予桑蒂诺民族解放阵线在该国与尼加拉瓜毗邻的偏远的北部地区任意开展军事活动的自由，反叛者们不受约束地在那一地区建立并运作他们的训练基地、屡次发动对尼加拉瓜的越境进攻。二是为反叛者提供了各种组织活动的军火物资等，甚至提供国际性募集资金活动。三是为索摩查政府的异见分子提供避难场所。四是在国际组织等场所谴责索摩查政府的所作所为等，敦促国际货币基金组织和其他金融机构暂停向尼加拉瓜贷款。与尼加拉瓜相邻的这些国家所采取的一系列行动，日益切断了索摩查政权获取国际性的政治、金融和军事援助的来源——而这些国际援助对于那些依附性小国的长期生存却又如此至关重要，从而直接或间接地为桑蒂诺民族解放阵线提供道义的和物质的支持和合法性确认。①

（二）认同建构与解构

在绪论和社会运动组织机制章节中，我们知道了认同的力量，它是人们意义与经验的来源。认同感的增强对于社会运动的动员、发动和持续性具有很大的促进作用，反之则会减弱社会运动的发生。认同可以是隐匿的，潜藏在人们的关系之中；认同也可以是外在的，显露在宗教信仰、身份资料、生活习惯以及行为方式上。认同可以是分散的，隐伏在每一个个体之中；认同也可以是集中的，体现在阿兰·图海纳的所谓的“主体”之上，有赖于集体积淀的历史、生活经验和共同体实践。② 认同可以由社会运动内部人员的策略性行动建构起来，可以由外部行动者居间联络建构起来，也可以由对立性主体的强制或诱致性行动激发而建构起来。认同在“你们—我们”之间存在建造差别又如何相互共存？认同在界限的激活和钝化之间寻找行动的方式，社会运动就是这种抗争的形式之一。阿兰·图海纳认为，社会运动就是由运动的认同、运动的敌人以及运动的图景或社会模式构成。③

无论如何，认同感是需要建构的。曼纽尔·卡斯特写道，“所有的认同都是建构起来的。现实的问题是：它们是如何、从何处、通过谁、为了谁而建构起来的。认同的建构所运用的材料来自历史、地理、生物，来自

① 道格·麦克亚当、西德尼·塔罗、查尔斯·蒂利：《斗争的动力》，凤凰出版传媒集团、译林出版社 2006 年，第 271—276 页。

② 在图海纳看来，主体是个体的愿望，它创造了个人的历史，赋予了个人生活经验的全部领域以意义，个人转化为主体有赖于两种身份的结合，一个是相对于共同体的个人，另一个是相对于市场的个人。主体是集体的行动者，并附属于个人之上。阿兰·图海纳：《我们能否共同生存？——即彼此平等又互有差异》，商务印书馆 2005 年版，第 71—121 页。

③ 同上书，第 122—165 页。

生产和再生产的制度，来自集体记忆和个人幻觉，也来自于权力机器和宗教启示。但正是个人、社会团体和各个社会，才根据扎根于他们的社会结构和时空框架中的社会要素、文化规划，处理了所有这些材料，并重新安排了它们的意义”。①

认同的建构与解构来自于社会关系的有效性利用情况。在我们的日常生活中，即以血缘、业缘、地缘、学缘、趣缘和信仰等建立起来的宗族部落、职业团体、亲朋邻里、宗教信仰、邻里组织以及其他类似群体之间的界限已然存在。社会运动认同的建构就在于如何激活了这些界限之一的同时，钝化了其他一些可能一直与抗争参与者相关的界限。萨帕塔起义便是激活了广泛的土著认同界限的同时，钝化了那些不安地共处于恰帕斯省内的不同族群间的界限。首先他们界定了“如何看待自己，如何认定他们的敌人以及他们的价值观是什么”的问题。他们从墨西哥 500 年反抗殖民和压迫的历史中寻求认同建构的支点。其次，他们从印第安血统中寻求自豪的因素以及根据宪法所承认的印第安人权利而采取行动的目的的种族认同。再次，他们依据在现代化过程中所遭受的排斥，寻求挑战被广泛接受的新地缘政治的宿命论的阶级认同。最后，他们对这块土地上共同生存的地域认同。“我们的共同之处，就是赋予我们生命和战斗的土地。”② 这些认同感的建构有力地推动了萨帕塔主义者的运动。

认同感的建构与解构有赖于在不同的界限的结合、关系以及与之相联系的情境中，寻求“我是谁?”“我们是谁?”“你们是谁?”以及“他们是谁?”这些问题的不同答案，尤其是“我们”和“他们”相关的差别和意义。政治认同包括各种界限、超越界限的各种关系、内在于我们与内在于他们的各种关系，以及赋予特定的界限与关系的累积意义。

各种认同以界限为中心，将我们与他们分开。人们维系彼此的各种关系，包括界限内部的关系、界限外部的关系、将界限联系起来的关系，各种关系之间有很大的不同。欧文·戈夫曼非常细致地呈现了各种区域行动的差异性以及构成行动框架的角色认知、剧情表演和自我呈现的认同性剧班的集体行动方式。剧班就是这样的一群个体的集合，他们通过相互间的密切合作来维持一种特定的情境定义，是与维持相关的情境定义的互动或

① 曼纽尔·卡斯特:《认同的力量》，社会科学文献出版社 2006 年版，第 6 页。

② 同上书，第 82—84 页。

互动系列密切相关的。[①] 界限构成集体性理解的差异，界限之间的理解往往相互影响，界限、超越界限的关系、界限之内的关系以及共同的理解，合起来形成了集体认同。这些因素中的任何一种发生了改变，而无论是如何发生的，都会对所有其他因素产生影响。认同因此而具有四个构成因素：（1）将我与你或我们与他们区分开来的界限；（2）界限之内的一系列关系；（3）超出界限的一系列关系；（4）关于此种界限以及界限内外诸多关系的共同理解。有关认同的要求以及与之相伴的故事，却构成了严肃的政治事务。在美国历史的各个关键点上，对于把奴隶制、禁酒运动成员、妇女、非洲裔美国人、同性恋者、越战老兵、“9·11”事件的幸存者、孩子患癌症的家庭以及土著人的反对者与支持者确立为政治行动者，当他们被有效地动员起来并且成功地提出要求时，他们便会得到来自政府当局以及其他政治行动者的合法性确认。通观整个美国历史，向既得利益集团和激进主义团体的转变，都对总体性的、间接的以及模式化的提出要求行动起到了促进作用。[②]

认同建构与解构依赖于抗拒性和规划性。抗拒性指的是那些其地位和环境被支配性逻辑所贬低或污蔑的行动者所拥有的抵抗性战壕；规划性指的是社会行动者基于不管什么样的能到手的文化材料，而构建一种新的、重新界定其社会地位并因此寻求全面社会转型的认同。[③] 查尔斯·蒂利等人认为，政治认同从抗争互动中获取意义；社会运动往往会提出认同性要求，这些认同的要求可以分为关于身份的、地位的和计划的要求。身份要求体现关于种族的、民族的、性别的、国别的差异性诉求。地位要求指的是行动者属于体制内的一个业已确立的类别，它因此而理应享有其成员应有的一些特定的权利与尊重。计划要求则是要求对象按一定方式采取行动，并因此而获得相应的经济利益、政治权益以及各种规划性目标。这些要求往往并不是决然分开的，而是常常相互关联和综合性的，并不存在一个要求超越另一个要求之上的认同性建构。

政治认同建构与解构有赖于政府当局的回应情况，并受到政治机遇结构的影响。认同性要求往往会受到反要求来回应：我们要求我们的权利，

① 欧文·戈夫曼：《日常生活中的自我呈现》，北京大学出版社 2008 年版，第 89 页。

② 查尔斯·蒂利、西德尼·塔罗：《抗争政治》，凤凰出版传媒集团、译林出版社 2010 年版，第 98—101 页。

③ 曼纽尔·卡斯特：《认同的力量》，社会科学文献出版社 2006 年版，第 6—7 页。

但政府却答复说，我们根本不具备这样的一些权利，政府方面甚至认为，我们事实上并没有形成一种得到认可的认同。加拿大魁北克的法裔加拿大人以及英国的爱尔兰人寻求自治或独立的时候，政府的回答往往是否定的。蒂利等人认为，每个政权可以有三种方式限制这些认同性要求。首先，政治机遇结构影响着何种要求是可能的。倘若某个政权内部存在着多个独立的权力中心（这意味着政治机遇结构在这方面更为开放），则至少有一个权力中心会支持或确认一系列认同、地位或计划要求的机会便增多了。若政治联盟关系发生快速变化，则某一要求的提出者就会拥有更多的机遇加入各种联盟或逃避镇压。其次，每个政权都把已知的一些提出要求的方式区分为法定的、得到许可的与遭到禁止的三类。某一政权的政府及其他权力当局会厉行那些法定的方式，为那些得到许可的提出要求的方式提供便利或至少不加阻止，而对那些遭到禁止的方式则采取行动以实施镇压。得到控制的抗争发生在由法定的或得到许可方式所规定的限度之内，而逾越界限的抗争则突破了这些制度界限进入遭到禁止的或此前不为人知的地带。最后，自下而上看，那些可用的抗争剧目强有力地限制着人们在任何特定政权内能提出要求的种类。在社会运动成为抗争政治的标准形式之前，没有人知道该如何去发动一场街头示威行动。尽管时下新闻媒体已经让示威变成了为世界上大部分地区所熟悉的形式，但自杀式炸弹袭击，即便到了今天也还仅仅属于世界上一些地区的恐怖主义者组成的非常小的圈子所使用的斗争手法。像示威行动一样，自杀式炸弹袭击有赖于对一整套复杂的关系和常规的共识。①

认同感的建构与解构有赖于各种组织内部的差异和团结程度。虽然环境保护已经在人类社会形成了广泛的共识，80% 的美国人、2/3 的欧洲人都认为自己是环境主义者；政党及其候选人如果不“绿化”自己的政治平台，就无法当选，各国政府、国际组织也都启动和建立了各种各样的工程、专业部门和法律体系来保护自然，提升生活质量，企业，甚至包括一个臭名昭著的污染性企业，也将环境主义写入自己的公关议程。② 但是当我们用环境保护运动这一词汇的时候，往往忽视了它们内部存在着多少各

① 查尔斯·蒂利、西德尼·塔罗：《抗争政治》，凤凰出版传媒集团、译林出版社 2010 年版，第 103—104 页。

② 曼纽尔·卡斯特：《认同的力量》，社会科学文献出版社 2006 年版，第 171 页。

种认同性的差异和行动方式的差异，如表6—5所示①。

表6—5　环境运动的类型

类型（实例）	认同	敌人	目标
保护大自然（美国“十家集团”）	大自然的爱护者	无拘无束的开发	大自然
保卫自己的空间（别在我的后院）	地方共同体	污染源	生活质量、健康
反文化，深度生态主义（地球第一！生态女权主义）	绿色自我	工业主义、技术统治论、父权制	生态乌托邦
拯救地球（绿色和平组织）	国际生态卫士	无拘无束的全球发展	可持续性
绿色政治	相关的公民	政治当局	反对的权利

有的组织完全反对各种地球破坏和污染活动，如深度生态主义；有的组织仅仅是部分反对那些污染源，如保卫自己的空间；有的组织反对的是全球环境破坏，如拯救地球；有的组织则是地方保护主义，如别在我后院；有的组织采取激进的方式发动环境保护运动；有的则以温和的方式发动……环境保护运动内部的各种认同性差异，分散和削弱了发动抗争的力量。

当我们都知道认同感对于社会运动的重要影响的时候，应该注意到认同感建构在互动中受到的各种影响，这些影响来自于社会运动内部的互动和策略性建构，也来自社会运动与政府当局互动的影响。必须了解现有组织在什么情况下可资利用，哪些关系需要激活或钝化，提出的各项主张在什么情况下是可欲的，而且特别关注政府当局可能产生的回应性方式，并提出相应的应对性策略，这样社会运动的发生才获得持久的、规模化的动力；反之，社会运动的动力将会受到削弱或瓦解。

（三）边界的激活与钝化

无论如何，社会运动终归是一种互动关系，这种互动关系最简单的表

① 曼纽尔·卡斯特：《认同的力量》，社会科学文献出版社2006年版，第174页。

述方式，是一方针对另一方的抗争。抗争的规模和目标的实现，取决于双方力量的对比性差异。对于社会运动而言，必须做到内部的团结和统一，使内部各种矛盾关系得以化解、内部边界得以钝化；同时做到在社会运动的外部指向方面激活边界，制造冲突性对抗，寻求目标实现的抗争性路径。

边界总是将“我们”从“他们”当中区分出来，来自于传统神话、历史故事、风俗习惯、社交方式的共享性与差异性，来自于管理形式、表达关系信号的差异性等。一般情况下，语言、婚姻契约、经济交往、杂居融合和制度化管理等方式使边界处于模糊或钝化的状态。边界的模糊性还涉及任何个人都扮演着多种身份，具有多重的边界，同一批人可能集工人、女性、母亲、宗教徒、黑人等多种身份于一身。边界可以历史性地长期存在或潜伏性存在，也可以因现实状况而临时性产生，一项社会运动的发起必然要使这种边界的模糊性消失，将彼此之间的差异激活，这是引发社会运动的一项必要条件。对于社会运动来说，它是一项有计划的、有组织的抗争行动，因此边界激活更是促使它得以发生的重要机制；反之，边界之间的钝化将大大减弱社会运动发生的可能性。这部分的论述将集中在抗争双方之间的边界激活和钝化上，而忽略考虑社会运动内部边界之间的激活和钝化方法的讨论。当然，边界内部的激活和钝化所起的作用，正好与边界之间的激活和钝化所起的作用相反，因此，这样的讨论同时适用于对内部边界激活和钝化的考量。边界的激活和钝化有赖于不平等的塑造、居间联络者的作用、激活手段的使用以及政府的回应方式等。

法国社会学家阿兰·图海纳提出一个很有趣的问题，并将它作为自己一本著作的名字：“我们能否共存？——既彼此平等又互有差异。”阿兰·图海纳道出一个美好的愿望，即期盼人类社会能够和谐共存，既相互促进发展，又各自保留差异。但是图海纳同样认识到实现美好愿望的困境，社会运动是不可避免的社会现象。人类共存于这个地球是客观的事实，而且确实是差异性地相互共存，但是人类却并不是平等地共存着，也不是和谐有序地共存着。人类社会不平等所致的边界来自于剥削和机会累积的程度。剥削意味着获取资源的不平等，那些处于支配地位的人获得了增量的回报，处于被支配地位的人以及外来者甚少或者被剥夺了那些有价值的资源。机会累积意味着网络成员获得接近某种资源的权利的情况，如果这种机会累积被堵塞甚至缓慢的话，不平等将会加剧，人们为之而激活边界起来进行抗争。但是这种不平等的抗争取决于适应和效仿的情况，如果人们已经适应了这种剥削和机会累积情况，而且当其他人都因此而效仿的时候，边界将处于钝化状况，社会运动发生的可能性很小。种族、宗教、性别或者民族的边界加强了剥削和机会累积。剥削和机会累积通过向占有者提供更大奖赏而将这些区别固定下来。

边界的激活和钝化有赖于政治行动者以及居间联络者所发挥的作用。政治行动者，在查尔斯·蒂利等人看来，指的是那些开展让政府直接或间接介入其中的集体行动、提出/接受抗争要求且可以清晰辨认出其所属群体的人们。政治行动者包括了政府以及总统和警察这样的政府代理人，但他们同时也包括了大量非政府的行动者——从邻里组织到一些世界性的组织。他们取得政治行动者的资格是经由提出要求、接受要求抑或同时兼备二者而达成的，政治行动者常常处于形成、改变与消失的状态之中。[①]

第一，政治行动者是边界激活或钝化的导航者。他们通过对抗争的缘由进行澄清，找到抗争的敌人，确立抗争的目标，明确抗争的手段等，以此确立了谁是我们的参与者、同盟者和同情者，谁是我们的敌人。一旦有了这些界限，政治行动者便常常将它们当成抗争政治的一部分加以利用。界限激活与界限钝化机制便开始发挥作用了。第二，政治行动者是边界激活或钝化的居间联络者，居间联络机制激活了传播机制，而这两个机制随后又共同导致了协同行动的产生。例如，由萨帕塔运动成员充当居间联络人，将一个由土著人共同体、宗教积极分子、城市激进分子以及游击队战士集合而成的混杂联盟，联结成一个宣称自己为“萨帕塔民族解放军”的统一协同行动的大规模行动者。该组织的语言、符号（象征物）及其实际做法随后在反对当时的墨西哥政府的人们当中广泛传播开来，而这个新行动者接着则在墨西哥的其他地方将其同盟者集中起来，以图更大规模地提出集体性要求，最终造就了一个由该运动的参与者、支持者和同情者组成的层次远远高于恰帕斯丛林的联盟。[②] 第三，政治行动者是认同感的建构者。当代的大多数社会运动都是为“身份”这一界限而斗争，如同性恋运动、民族自治运动、种族运动，他们在寻求认同中获得支持，激活

① 查尔斯·蒂利、西德尼·塔罗：《抗争政治》，凤凰出版传媒集团、译林出版社2010年版，第92页。

② 同上书，第92—93页。

边界差异。第四，政治行动者们是边界激活或钝化、组织社会运动的代表。就像波斯尼亚的塞尔维亚领袖激化塞尔维亚与他们的穆斯林或克罗地亚邻居之间的边界问题，他们之间长期杂居在一起，进行通婚、贸易和合作。他们专门将不同的集团和网络联系在一起（有时是将这些集团和网络拆散），如由同一批领袖将武装起来的塞尔维亚人整合进更大的民主主义的联盟之中。[①] 第五，政治行动者激活或钝化边界与他们对政治机会结构的把握有密切的关联。

总之，政治行动者专门从事激活、联系、协同和代表活动，他们的在场和缺席深深影响着边界激活和钝化的程度，进而影响着社会运动。另外，一些政治行动者如果在其中为了自己的利益或者存在权力争斗的时候，或者他们从事剥削和关于自身的机会累积，当他们从那些网络中吸取必要的资源时，或者阻止竞争的诉求者协同和代表同样的网络时，他们的派系为争取对激活、联盟、协同和代表的控制而展开斗争时，边界之间将会钝化，而内部边界将被激活，影响社会运动的发生。另外，边界的激活或钝化还出现在领导者的背叛以及领导者或其追随者对参与社会运动的经历感到厌恶、怨恨以及幻灭感消失的时候。

边界的激活或钝化与所使用的手段有关。激活边界主要采取以下几种方式：一是通过历史、故事和关系激活边界；反之，如果压制这些将会钝化边界；通过合并或分离的方式，以在社会场所中创造新联系或切断旧联系的机制来激活或钝化边界。二是通过关系网络激活边界。类型塑成是激活边界的主要方法，以将该边界与至少一组场所区分开来。类型塑成通过三个不同的机制发生：发明、借用和遭遇。发明涉及权威划定边界，并通过这个边界固定各种关系。波斯尼亚—塞尔维亚领袖宣布，在波斯尼亚—塞尔维亚当中谁是塞尔维亚人，谁不是塞尔维亚人，然后规定塞尔维亚人如何和非塞尔维亚人互动。借用涉及边界以及连带关系的输入，这些关系已经存在于其他地方并且在地方情境中形成。遭遇涉及先前单个网络之间的初始联系，一个网络的成员开始与其他成员竞争资源，互动产生边界与关系定义。[②] 三是协同破坏性和暴力威胁激活边界。这种方式通过极化机制得以激活边界。极化涉及要求者之间政治和社会空间的扩张。极化综合

① 查尔斯·蒂利：《集体暴力的政治》，上海世纪出版集团 2006 年版，第 32 页。

② 同上书，第 27—28 页。

了以下这些机制：机会—威胁螺旋、竞争、类型构成与无处不在的经纪。极化一般促进集体暴力的产生，因为它使我们—他们边界变得更加显著，挖空了独立的中间地带，强化了边界冲突，提高了输赢赌注，增加了领袖发动行动反对他们敌人的机会。[①]

边界的激活与钝化与政府的性质、认知以及回应有关。政府可能参与做剥削和机会累积的事情，纵使不参与，政府也通常站在受益者一边，或者出于秩序方面的考虑，使用暴力手段压制社会运动。政府作为受益者、监督者、担保人、调解者或者仲裁者，对于激活或钝化边界具有很大的影响。对激活而言，哪种类型的边界是即时的和有效的，因制度类型而异。高能力制度完全限制类型范围——因此也限制边界。例如，在苏联，那些没有享有民族身份的宗教派别、妇女、种族集团成员甚至是那些非正式互助网络，他们作为政治行动者缺乏公共身份，同时也很少有机会来获得这种身份。在高能力民主国家加拿大，作为公民的类型成员（包括现在被剥夺公民权的类型）比血缘集团或宗教派别拥有多得多的表达机会。[②] 边界的激活与钝化的强度取决于政府当局的规定性、容忍性和禁止性的制度排列。规定性、容忍性和禁止性行动的构造依次限制了合并和分离。有些制度在地方性水平上容忍报复行动，但是只要有人开始广泛联系异议者，这种容忍就结束了。政府的回应方式也容易激活或钝化边界。如镇压、监控和遏制，包括警察等所采取的直接或间接的镇压和监控行动，将一个行动者、一组行动者、地点或其他社会场所限定在一个相对不可渗透的范围。竞争展示，是边界内部出现不同的支持力量，如女权主义运动以及天主教会的社会行动之间，以及主要行动者及其支持者有各不相同的目标。证明指的是由外部权威来确认行动者、他们的行动和他们的诉求；撤销指的是认证机构从这种确认中退出。这些机制的出现，将对边界的激活或钝化产生很大的影响，也从更为微观的方面影响了社会运动的发生。

三　抗争手法

任何一种抗争形式都是通过某些表现手法来展示以及实现诉求目标

① 查尔斯·蒂利：《集体暴力的政治》，上海世纪出版集团 2006 年版，第 20 页。

② 同上书，第 70 页。

的。詹姆斯·斯科特认为，在人类的历史长河中，大都是农业社会，而农民的反叛是稀少罕见的，更不用说革命了。不仅促使大规模农民起义发生的环境相当稀少，而且当他们真的起义时，也几乎总是被轻易地镇压。农民更多表现为"弱者的抗争"，即通过行动拖沓、假装糊涂、虚假顺从、小偷小摸、装傻卖呆、诽谤、纵火、破坏等，来尽其所能地维护自身利益而进行的"日常性反抗"。[①] 随着资本主义和工业主义的发展，工人阶级的运动呈现完全不同的抗争手法，出现了各种各样的抗争表现形式，并为后来各种社会运动所效仿。而且，在此基础上进行边际演化和创新，逐渐形成了模式化的抗争表现手法。那些手法，查尔斯·蒂利等人借用戏剧学语言，将之称为"抗争表演"和"抗争剧目"。抗争表演指的是一些相对为人们所熟悉的、标准化的方式——运用这些方式，一群政治行动者向另一群政治行动者提出集体性要求。抗争剧目指的是某些政治行动者内部当时所知晓且可用的一批抗争表演。[②] 这些抗争剧目不同的学者给予不同的分类。如查尔斯·蒂利等人将之分为"弱剧目"，即詹姆斯·斯科特意义上的"弱者的武器"，在威权主义国家，这一表现形式是主流性的抗争手法；"仪式性剧目"（如在口号、旗帜、徽章、服饰颜色、节日、纪念日、大选日以及赋予特别意义的时间和空间中的集会、游行、示威或者静坐等）和"强剧目"（罢工、集体性破坏以及暴力行动等）。[③] 迪特尔·鲁赫特将抗争手法分为暴力性、对抗性、示威性、程序性和诉请性的剧目表演。[④] 就社会运动的定义而言，更多表现为暴力性、对抗性和示威性的抗争表演。下文将依据暴力对社会运动的影响对此进行分析，一类是暴力破坏性的抗争手法，一类是非暴力性的常规性的抗争手法。

（一）暴力破坏性的抗争手法

无论在当代新闻报道还是历史记录中，暴力都是集体行动最明显的迹象。格尔在《人们为什么反抗》一书中提到，在有组织的政治生活中，

① 詹姆斯·斯科特：《弱者的武器》，凤凰出版传媒集团、译林出版社 2007 年版，第 34—35 页。

② 查尔斯·蒂利、西德尼·塔罗：《抗争政治》，凤凰出版传媒集团、译林出版社 2010 年版，第 18 页。

③ 同上书，第 24 页。

④ Rucht, Dieter, "Political Participation in Europe", in Richard Sakwa and Anne Stephens, Contemporary Europe, Houndmills, UK: Macmillan, 2005.

统治制度、统治者以及各种政策已经激起了渺小的人们的反抗。一项横跨欧洲24个世纪的历史调查显示，每4个和平年中就有一个暴力年，现代民族国家也好不到哪去，仅在1961年至1968年，世界上121个较大的国家和殖民地就有114个国家爆发暴力冲突，纵使有许多可以忽略的集体暴力行动，但是还有许多对人的生命和国家制度产生致命性的暴力冲突，在过去160年里，世界上13个致命的冲突中有10个爆发内战和骚乱。自从1945年以来，暴力推翻政府已经比国家选举更为常见。① 汉娜·阿伦特感慨道："20世纪是个充满暴力的世纪……暴力工具的技术进步如今已经达到了如此地步，还没有一种政治目标能够配得上它的毁灭的潜能。"②

暴力和破坏是传统集体抗争形式的主要表现手段，表现为地方械斗、焚烧草垛、构筑街垒、联合抵制、宗教杀戮和种族屠杀等。查尔斯·蒂利在《集体暴力的政治》中，根据暴力行动者之间的协同程度以及短期受到伤害的特点，将暴力抗争分为暴力仪式、协同破坏、机会主义、争吵、个人攻击、分散的攻击、破裂的谈判七种，并对此展开逐一分析。③

孤立无援的人最常把暴力作为自己的抗争手段，人们在感情被激怒的情况下也容易催生暴力，暴力有利于联合支持者，制造边界外部的分裂，显示自己的力量。暴力破坏作为抗争手段，主要在于它具有以下功效：暴力可能因为自己的运动类型而作为必然的手段，如反文化运动；暴力或许能够吸引新闻注意，提高知名度，影响舆论，如马丁·路德·金要求媒体记者报道"警察殴打黑人的画面镜头"；暴力可能因为政府当局的镇压而被激发产生，如"气象员"组织；暴力有利于给予对抗的一方以致命性的打击，实现自己的目标，如恐怖主义运动等。

但是，是否使用暴力，在社会运动历史上却出现无数次的分裂。暴力抗议带有不可避免的人身和物质的伤害和损害等破坏性，所以具有很大的风险。暴力是生与死的自我斗争，是对血的贪婪。④ 吉伦特派和雅各宾派之间的斗争显示这样的灼见，而学生争取社会组织中，元老派和草原派之间的争执一直不断。暴力促使了斗争和联盟系统的两极分化，使挑战者和

---

① Gurr, Ted . R. , *Why Men Rebel*, Princeton: Princeton University Press, 1970, p. 3.

② 汉娜·阿伦特：《共和的危机》，上海世纪出版集团、上海人民出版社2013年版，第79页。

③ 查尔斯·蒂利：《集体暴力的政治》，上海世纪出版集团2006年版，第14页。

④ 托德·吉特林：《新左派运动的媒介镜像》，华夏出版社2007年版，第148页。

当权者之间的关系从一场混淆不清的盟友、敌人和旁观者的多边赛，转为一场两极赛，人们不得不选择加入一方参赛，从而导致盟友分道扬镳，国家镇压机器迅速开始运转。暴力威胁虽是运动中的主要力量，但在潜在盟友感到畏惧、高层精英以维护社会安定的名义重组、治安部队学会应对时，它却会成为一种障碍。①

虽然暴力能触动人，它在运动的形成中却有一个严重的局限，就是会抑制和吓跑同情者。在任何一个社会中，人们对和平的渴望，总会导致大部分人忍受不公。因而暴力因缺乏广泛的社会支持而难以为继。破坏需要依靠高水平的参与，除非有正式的组织投入运动，否则人们对社会运动的积极参与很难在长时间里保持不变，运动中暴力破坏手段的使用，因公开挑战秩序和伦理而始终承受非常巨大的外在压力。

暴力所具有的威胁性和破坏性提供给当权者以镇压的借口，并把非暴力的集体行动同情者吓走。除非当权者失去权力，否则在强有力的政府面前，社会运动会因此暴力行为而招致致命的镇压，这样社会运动中占大多数的不太积极的参与者，倾向于消极地回归个人生活，把战场留给最积极的人去负责。但积极分子更可能选择暴力，而不是和当权者保持一种不确定的关系。结果暴力破坏就把运动分裂为倾向暴力的少数积极分子和倾向于常规手段的大多数温和分子，从而使暴力手段本身成为一种不稳定的斗争方式。

（二）常规性的抗争手法

社会运动的抗争手段，涉及各方互动，特别是社会运动组织者和政府当局之间互动而产生的战术性调整。既能避免政府的残酷镇压，又能引起足够的重视，动员更多的人参与社会运动。社会运动组织者开始进行抗争手段的策略创新。非暴力抗争形式开始逐渐获得更大的生命力。这主要体现在拉吉夫·甘地和马丁·路德·金的非暴力不合作运动的适用，以后慢慢模式化，并逐渐成为其他各种社会运动所效仿的手段。

随着时间的推移，抗争手法有了许多变化，有的源于环境变化，如出版和结社、国家创建和工业化；有的源于某些特别的斗争形式的内部演变和制度化，一方面源于社会运动内部的战术调整，另一方面源于警

① 西德尼·塔罗：《运动中的力量：社会运动与斗争政治》，凤凰出版传媒集团、译林出版社 2005 年版，第 128 页。

察处理抗争手段的成熟以及对社会运动的认知，可以通过互动的谈判与妥协方式，使得社会运动从逾越界限的斗争走向有节制的斗争；有的源于继承形式的边际革新，社会运动行动者或拿着、穿着或者举着具有象征意义的道具游行，呼喊各种各样的口号、打着各种标语以吸引观众注意力，彰显自己的目标诉求，如在游行过程中，行动者挥舞着干草叉或者活动扳手行进，以示自己的战斗性[①]，或者还可以带着象征他们斗争目标的道具行进：女权主义者装扮成女巫，以嘲笑被男性对手固定化的传统女性陈规[②]；有的源于与警察和其他参与者的互动中的战术调整，如工人在发动运动过程中，发明了纠察队、罢工、静坐、占领工厂和构筑街垒等抵抗手段；有的源于抗争手法的创新。在社会运动中，经常使用的非暴力抗争手法表现为请愿罢工、游行、示威、静坐等抗争剧目。

1. 请愿

请愿最先作为向上陈情起源于英国，是个人表达愿望、满足诉求以及要求庇护者或议会改正错误的一个表达手段，因为其具有的温和性和请愿性而被官方接受。在 18 世纪 80 年代前，还不具有抗议的性质；80 年代之后，请愿成为维护个人或群体利益寻求公正的表达形式。曼彻斯特工人在 18 世纪 80 年代发起的要求政府取消税收计划的请愿活动获得了成功，并发展出了许多请愿的技巧，如联合签名、递交信件、政治游说和联合抵制倡议等。[③] 1785 年之后，刚毕业的神学学生托马斯·卡拉克森和他的朋友们，运用千封信件组织请愿行动，成功发起了第一个跨国运动，反对奴隶制，并最终终结了奴隶贸易罪行，使奴隶制在环大西洋得以废止。[④] 后来，请愿和其他非暴力抗争手段联合起来，成为社会运动抗争的主要形式之一被广泛运用。

2. 罢工

在英语中，“罢工”这个词起源于 18 世纪，指水手“击打”船帆以

---

① Lumley, Robert, *States of Emergency: Cultures of Revolt in Italy from* 1968 *to* 1978. London: Verso, 1990, p. 224.

② Costain, Anne N., *Inviting Women's Rebellion: A Political Process Interpretation of the Women's Movement*, Baltimore: Johns Hopkins University Press, 1992, p. 49.

③ Tarrow, Sidney., *Power in Movement: Social Movements, Collective Action and Politics*, Cambridge: Cambridge University Press, 1994, pp. 38 - 39.

④ 查尔斯·蒂利、西德尼·塔罗：《抗争政治》，凤凰出版传媒集团、译林出版社 2010 年版，第 5 页。

示不愿工作的行为。[①] 查尔斯·蒂利认为，“罢工”一词出现在许多欧洲语言中，说明它的起源可能不止一个。[②] 罢工作为抗议手段被创造出来的时候，并没有与职业化有关，而是与做事有关，因而可以被广泛地利用。但是罢工获得抗议的力量，还是与工业以及工人有关。在 19 世纪，罢工成为工人向资本家施加压力、形成集体谈判机制的主要手段。另外，罢工成为工人寻求内部支持、建立团结、显示他们的挑战的主要手段。当前，罢工和各种各样的仪式化抗争剧目以及其他抗争手段结合起来，如罢工者举着旗帜、高喊口号、唱着歌曲、占领工厂、游行示威、组织集会等，具有更大的力量。这种形式已经被模式化，并为其他群体广为接受，进而形成工人罢工、教师罢教、学生罢课等各种衍生物。

3. *游行、示威*

游行主要是由宗教上的列队行进仪式，逐步发展起来。在历史上，公众游行是与民主化过程联系在一起的。它首次以完全现代化的形式出现于 1848 年革命的民主阶段，因为当时新的法兰西共和国领袖们不能否认人民呈递请愿的权利。[③] 到 19 世纪末，游行已变成各个社团和群众党派公开自己的要求和证明自己力量的主要手段。

游行之所以能够流行，是因为它可以随挑战者从一个目标转向另一个目标，要么去袭击对手，要么去陈述要求；也可以迅速地从一个地方蔓延到另一个地方，并联合许多社会参与者。它可以挑战对手，也可以显示团结、庆祝胜利、哀悼领袖等。游行的温和化做法，既可以展示自己的规模、人数和力量，反映自己的目标诉求，也可以避免受到警察等人的暴力干预。甚至组织者为了不让游行者受到警察的粗暴对待，开始使用他们自己的游行司礼官，形成重复的一系列路线、口号和标志，并有一种正规的行进程序。游行可以让没有参加游行的人——新闻界、维持秩序的军队、旁观者和对手——都成为游行活动的一部分。在某些时候，甚至警察也参与维持秩序，引导游行示威的进行，而不是予以镇压，除非出现破坏性行为。

---

① Linebaugh, Peter , and Marcus Rediker, “The Many - Headed Hydra: Sailors, Slaves, and the Atlantic Working Class in Eighteenth Century”, *Journal of Historical Sociology*, Vol. 3, 1990, pp. 225—252.

② Tilly, Charles, *From to Mobilization to Revolution*, Reading, Mass. : Addison - Wesley, 1978, p. 159.

③ Favre, Pierre, ed. , *La Manifestation*, Paris: Presses de la Fondation Nationale des Sciences Politiques, 1990, p. 16.

示威是在综合游行和请愿的基础上形成的，发起于英国。1786年的抗议者发挥了约翰·威尔克斯的反抗精神，打出“威尔克斯即自由”的口号，进入伦敦街头举行示威，抗议英国对北美的政策。[①] 19世纪30年代，英国的宪章派为工人争取政治权利时，将群众示威发挥到极致，19世纪中期，即1848年革命的斗争期间，示威行动已经横行欧洲，成为工人、民族主义者、中产阶级改革者以及革命的社会主义者广泛采用的斗争方式。示威可以通过以下方式得以辨识：（1）在某些公共场所聚集，特别是那些具有显著标志以及象征意义的地方聚会；（2）展示政治上相关成员和通过声音、印刷文字或象征物品支持某些立场；（3）在一个空间里以训练有素的风格行动或穿过一系列有特殊意义的空间——例如，从华盛顿越战纪念馆向国会山游行——展示集体决心。[②] 示威得以成为社会运动的主要抗争手法，是因为示威的温和化，减少了被镇压的机会；示威保证了范围广泛的公民自我组织的权利：集会、占有公共空间，视自己为集体利益以及集体表达要求；示威是对议会选举中动员民众支持或反对的方法的借用。

4. 静坐

静坐是20世纪60年代一个具有创新性的非暴力抗议行动。1960年2月1日，格林斯伯勒北卡罗来纳州农业和技术学院的四个一年级黑人新生在伍尔沃斯餐馆买了一些东西，然后就坐在了标有“白人专座”的区域。其中一个叫小埃泽尔·布莱尔的学生要了一杯咖啡，但被拒绝，他们因此一直坐在那里直到关门。虽然这种做法被民权组织运动试用过多次，却效果不佳。可是这四个学生却创造了奇迹，他们第二天又回来了，继续坐在那里，一坐就是一整天。学生们发誓每天坐在这个餐馆直到有人为他们提供服务。以后每一天，越来越多的学生挤在餐馆。不久他们在格林斯伯勒另外几家餐馆静坐，然后静坐发展到其他城市。后来静坐行动从北卡罗纳到弗吉尼亚、到佛罗里达、到南卡罗来纳、到田纳西，有15个城市参与了运动。人们对静坐的看法改变了。[③]

静坐手法的流行，是因为它用“非暴力不合作”的抵抗的方式获得

---

① 查尔斯·蒂利：《社会运动，1786—2004》，上海世纪出版集团2009年版，第24页。

② 查尔斯·蒂利：《集体暴力的政治》，上海世纪出版集团2006年版，第186页。

③ 马克·科兰斯基：《1968：撞击世界的年代》，生活·读书·新知三联书店2009年版，第86—87页。

了广泛的同情和支持，其无声的、沉默的抵抗比其他抵抗形式更具有杀伤力，而且它的创新，获得了新闻媒体的关注。在政府压制的情况下，人们可以比较谁才是更正义的；在政治机遇结构对其开放的情况下，它能够获得更多的支持使诉求得以表达。

（三）走向综合运用的抗争手法

社会运动并不局限于任何特定手法的使用，往往都是综合手法的运用，暴力的和非暴力的，非暴力内部各种手法的混合使用。历史学家杰克·布洛克在描述美国禁酒运动时写道：运动成员“引导调查、祈祷和歌唱，进入酒吧、公共散步场所和游行队伍中，并参加会议和集会……请愿、周旋于候选人中，拉选票、选举和密切注意选举投票”[①]。当代社会运动的战术更加灵活，迪特尔·鲁赫特在对法国和德国的生态运动相比较后发现，两国中反对使用核武器者，一度都使用了有表现力的或工具性的、对抗性的、暴力的或常规的集体行动形式，把人们团结在战斗、冲突和斗争中。总之，现代社会运动是一个包括多种形式的现象，涉及范围从有形地和象征性地攻击统治体制的抗议，到在常规政治领域内展开运动的抗议。

社会运动必须以 WUNC（价值、团结、规模和奉献）方面的充分展示为宗旨，因而他们必须运用可以利用的手法来呈现。在大众媒体、通信技术、交通运输以及互联网络的不断发展的时代，他们在借鉴传统抗争手法的基础上，不断进行革新，形成了许多模式化的抗争表演手法。模式化有利于动员人们参与社会运动，协调各种内部关系，减少政府暴力回应。但是，并非所有的抗争表演都像示威一样表现得有秩序、戏剧化且采取的是和平方式，20 世纪 50 年代中期和 60 年代非裔美国人的觉醒、60 年代后期学生运动和反战运动的展开、70 年代妇女和同性恋者争取权利的运动、80 年代的和平运动与环境保护运动、共产主义在 80 年代末的垮台以及右翼民粹主义在 80 年代和 90 年代的兴起，则使各种抗议行动尤其是对抗性的、暴力的抗争得以广泛推广。

社会运动手法的适用，总的来说，与人们提出集体性要求时特定抗争剧目所设定的限度有关。克拉克森和他的朋友在废除奴隶制时，由于自己

---

① Blocker, Jack S., Jr., *American Temperance Movements: Cycles of Reform*, Boston: Twayne Publishers, 1989, p. xiv.

各种经历，使他愿意采用请愿、保持宣传、大量发行小册子以及求得精英阶层支持的做法。当今欧洲城市里的一些社会运动积极分子们，也采取的是将公开机会、媒体声明、示威及请愿相结合的做法，尽量避免以自杀式炸弹袭击、扣押人质以及自焚的方式行事，他们所采用的抗争剧目吸取了此前发生的漫长抗争史的经验。

社会运动手法的适用总是因时、因地、因配对组合不同而发生变化。独裁主义国家的社会运动抗争手法，将会与民主国家的社会运动有很大的差别，“弱者的抵抗”将是主要的抗争形式。工具性社会运动也会比反文化社会运动拥有更多的抗争武器。因城市化、向美国北方移民以及成为中产阶层许多受过教育的非裔美国人部分地从对南方黑人的种族歧视压迫中解脱，对于生活在当时实行的种族隔离政策之下日益感到不满，而联邦政府则在这方面助了他们一臂之力。黑人种族运动首先按照事先精心部署的计划采取“向华盛顿进军”的做法，此类示威行动以林肯纪念碑前的群众集会为高潮。其次便是选定一个时间段，通常是夏季，以发动一场特定运动。再次则是静坐、堵塞交通以占领（行政）大楼这些破坏性做法得以广泛传播：先是在快餐馆，继而在公交车站，最后则是任何公开实施种族隔离政策的地方。

社会运动抗争手段的适用，也与抗争本身累积性调整与创新有关。在过去的两个世纪里，法国的要求提出者们吸收利用了其丰厚的抗争经验。三次重大的革命、一个革命公社、100多年来的诸多罢工、构筑街垒、游行、示威，所有这些全都被置于当今法国发生的抗争行动的表层之下，以供其按各种变化方式加以吸收利用、创新发展或重演。抗争剧目利用了各种认同、社会关系以及形成日常社会生活的诸组织形式。从这些认同、社会关系以及组织形式中，既产生出人们所提出的一些集体性要求，也产生了他们用以提出要求的方式方法。在参与斗争或目睹他人开展斗争的过程中，人们了解到那些具有政治重要性的互动，以及这些互动在当地所具有的共同意义。日常社会组织不断变化着的互动，累积而成的抗争经验以及政府当局的干预，导致了抗争剧目的渐进变化。不过，在任何特定的时刻，此类互动却促使“提出要求”聚集于一些有限的、已为人们所熟悉的（抗争）表演和剧目之中。①

① 查尔斯·蒂利、西德尼·塔罗：《抗争政治》，凤凰出版传媒集团、译林出版社2006年版，第18—31页。

四 抗争周期

“斗争周期”是西德尼·塔罗最先提出来的，他在《运动的力量：社会运动与斗争政治》一书中提到“斗争周期”这个短语指称与社会体制对立的矛盾深化阶段：集体行动从动员较好的部门向动员较差的部门迅速扩散；斗争形式上出现快速革新；新的或转变了的集体行动框架被创造出来；有组织和无组织的社会参与相结合；信息流关系增强；挑战者和当权者相互作用。如此广泛传播的斗争为挑战者创造了一定的客观条件，使他们不仅至少可以暂时占据优势，还可以克服自身资源基础薄弱的短处。它要求国家能设计明确的回应战略，或抑制斗争，或促进斗争，或两者兼顾。它产生的一般结果远大于那些互不相连的事件集合造成的总结果。[①] 塔罗主要强调了社会运动并不是一成不变的，随着环境的变化、政治机会结构的机遇和限制的变化、各种资源动员和组织情况、抗争手法选择性变化，以及当权者的回应手段的差异，社会运动也会发生深化或者衰竭与分化、激进化或者体制化、受到镇压或者促进的演化过程。这些周期性的变化可以分为运动周期内变化、运动周期间变化以及运动中涉及的政府、组织和个人的变化。

（一）运动内周期

1. 社会运动的扩散与效仿

社会运动总是建立在 WUNC 之上，因而必须动员更广泛的人员参与到社会运动中来。为此，他们必须提出有吸引力的目标诉求，构建认同框架，激活抗争边界，选择抗争手法，使得在抗争中与政府的互动增强。抗争初期，可能会导致抗争不断从冲突中心向四周扩散的状态，使得具有相同命运和认同的群体朝着相同的方向“揭竿而起”，纷纷效仿，那些原先沉默的、资源较少的群体也开始纷纷加入进来，导致社会运动的规模不断扩大，制造的影响力不断增强，但是所产生的紧张和冲突也在不断增强。抗争向高潮演化过程中，各种抗争手法被不断创新出来，而且信息的流动

---

① 西德尼·塔罗：《运动中的力量：社会运动与斗争政治》，凤凰出版传媒集团、译林出版社 2005 年版，第 190 页。

更为快捷，新的或转换的象征符号、意义框架产生于社会运动之中，创造了许多新文化的观念，特别是有关战斗性的文化观念渗透进来，成为未来运动象征符号的来源，激励更多的人参与到社会运动中来。

2. 社会运动冲突的极化与演化

随着社会运动的不断扩大，激烈的冲突不可避免，使各种力量不断分化组合。极端的现象可能会出现极化现象，最终以一方胜利另一方失败而告终。更多的情况是，冲突情况可以通过各种促进或阻碍社会运动的力量得以辨析。各挑战群体之间以及挑战群体与政府之间，甚至政府之间也出现了团结或分化的力量。如果冲突双方都彼此团结，将使得冲突更加激烈；如果政府当局团结，而社会运动组织出现分裂，则使得社会运动分化或者衰弱，一部分组织被制度化或者放弃，另一部分组织可能走向激进化道路；如果社会运动保持团结，而政府出现分裂，则社会运动走向满足目标、夺取政权甚至社会革命的道路，这也在另一个意义上，意味着社会运动的使命的终结。如果双方都出现分裂情况，则社会运动的走向将更为复杂，一部分社会运动走向制度化抗争，麦克亚当等人称之为有节制的斗争；另一部分社会运动走向周期性的反弹之中。这些力量的分化和组合也影响着抗争手法选择上的争论，特别是面对政府压制的情况下。关于抗争手法的争论性选择同样意味着社会运动可能走向分化道路。

3. 社会运动力量衰竭和两极分化

当怀有不同目的和动机的人群和组织参与进来以后（有的是负有远大的理想抱负的人，有的是投机主义者，有的是凑热闹的人等），社会运动领袖和组织者面临着管理的难题，既要保住核心的成员，又要防止机会主义者和“搭便车”的人。特别是在出现领导权之争时——如法国大革命中的雅各宾派和温和派之争，学生争取民主社会组织的元老派和草原派之争等——社会运动的力量受到削弱，可能出现两极分化现象。社会运动的深化过程中可能出现的各种意料不到的困境，那些处在挑战边缘的人最有可能脱离运动，这样，留下来的人数越来越少，他们要想实现目标，就需要采取激进抗争手法，人数和采取抗争手段的激进之间往往呈现一定的反比关系，即人数越少，采取暴力手段的可能性大增。参与人数的减少、派系之争以及抗争手法之争，使得希望破灭的精英和社会运动的激进分子之间的联盟开始瓦解，再碰到政府当局的镇压、监视、恐吓、利诱等手段，许多运动分子面临更多不确定的风险和代价考量，在最终的理想幻灭时，他们最终会厌倦社会运动或者退出社会运动，社会运动逐渐走向衰竭和两极分化。

20 世纪 60 年代的学生运动让我们见证了这种周期性的演化。学生运动达到高潮时，法国的“五月运动”几乎推翻了戴高乐政府；捷克斯洛伐克的“改革之春”如果不是遭到苏联的镇压，后果很难设想；德国的抗议浪潮震撼了自鸣得意的政治阶层；美国的权利运动中，学生扮演着急先锋的角色。运动的快速扩散既得益于廉价的旅行工具和电视传媒，又得益于学生队伍和组织的发展，同时也因为当时教育体制、社会环境以及思想动员等。学生运动甚至将其他的种族运动、民权运动等都纳入到自己的运动队伍中来。随着抗议的扩散，挑战者联盟建立了广泛的群众组织，扩大了他们的政治要求，但是开始出现了分化。一是政治要求的优先顺序问题；二是新老组织的领导权之争以及抗争手法的选择性问题，社会运动内部出现了分化；三是扩大的社会运动，以及扩散的影响，威胁了既定的秩序，导致对抗性运动以及政府当局的压制，造成了社会运动的衰落、分化、极化以及消失等现象。汉斯彼得·克里西等人在对欧洲许多国家社会运动的研究中指出，在 20 世纪 60 年代，我们看到了横跨工业化国家的广泛多样化的社会运动的动员水平或多或少同时高涨。尽管在政治机会和抗议主题上国家间有强烈的差异，但在这一时期不同国家抗议浪潮沿循的轨迹却显示出明显的相似性……在许多国家，伴随着 20 世纪抗议浪潮的衰落，一方面是体制化，另一方面是激进化的进程。①

（二）运动间周期

麦克亚当、塔罗和蒂利等人逐渐从社会运动研究走向抗争政治的研究，主要是基于这样的一种考虑，即各种形式的抗争过程中，有许多相似的机制在发生作用，更为重要的是，这些抗争形式之间可能会出现周期性的演化，同时各种抗争形式相互交融，难以做清晰的区分，这说明了各种运动间的周期现象。戴维德·洛克甚至将社会运动分为“替换型运动”、“补偿型运动”、“改良型社会运动”和“革命性社会运动”，② 可见运动

① 汉斯彼得·克里西、库普曼斯、简·威廉·杜温达克、马可·G. 朱格尼：《西欧新社会运动：比较分析》，重庆出版集团、重庆出版社 2006 年版，第 133 页。

② David A. Load, *Collective Behavior*, Pearson Education, Inc., 2002, pp. 235 – 238.

的性质演化特征。运动间的周期演化在“弱者的抵抗”、“骚乱、动乱”、“社会运动”与革命之间交织与交替。

很难说哪一种抗争形式是先行开始，或者后期结束的，也很难说各种抗争形式就是这样先此后彼的周期性演化，它们往往交织进行并有可能同时出现，但是周期只是说明它们抗争形式的转化的现象。即运动可能升级为革命，或者弱化为骚乱以及“弱者的抗争”，或者其他的抗争形式转化为社会运动。尽管在各种日常的生活中，“弱者的抗争”是最为寻常的现象。但是一旦环境发生了变化，同质性人群因某些诱发性因素激发可能会产生骚乱，当人们被组织起来以后，可能会发动社会运动。尽管社会运动内部会有派系分化，但也会因不同的政府战略而受到助长或阻碍。迅速屈从于造反者要求的政府很快会发现自己被取代，因为随着每个政权薄弱迹象的显现，造反者的要求不断升级。相反地，无条件地拒绝挑战者的要求并以武力做后盾的政府，不是在镇压卓有成效的地方消灭反对势力，就是在镇压无效的地方引起革命分化。

就革命运动而言，戈德斯通认为，它开始可能只是为达到某个目标或看法而发起的运动，后来才发展为具有不同目标的不同群体协作努力，并成为企图推翻政府的运动。它之所以会朝着这样的方向发展，更准确地说是因为政府采取了绝对抵制的镇压姿态：政府严厉禁止或苛刻地限制运动行动，强烈反对所有与运动有关的人，并可能试图消灭运动和它的支持者。[①] 政府镇压可能出现以下一些情况，镇压可能消灭社会运动；镇压也有可能分化社会运动，使得社会运动转化为有节制的抗争或者弱化社会运动的影响；镇压也有可能并没有结束运动，而是让它们转入地下，产生恐怖主义运动或者各种各样的骚乱，[②] 詹姆斯·米勒写道，1968 年芝加哥民主党大会上的反越战示威造成与警察的暴力冲突，群众运动崩溃，留下“一大堆与单一问题有关的较小运动”，“失败的革命者（在其中）制造炸弹，把对自由的幻想变成了残忍的不起作用的恐怖主义爆炸”[③]；镇压也

① Goldstone, Jack A, "Social Movements and Revolutions: On the Evolution and Forms of Collectiove Action", *Unpublished Paper*, University of California at Davis, 1997, p. 4.

② 多娜泰拉·德拉波尔塔：《社会运动、政治暴力和国家：对意大利和德国的比较分析》，上海世纪出版集团 2012 年版，p. xxiv.

③ Miller, James, *Democracy is in the Streets: From Port Huron to the Siege of Chicago*, New York: Simon and Schuster, 1987, p. 317.

可能有助于社会运动激进派获取领导地位，以更坚定的立场来对抗镇压，在其中，如果社会运动的激进派能够把握各种形式，就能够推动社会运动走向革命。以1917年俄国革命性运动的事例来说明抗争周期问题。一是情境性机制的利用。沙皇政府战争失败失去了合法性，又失去了控制力，前线出现叛乱。二是有效的框架建构：（1）宣告了当权者的不堪一击；（2）提供了一个提出有效要求的模式；（3）为其他挑战者分辨出可能的同盟者；（4）改变了现存的挑战者和当权者相互间的关系；（5）由此威胁了其他同现状有利害关系的政治行动者的利益，并使他们受到刺激。三是有效力量的动员。利用了农民因税赋和城市食品供给中断所导致的不满以及前方反抗的士兵、高层精英或因为政府的残酷镇压和不灵活政策，或因为对反对派目标的同情，或因为两者兼而有之，叛变到反对派阵营。① 如果得到境外势力的支持的话，则周期性演化将更加快捷。

反过来，当面对革命性形势时，各种原先分裂的力量，可能重新组合起来，如1848年欧洲发生的革命，在最初几个星期的骚动过后，那些议会自由分子、中产阶级民主分子和畏惧阶级斗争的君主立宪分子害怕了，开始从玩弄改革把戏回到支持反动派，政府恢复了自控能力，召集起同盟者，将起义者扫除出了战场。原先发动革命的人们开始重新考虑抗争方式，开始举行集会、游行示威、零散的暴力骚乱进行抗争，革命向社会运动或者骚乱、恐怖主义运动方向转化。

戈德斯通非常正确地总结革命性运动、社会运动与骚乱的周期性演化特征：“（社会运动和革命）既不是不同种类的社会现象……也不是完全相同的现象，它们只在程度上有所不同，分别从缓和到偏激。实际上，它们被认为是一类相关的现象，产生于相似的背景下，却在抗议运动、政府反应、更广大的社会环境和政府文化评估与反抗活动之间的相互影响中，以截然不同的方式逐渐发展和分化。”②

（三）运动周期中的政府、组织和个人

在卡斯泰特—亨克和戈德斯通看来，政府当局在社会运动中，一开始

---

① 西德尼·塔罗：《运动中的力量：社会运动与斗争政治》，凤凰出版传媒集团、译林出版社2005年版，第210—213页。

② Goldstone, Jack A., “Social Movements and Revolutions: On the Evolution and Forms of Collectiove Action”, Unpublished Paper, University of California at Davis, 1997, p. 24.

似乎是反应性的和被动性的。卡斯泰特—亨克通过对联邦德国恐怖主义现象的分析中认为，在社会运动初始阶段，权力当局对抗议的出现做出过分的反应，他们会沿用一种压制的战略，由于他们的不警惕以及对社会运动的不加区分，从而引起公众的义愤，导致进一步的抗议，于是权力当局将压制、让步和促进平息与分化瓦解结合起来实施。当整合、分化和激进化得以完全清晰时，温和派不再对抗议活动感兴趣，而激进者的极端行动对大多数社会运动的参与者来说成本太高，激进集团对新参与者的要求更为苛刻，他们开始更加封闭，进而转入地下，并发展出一种排他的意识形态和组织结构，导致抗议潜力的潜伏。① 戈德斯通在描述20世纪70年代德国的抗争周期时同样认为，起初，政府对抗议反应过度，而镇压不足，没有效果，从而激起进一步的抗议。但是，随着政府越来越了解抗议，他们终于能通过适当的让步来分化抗议者。②

抗争周期之中，政府会逐渐调整自己的策略，开始主动干预社会运动，我们从美国对新左派运动的反谍计划中可以得知。另外，从前面的章节可以知悉，国家的兴衰、性质以及转型对社会运动有很大的影响。同时社会运动也会促使政府进行变化、转型甚至被替代。社会运动促使政府的变化，主要表现为政治机会结构的开放与封闭、精英的团结和分裂等，社会运动分子被整合进政府机关。更多情况下，社会运动改变政府的政策以及实施情况，运动的一部分与政治有了很多内在的联系。西欧各国政府经历了1968年抗议浪潮之后，发生了不同的变化。在法国，保守党联盟从根本上修正了5月引起学生抗议的教育制度，而取消了工人增加工资的要求；在民主德国，社会民主联盟取得政权，扩大了国家的福利体系，并与当时东德共产党一起推出东部策略；在意大利，中偏左政府的一系列变化，在工厂中为工人阶级确立了一定的权力。这种权力直到20世纪80年代才被颠覆，而政治制度却原封不动。社会运动甚至变成了政治制度的一部分，如德国的绿党就是环境保护运动的结果之一。更为重要的是，社会运动周期过程中，由于政府的开放、衰落、精英分裂等，社会运动可能替代原来的政府而接管国家政权，如波兰的团结工会运动。而运动周期中政

---

① Karstedt - Henke, Sabine, "Theorien zur Erklärung terroristischer Bewegungen", pp. 198 - 234. in Blankenberg, Politik der inneren Sicherheit, Frankfurt: Suhrkamp, 1980, pp. 200 - 217.

② Goldstone, Jack A., "Social Movements and Revolutions: On the Evolution and Forms of Collectiove Action", Unpublished Paper, University of California at Davis, 1997, pp. 11 - 12.

府的变化，对社会运动的组织和走向产生很大的影响。

克里西认为社会运动在与政府当局互动中，社会运动组织将发生以下几种可能的变化。如图 6—2 所示，社会运动将走向制度化、商业化、内卷以及激进化。[①]

社会运动组织的制度化表示某一社会运动组织内部结构的定型、目标的温和适中、采用比较传统的行动手法以及融入到政府的既定体系当中这一过程，这主要与政府当局的分化利诱，或者是社会运动参与者的利己主义行为，或者是对目标实现的策略性调整有关。美国妇女运动在 20 世纪 60 年代和 70 年代达到顶峰，但是该运动中是许多组织自动员阶段开始就经历了制度化的过程，产生了大量公众利益团体，如“全国妇女组织”和“全国流产与生育权行动联盟”，都成为华盛顿地区积极开展院外游说活动与教育工作的团体，结果则是导致一系列公众利益院外活动集团的形成。

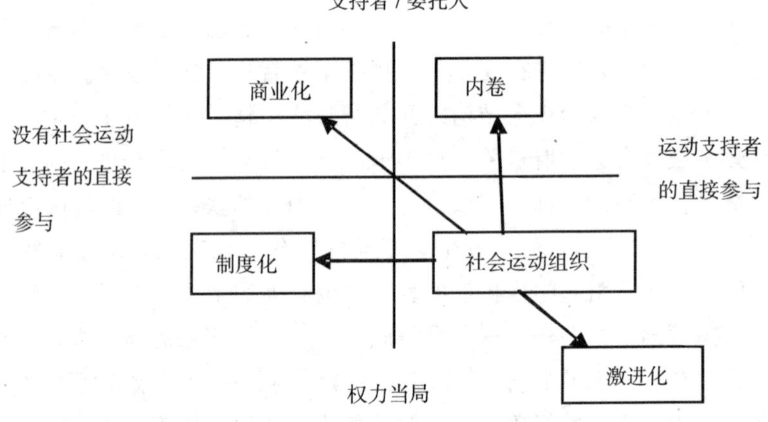

图 6—2　社会运动组织将发生的几种可能的变化

商业化意味着某一运动组织向服务性组织转变的可能。德国社会运动中发展起来的一些独立的商号与合作团体是典型代表；美国的“消费者研究”团体从支持消费者的团体变成一个产品检测与产品认证的商行；一

① Kriesi, Hanspeter, “The Organizational Structure of New Social Movements in a Political Context”, In Doug McAdam, John McCarthy, and Mayer Zald, Comparative Perspectives on Social Movements Cambridge: Cambridge University Press, 1996, pp. 153 – 157.

些女权主义团体在20世纪60年代之后则转到了与日常生活方式有关的一些行业中，如经营化妆公司和服装公司的广告，女性书店曾一度有所发展。

内卷，在克里西看来，就是一条通向专一强调社会动机、关注内部生活的道路。那些经历了内卷的社会运动组织，变成了自助团体、志愿者协会或者俱乐部。美国20世纪60年代斗争中产生的许多公社，都经历了一个从政治生活的积极参与者到重视发展个人与宗教方面教养的内卷过程。一些女性运动组织变成了自助性的组织，如“女性健康服务团体”，为妇女流产提供建议、为遭到强暴的妇女和那些被诊断出患有乳腺癌的妇女提供赞助而成立的团体，发生了组织内卷化过程。

激进化，即社会运动组织走向破坏性和暴力性之路。美国的“支持民主党学生协会”变成“气象预报员”组织之后，开始成为从地下秘密采取暴力手段进行对抗的组织。迪特尔·鲁赫特认为德国的暴力事件在20世纪60年代和70年代的“白热化”时期一直处于适中的水平，到80年代则增长了1倍多，而在90年代“光头党人”发动针对入境移民的攻击行动中，暴力事件则猛增至占该时期所发生事件的几乎1/5。①

社会运动组织在各种不确定互动中的各种变化，对社会运动的发生和走向必然产生重要的影响。不过不应忘记运动周期个人的变化也会对社会运动产生巨大的影响，特别是那些具有重要影响力的个人的变化。社会运动是需要一个个个体的参与来实现的，这些个体可以分为参与者和核心积极分子，而参与者往往可以分为支持者、同情者、机会主义者、新奇者等各种动机参与进来，大多是社会运动的边缘性人物，他们在经历了理想的幻灭、竞争、背叛和镇压等，往往会最先从社会运动中退出来。而那些核心人物是社会运动的中坚力量，也是社会运动得以存续的支撑性力量。按照官僚制理论，安东尼·唐斯对这部分人群进行了有趣的分类，他认为官僚们往往在组织中有以下一些动机：权力、金钱收入、声望、便利、安全、个人忠诚、自豪感、为公共利益服务的渴望、对特定计划的承诺等。根据这些动机，官僚们可以分为五类人群：“权力的攀登者”，在他们的价值结构中，首先考虑的是权力、收入和

① 查尔斯·蒂利、西德尼·塔罗：《抗争政治》，凤凰出版传媒集团、译林出版社2010年版，第22、160—162页。

声望。“保守者”，几乎考虑的是便利和安全，与权力攀登者相比，保守者寻求的仅仅是保留他们已得到的权力、收入和声望的数量，而不是使它们最大化。“狂热者”，效忠于狭窄的政策或观念，他们追求权力，一方面是因为权力有好处，另一方面是为了影响他们效忠的政策。“倡导者”，效忠于一套比狂热者更宽泛的职责或更宽泛的组织。他们也追求权力，因为他们想对那些与职责或组织有关的政策和行为形成重要的影响。“政治家”，效忠于整个社会，他们渴望得到权力，因为要对国家政策和行为有重要影响就需要拥有权力。[①] 首先，这些人群面临着权力之争，影响着社会运动；其次，这些人群往往会面临着不同的诱惑，因而容易遭到政府当局的选择性对待，往往会面临着分化，有的被招安、有的被压制；再次，由于时间的推移，可能会出现目标诉求实现的无望结果，有的人选择退出等，而那些具有坚定信念的狂热者，可能会选择激进的对抗方式，不一而足。在抗议周期的兴奋之后，佐尔伯格不无遗憾地写道：“我们记得最牢的是，政治狂热之后，接下来的是资产阶级镇压，或强有力的专制主义，有时是恐惧，但最终几乎总是恢复到无聊。”[②] 那些带着满腔热情投入到社会公众生活中的人，之后又带着与其所付出的努力成正比的厌恶感回归个人生活。[③]

五　总结

社会运动的发生、成功、失败与变迁很大程度上是与政府的互动决定的。政府对于社会运动采取的手段不同，往往取决于社会运动对于社会秩序、政府权力以及政治的稳定的影响程度。这从一个方面取决于政府对社会运动性质的判断。

另外，社会运动的发生情况在与政府的互动中，往往受到这样三种相互抵消的机制的影响，即互动中的政治行动者们所获得的三种机制的效力如何，主要是边界的激活与钝化、合法性获取的确认和撤销以及认同的获得与转变等，同时社会运动的发生、成功、失败与变迁也与社会运动所采

---

① 安东尼·唐斯：《官僚制内部》，中国人民大学出版社 2006 年版，第 89、93 页。

② Zolberg, Aristide R. “Moments of Madness”, *Politics and Society*, Vol. 2, 1972, p. 205.

③ Hirschman, Eric J., *Shifting Involvements: Private Interest and Public Action*, Princeton: Princeton University Press, 1982, p. 80.

取的手法导致政府的回应手段之间的对抗性与妥协性有关。从某种意义上来说，社会运动获得很大的发展，往往与在社会运动中对抗争手法的改革与创新有很大的关系，这些手段包括请愿、游行、示威、静坐以及其他吸引媒体和民众同情等的剧情表演手段。

社会运动组织与政府抗争的互动中，往往会招致社会运动的周期性变化。这种周期性变化与政府的政治机遇结构以及对待社会运动的处理手段有很大的关系。当机遇扩大和政府对挑战敏感的消息传开时，不仅活动积极分子，连普通民众也开始考验社会控制的限度。先前的挑战者和当权者之间的冲突，因为揭示了后者的弱点和前者的力量，甚至也使胆小的社会参与者被诱惑去与其中的一方结盟。在机遇正普遍扩大的形势推动下，消息一个接一个地传出，政治知识快速增长。

在这样的时期里，先前的造反者所创造的机遇就为新的运动组织者提供了动机。甚至传统的利益群体也被反传统的集体行动所诱惑。挑战者和政府成员常常跨越正在改变的界限，结成联盟。新的斗争形式得到尝试和传播，政治消息和不确定的传闻到处散播，各组织在一个新出现的紧密互动的“社会运动部门”中展开合作与竞争。

抗争周期中的扩散过程并不仅仅是一种“传染”，虽然发生了许多这样的传染，它也是利用已被其他群体的行动所证实的机遇的合理决定的结果：当群体的获益导致其他人寻求同样的结果时，当某人的利益被叛乱群体提出的要求损害时，当一个组织或机构的优势受到威胁并以集体行动做出回应时，扩散过程就出现了。随着抗争周期的扩展，运动也给精英和反对群体创造了机遇。参与者与挑战者结盟，反对派精英提出了在先前看来是鲁莽的改革要求，政府力量的反应或是改革，或是镇压，或是两者结合。正在扩大的集体行动逻辑导致了制度政治领域内的结果，而那些开始抗争周期的挑战者，在制度政治领域内对结果的影响则越来越小。

在抗争的顶点，抗争周期引起革命。革命不是集体行动的单一形式，也不完全由大众的集体行动构成。革命中的集体行动，像在与它们相关的抗争周期中一样，迫使其他群体和机构参与，为新的社会运动提供基础和框架，搅乱包围它们的旧制度和网络，并从造反群体开始抗争过程时所采用的集体行动形式中，创造出新的制度和网络。

随着社会运动和政府的互动中，双方都在不断地反思，在抗争和妥协的拉锯战中，思考文化价值的共识性存在，法治治理的规划化导向，政府人文关怀的道德维系。政府和警察对社会运动从以前的镇压走向协商和温和化的处理时期，从而使社会运动走在抗争周期的浪潮之中，使得整个西方社会成为迈耶等人所谓的“社会运动的社会”。

第七章　展望社会运动

行文至此，我们已经分析了引发或者阻碍社会运动发生的诸多机制，但是很难说已经穷尽了引发社会运动的所有机制，库普曼斯仅对麦克亚当、塔罗和蒂利所著的《斗争的动力》一书进行的归类中，发现能够影响社会运动发生的机制就有44个以上。[①] 而且这是从已经发生的社会运动的诸多实例中提取概括出来的，有些后置论的嫌疑。更不能说因为有了这些机制，社会运动就必然发生。与其说这些机制可能引发社会运动，不如说没有这些机制，社会运动发生的概率将会大为减少。本书在研究过程中，并没有给出肯定的答案，而是提供了二律背反的诸多机制，即既有促进社会运动发生的机制，也有阻碍社会运动发生的机制，需要考虑的事实就是，社会运动的发生，既要充分利用促进性的机制，也需要钝化和消除其阻碍性的机制。我们将社会运动放在国家与社会二元背景下展开研究，并对此做了许多化约论的处理，忽略了其中包含的各种复杂的要素和机制，如我们基本没有涉及逆向社会运动以及多元社会运动之间的促进、相互学习以及龃龉所造成的影响，也没有将社会运动放在宏大的国际背景下去展开论述。对于社会运动的研究，我们放在一个特定的变迁环境中展开思考，主要从社会运动和政府当局的互动中，立足于各自以及相互之间静态的和动态的、宏观的和微观的视角，整合结构主义、理性主义和文化主义的思想方法展开研讨。社会运动研究具有广博性，其中涉及的理论流派不断增加。社会运动研究越不断深入，也就意味着社会运动研究的分歧不断加深。但无论如何，引发不同社会运动的诸多机制还是客观存在，并是可以发现的，本书就是这方面努力的结果。

---

① 赵鼎新：《社会与政治运动讲义》，社会科学文献出版社2006年版，第48页。

一 社会运动发生的动力

社会运动是一项不同于“弱者抗争”、“骚乱”和“革命”的抗争性运动，它是特定历史时期的产物。虽然不能说社会的剧烈变迁是社会运动发生的必要机制，但是在剧烈变迁的情况下，各种抗争的爆发确实是一个不争的事实。18世纪的工人阶级运动和民主权利运动深刻地受到那个时代剧烈变迁的影响。这种变迁既是国内的，也是国际的。主要表现为资本主义和工业主义的经济生产方式的剧烈转型，改变了原来的生存和生活方式，人们在进行调整、适应或者变化过程中，在利益、心理以及观念上出现剧烈的结构性分化。另外，各种哲学的、文化的、宗教的和政治的思想观念不断渗透并影响着人们，促发人们在意识上的觉醒，表现为行动上抗争方式的转化和创新。社会运动从某种意义上，是对变化趋势的一种回应性反应。这种反应可以表现为波兰尼式的抗争，也可以表现为马克思式的抗争。不过在各种可资利用的资源和组织得到长足发展的现代资本主义社会里，社会运动逐渐带有主动性的特征，如现代的许多新社会运动，特别是在西方中产阶级以及学生发起的运动中表现得非常明显。我们的观点是在一个快速变迁的社会中，我们需要关注经济生活方面的变化，无论这种变化是快速的发展还是快速的衰退；需要关注新技术投入发展过程中带来的社会结构分化、各种不平等以及贫富差距现象；需要关注人们在心理情绪和文化思想上的认知性变化，关注人们对此适应、调整的节奏。记住亨廷顿所谓的“制度化和参与水平之间的适应性”问题，记住格尔所谓的“社会发展过程中存在的相对剥夺感”问题，否则各种不稳定的、抗争性的集群事件和社会运动将成为不可避免的伴生物。从一定意义上，社会环境机制如经济发展的速度、新技术对生产方式和生活方式的影响度、结构分化程度以及人们思想观念的变动程度，成为判断社会运动发生的基础性的和情境性的机制。

社会环境机制仅是促发社会运动的诱因，是社会运动活动的基础，是社会运动得以展开的基础性条件，而不是充分必要条件。因为在许多环境机制相似的国家，有的社会运动蓬勃兴起，而有的却没有发生社会运动，或者社会运动发生很少，仅在特定的领域零星出现。这说明，在环境机制之外还有其他的机制在影响着社会运动的发生。斯梅塞尔的加值理论是这方面努力的结果，他拓展了人们探求社会运动发生的多维面向。作为一种抗争的方式，社会运动必然涉及对抗双方各自的性质、组织及其互动对于社会运动发生的影响。国家无论是作为社会运动的抗争对象，还是社会运动的干涉者、调停者以及支持者，都必然对社会运动的发生产生重要的影响，国家既可以制造社会运动，也可以遏制社会运动。我们的观点是，国家的形成、转型与崩溃都可能促发社会运动的发生。因为政权组织方式、政策调整、财政税收、军事管理、行政管理等可能改变着传统的社会结构、资源配置以及生活方式，从而影响了不同阶层的利益布局、心理预期、身份认同等，成为社会运动诱发的政治性机制。国家政权性质的不同，意味着国家在处理社会运动方面的策略手段也就不同，其中我们结合了国家治理能力的差异，来阐述促发以及阻碍社会运动的因素。艾辛格和塔罗的政治机会结构概念对于分析社会运动的发生非常有帮助。国家政权机构的封闭与开放程度，影响着社会运动数量的多寡；同时政治机会结构中所存在的机遇与威胁，成为制约社会运动的主要因素，这需要社会运动行动者能够把握其中存在的机遇与威胁，包括获得有影响力盟友的支持、发现精英内部存在的分裂，以及可资利用的资源等。国家处理社会运动的主要任务由维护社会治安的警察担负，我们从更加微观的层面上来说明警察的抗争警治也是一项促发或阻碍社会运动的动力性机制。镇压是国家和警察最常用的手段，但是镇压一方面可能压制社会运动；另一方面也可能激化社会运动，向更大规模的暴力转向或者向地下的恐怖主义转向。现代社会的警察在处理社会运动时，采用非常多元化的手段，如监视社会运动负责人、分化内部矛盾、阻止社会运动获得资源、密探侦查、伪造证据、匿名骚扰、恐吓威胁等，增加社会运动发生的成本、提高预期的风险以及影响人的生活，增加其心理负担，以降低社会运动的发生。

当然，我们不应忘记社会运动的组织方对于社会运动发生的促发机制。社会运动领袖和组织对于社会运动具有很大的影响。领导者的团结以及现存组织的合理化利用，有利于促进社会运动，成为社会运动的催化剂；反之，领导者的分裂以及组织作为社会资本的内卷化、自助性倾向，将成为社会运动的灭火剂，削弱社会运动的力量。我们分析了具有相似背景、共同思想观念以及目标追求的领导者对于社会运动的促进作用，如果领导者出现了领导权之争以及路线或者抗争手段之争，将阻碍社会运动的发生。在现存的社会组织中，如果组织出现内卷化或者寡头化倾向，意味着成为社会运动的阻碍性力量。反之如果组织作为社会运动的支持性力量，由于其内部的团结性、人员规模、管理能力，将大大促进社会运动的发生及其持续深化的过程。

社会运动是一项 WUNC 展示的抗争活动，即社会运动需要解决目标诉求、价值诉求、立场诉求的同时，需要动员更多的人参与到社会运动中来；同时还要协调各方关系，以牺牲自己的时间、精力和财力等投入社会运动中。因此，社会运动需要动员更广泛的人参与进来，必然面临着解决社会运动参与者的“奥尔森难题”，即解决社会运动中的“搭便车”行为以及机会主义，这意味着社会运动动员机制的重要性。这里包括选择性激励、社会利用、居间联络、框架建构和资源动员等机制的采用，以动员民众参与社会运动。社会运动组织和动员机制得以很好地发挥作用，还有现代交通运输机制、通信技术的发展，使得社会运动可以利用媒体进行渲染和造势，使之获得很大的动员力量，从一定意义上促进了社会运动的发展。但是媒体是一把双刃剑，由于媒体自身的逻辑机制，它既可以树立社会运动的正面形象，也可以丑化社会运动，因而媒体的选择性利用，就成为社会运动发生必须考量的一个向度。

社会运动的发生、成功、失败与变异很大程度上是与政府的互动有关。政府对于社会运动采取的手段不同，往往取决于社会运动对于社会秩序、政府权力以及政治的稳定的影响程度。这一方面取决于政府对社会运动性质的判断；另一方面，社会运动的发生情况受到三种相互抵消的机制的影响，即边界的激活与钝化、合法性获取的确认和撤销以及认同的获得与转变等，同时社会运动的发生、成功、失败与变异也与社会运动所采取的手法导致政府的回应手段之间的对抗性与妥协性有关。从某种意义上说，社会运动获得很大的发展，往往是与社会运动中对斗争手法的改革与创新有很大的关系，这些手段包括请愿、游行、示威、静坐以及其他吸引媒体和民众同情等的剧情表演手段。

社会运动与政府抗争的互动中，往往会招致社会运动的周期性变化。这种周期性变化与政府的政治机遇结构以及对待社会运动的处理手段有很大的关系。当机遇扩大和政府对挑战敏感的消息传开时，不仅活动积极分子，连普通民众也开始考验社会控制的限度。先前的挑战者和当权者之间的冲突，因为揭示了后者的弱点和前者的力量，甚至也使胆小的社会参与者被诱惑去与其中的一方结盟。甚至传统的利益群体也被反传统的集体行动所诱惑。挑战者和政府成员常常跨越正在改变的界限，结成联盟。新的斗争形式得到尝试和传播，政治消息和不确定的传闻到处散播，各组织在一个新出现的紧密互动的“社会运动部门”中展开合作与竞争。

随着斗争周期的扩展，运动也给精英和反对群体创造了机遇。参与者与挑战者结盟，反对派精英提出了在先前看来是鲁莽的改革要求，政府力量的反应或是改革，或是镇压，或是两者结合。正在扩大的集体行动逻辑导致了制度政治领域内的结果，而那些起始的斗争周期的挑战者，在制度政治领域内对结果的影响则越来越小。

在社会运动和政府的互动中，双方都在不断地反思，在抗争和妥协的拉锯战中，思考文化价值的共识性存在，法治治理的规划化导向，政府的人文关怀的道德维系，政府和警察对社会运动从以前的镇压走向协商和温和化的处理时期，从而使社会运动走在斗争周期的浪潮之中。社会运动发生效用的诸多机制的组合、排序，决定了不同国家社会运动发生的概率和类型。

二　社会运动的未来

迈耶和塔罗在《社会运动的社会》一书中表示，社会运动已经成为当今一种非常普遍的社会现象，当今社会已经是一个“社会运动的社会”，主要表现为一是社会运动由以前的偶发现象变成现代社会生活中频发现象；二是和以前相比，抗争行为被各种各样的机构所使用以呈现非常广泛的行为诉求；三是职业化和组织化正将社会运动抗争诉求的主要工具变成常规政治的一种工具。① 这是对社会运动促进机制的乐观分析之上，如果结合本书中所考察的阻碍社会运动发生的机制的话，我们对社会运动的未来持谨慎乐观的态度。可以说，社会运动的未来趋势主要有以下几个方面，即社会运动的扩散和遣散、民主化和去民主化、温和化和激进化。这种趋势的变化来源于情境性机制以及社会运动与政府抗争互动机制的逻

① David S. Meyer, Sidney Tarrow, *The Social Movement Society: Contentious Politics for a New Century*, Rowman & Littlefield Publish, Inc., 1998, p. 4.

辑过程。

（一）社会运动的扩散和遣散

四个世纪以来，新形式的斗争风潮向世界的不同地区传播。当今的社会运动具有广泛传播和日益多样的特点。从曾经的工人阶级运动、宗教运动、废奴运动发展到民权运动和学生运动，接着是始于美国进而席卷西欧的生态运动、女性主义运动及和平运动，还有独裁和半独裁体制下的人权运动、中东地区的伊斯兰教和犹太教宗教极端主义运动、印度的印度教好战分子运动，以及最近西欧的反移民暴力运动、美国的基督教激进主义运动、巴尔干半岛和苏联地区源于不同文化传统的民族主义运动，这些运动的发生不仅与当今社会环境的变化有着必然的关联，而且还与国家政权组织有着必然的关联。塔罗写道："1789 年，反对奴隶制的倡导者很难把他们的运动传播到 30 英里海域之外（从英国传播到法国）；而 1989 年，民主运动在几周内便在世界范围内引起一场既温和又致命的运动浪潮。"① 但是我们从前面章节的分析中，社会运动的周期性现象以及抗争互动中各种阻碍性因素的存在，意味着社会运动存在被遣散或者消解的趋势。查尔斯・蒂利很好地说明了社会运动的扩散和遣散的情况，如图 7—1 所示。②

蒂利对此分析道，21 世纪还会产生新的纲领诉求、身份诉求和立场诉求，这些新的诉求将成为社会运动的新议题，因此，在地方、区域和国家层面的社会运动仍将继续。由于现代新科技特别是互联网络等电子产品的发展，以及全球资本主义的发展，或许未来在国家权力的大幅度衰退的同时，将激活地区和国际层面的社会运动，后者可能会在要求本土自决权或区域自治权时对国家宣战，并从国际组织那儿获取支持和保障。跨国网络行动已经是社会运动发展的主要趋势，"占领华尔街"、环境保护运动以及反资本主义运动可以及时地在世界多个国家和区域同时发生，国际层面的社会运动裹挟着对国家的诉求和抗争。不过，具体到某些社会运动来说，从前面各章的分析以及与政府的互动中，它们面

① 西德尼・塔罗：《运动中的力量：社会运动与斗争政治》，凤凰出版传媒集团、译林出版社 2005 年版，第 263—264 页。

② 查尔斯・蒂利：《社会运动，1768—2004》，上海世纪出版集团 2009 年版，第 199 页。

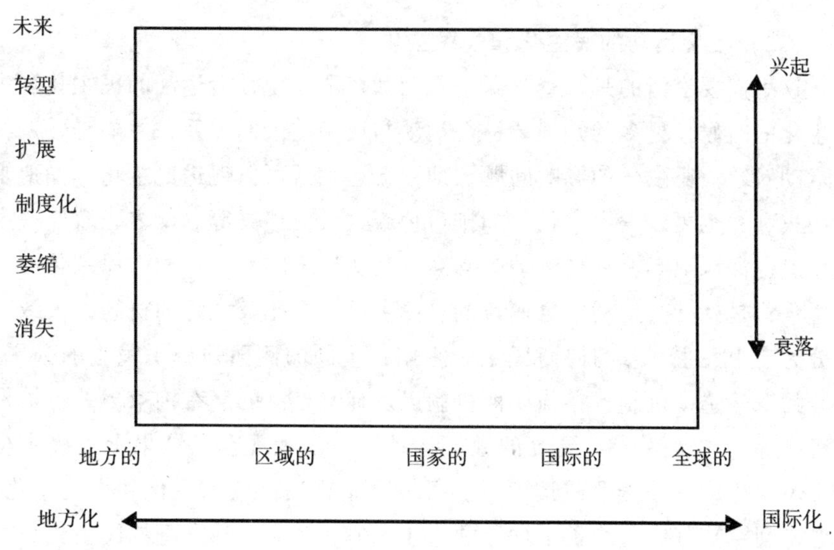

图 7—1　未来社会运动的不同层面的发展

临着转型、遣散、制度化、衰落和消失的过程，同时由于社会的复杂性面向，可能也有一些新的社会运动的兴起和发生。这与社会运动的组织动员能力、政府回应中的能力和处理手段以及政治机遇结构等各项因素有关。蒂利写道："社会运动的形式、组成和诉求，是随着历史而变化和发展的。三个相互区别又相互影响的因素导致了社会运动的变化和更迭：一是政治的整体环境；二是运动、常备剧目和 WUNC 展示在社会运动内部与日俱增的变化；三是社会运动模式在行动中的传播扩散。作为人类创造的制度形式，社会运动有可能消亡或转化成为其他截然不同的政治形式。作为公共诉求伸张手段的社会运动，其赖以生存的条件可能被不断地消解，或是被新的诉求伸张形式所取代，并由此导致 21 世纪社会运动面临毁灭。"① 这样，一方面，社会运动的"WUNC"从一个运动向另一个运动扩散和转化；另一方面，社会运动也在有节制的斗争和逾越界限的斗争之间来回穿梭。

① 查尔斯·蒂利：《社会运动，1768—2004》，上海世纪出版集团 2009 年版，第 203—204 页。

（二）社会运动的民主化和去民主化

这里需要澄清的是，查尔斯·蒂利和塔罗在说社会运动的民主化和去民主化的时候，更多的是强调社会运动与民主政治的关系，主要是强调社会运动对政治民主化的影响问题，即社会运动既可以促进民主化，如追求公民权利；也可以去民主化，如排斥种族、反对移民等。反之，政治民主化情况也深深地影响社会运动的兴衰。其实这里的社会运动的民主化与去民主化，是就社会运动本身而言的。民主是一个比较宽泛的概念，大致可以分为自由民主和参与协商民主。它们在不同的侧面强调了民主的公平、公开的竞争选举机制、参与协商机制以及拥有广泛的、有拘束力的平等保护机制等。作为 WUNC 展示的社会运动，一是表现在其结果上的民主化和去民主化；二是表现在其动员、组织及其管理上的民主化和去民主化。前者蒂利在其著作中给予了详尽的论述，但就社会运动本身的民主化和去民主化甚少涉及。其实社会运动是需要动员各种人群和组织参与的过程，民主化是其主要的任务之一。首先是参与动员的民主化，需要在三个界面上促进民主化：一是在不平等和公共政治的交界面上；二是在信任网络和公共政治的交界面上；三是在公共政治内部。社会运动的民主化最起码动用了以下机制：跨阶级联盟的形成，中间人的拉拢，保护人—被保护人网络的解体，社会利用和居间联络。[①] 社会运动的民主化还受其为民请命的民主诉求的约束，在追求人们权利的过程中，自身受到民主诉求的制约，往往在其自身的组织和管理中，体现民主化的管理方式，对其非民主的管理，往往会产生排斥或抵触的情绪。其次，社会运动的斗争手法往往就是民主方式的一部分，民主的具体表现，在于公民具有言论、集会、结社的自由，在于公民具有参与权、表达权等，而社会运动往往利用集会、请愿、游行、示威等方式来追求自身的权利。最后，现代通信技术的发展和运用为社会运动的民主化提供了技术上的支撑。网络民主将世界各地的人们联结起来，一种平等的、扁平化的交流方式推动了社会运动未来的民主化走向。

但是，也不应该忘记社会运动也有可能走向去民主化。首先，我们从

---

① 道格·麦克亚当、西德尼·塔罗、查尔斯·蒂利：《斗争的动力》，凤凰传媒出版集团、译林出版社 2006 年版，第 387—390 页。

法国大革命的历史中知道，民主运动的追求可能会通向独裁之路。社会运动一旦实现了它们主张的纲领，就通过植入威权领袖、克利斯玛崇拜或煽动进行大规模的排斥，对外则是人民主权原则事实上遭到诋毁，对内则是独裁主义的统治和管理。其次，社会运动日益职业化取向，意味着去民主化的可能。这种职业化，一方面表现为社会运动的组织、动员和管理以及社会运动的范围、强度和效果严重依赖于运动中的政治企业家，社会运动的未来发展在一定程度上也取决于这一趋势能否持续，并取决于何种类型的政治企业家活跃于社会运动之中。另一方面社会运动日益成为一项专业化很强的技术性事务。大到如何能够保证社会运动参与力量，又能保护社会运动免受政府当局的镇压，如何能够和媒体保持良好的沟通关系；小到社会运动内部事务的管理，如邮件的发送、传单和标语的制作以及社会运动资金的募集和管理等。再次，社会运动的去民主化倾向，还在于内部精英的寡头化倾向，运动的组织化、规模化使得大型组织以及集体有必要进行统一的指挥和行动，意味着组织管理的等级制日益明显，同时那些在管理中获得利益、好处和声望的人慢慢从社会运动行动转变为对社会运动组织的高位的占据和管理。最后，纵使是电子网络化时代，推动了社会运动的民主化趋势，但是网络的意见领袖、门户网站、会员等级以及守门员把关、网络会员的积分制和虚拟货币等空间设置的可行性，也使得在网络化时代，社会运动存在去民主化的可能性。

（三）社会运动的温和化和激进化

从前面章节的分析中，我们知道，社会运动既要获得多数成员的参与和支持，又要避免遭受政府的镇压，它们逐渐降低了自己的暴力的和破坏性的行动，而创造了许多温和化的抗争手法，如请愿、静坐、示威、游行等斗争手法，既降低了社会运动参与的成本，又降低了社会运动发起的成本以及遭受压制的风险，大大推动了社会运动的发展。塔罗分析道，在大多数西方国家，1970—1990 年参加斗争性较少的集体行动形式（请愿与和平示威）的人数在报道中增长最多。格尔认为，美国的政治性暴力的使用在 20 世纪 70 年代到 80 年代明显减少。总的来说，欧美的证据表明，西方公民接受并实际运用的激烈斗争形式的数量似乎比 20 年前更有限，采用常规性的和平形式，在相对数量和绝对数量上都增加了，尤其是在请愿和和平示威上，而且，社会运动组织中经常出现的激进主义即好斗倾向已经减弱。[①] 虽然塔罗在总体规模上，指出了社会运动的温和化取向。但是并不意味着社会运动放弃使用暴力以及激进化取向，道尔顿认为，更具斗争性的行动（如占领建筑物恶化政治暴力）的人数略有增长。[②] 迪特尔·鲁赫特在联邦德国20世纪后半个世纪的社会运动研究过程中发现，对抗性的抗议所占的比例在20世纪80年代末、“暴力冲突”所占的比例在90年代都上升了，他将之归结为新的抗议内容的出现，特别是右翼反移民运动（特别是两德合并，民主德国大量移民）的增多导致暴力抗争数量的增加。从某种意义上，社会运动的激进化和暴力化仍然是客观存在或者是潜伏在社会运动的血液里面。

迈耶和塔罗总结西方社会运动的不断兴起的原因，主要归结为社会运动的组织化、扩散化和抗争手法的温和化，社会运动组织和革新，以及信息技术和交通技术的发展。这些确实大大推动了社会运动从地方向国家扩散，从民主国家向非民主国家的扩散，甚至也出现反向扩散，向更为地方化的层面扩散。这种扩散既有空间上的扩散，也有社会运动类型的扩散，除了各种认同性的、身份性的运动不断兴起之外，甚至连一度衰落的劳工运动在新的世纪也开始复兴，贝弗里·J. 西尔弗写道：“从20世纪90年代开始，劳工运动正日益高涨，最明显的证据，就是愈演愈烈的针对由当代全球化而引发的各种社会动荡的大众反抗运动，这些劳动运动从20世纪20、30年代的欧美，到20世纪70、80年代的新兴工业化国家，到20世纪90年代的新型崛起的发展中国家，而且大量的向发达国家的移民也导致了欧美国家新的劳工运动的兴起。”[③] 社会运动结合着民主诉求以及民主化动力，从过程和结果两个方面演化交织，既标志民主制度的存在，也是对民主功能的不断促进。社会运动的温和化倾向，为那些循规蹈矩的政治生活中“沉默”的一群人以及无人提及的议题提供了一个至关重要的途径，使之得以在大众政治中占有一席之地。但是，并不因此就否定了社会运动因为各种反向性机制所造成的遣散现象、去民主化趋势以及激进

① 西德尼·塔罗：《运动中的力量：社会运动与斗争政治》，凤凰出版传媒集团、译林出版社2005年版，第276页。

② Dalton, Russel, *Citizen Politics in Western Democracies*, 2nd rev. ed, Chatham, N. J.: Chatham House, 1996, p. 76.

③ 贝弗里·J. 西尔弗：《劳工的力量：1870年以来的工人运动》，社会科学文献出版社2012年版，中文版前言，第2页。

化取向。对社会运动未来趋势的发展，我们还是保持谨慎的态度。哪里有不公，哪里就有反抗，以 WUNC 展示强大力量的社会运动，创新于 18 世纪晚期，在未来的很长的一段时间里依然存在，考验着国家与政府的智慧。社会运动是一把双刃剑，由于它建设性和破坏性共存的内在特征，意味着它的未来存在飘忽不定的走向。

参考文献

一　外文文献

[1] Agnew , J. , *Place and Politics: the Geographical Mediation of State and Society Allen and Unwin*, Boston MA, 1987.

[2] Axelrod, Robert, M. , *The Evolution of Cooperation*, New York: Basic Books, 1984.

[3] Alexis de Tocqueville, *Democracy in America* ed. Phillips Bradley, New York, Knopf, 1955.

[4] Amin, A. , Regions Unbound: Towards a New Politics of Place Geographiska Annaler 36B, 2004 .

[5] Blocker, Jack S. , Jr. , *American Temperance Movements: Cycles of Reform*, Boston: Twayne Publishers, 1989.

[6] Carey, Sabine C. *Protest*, *Repression and Political Regimes: An Empirical analysis of Latin America and sub - Saharan Africa*, New York: Routledge, 2009.

[7] Cohen, Abner, *Custom and Politics in Urban Africa*, Berkeley and Los Angeles: University of California Press, 1969.

[8] Colin Barker, Alan Johnson and Michael Lavalette, *Leadership and Social Movements*, Manchester University Press, 2001.

[9] Costain, Anne N. *Inviting Women's Rebellion: A Political Process Interpretation of the Women's Movement*, Baltimore: Johns Hopkins University Press, 1992.

[10] Crane Brinton, *The Anatomy of Revolution*, New York: Prengice - Hall, 1952.

[11] Dalton, Russell, *Citizen Politics: Public Opinion and Political Parties in Advanced Industrial Democracies*, 2_{nd} ed. Chatham, NJ: Chatham

House, 1996.

[12] C. A. Dawson and W. E. Gettys, *Introduction to Society*, rev. ed. New York: The Ronald Press Co., 1935.

[13] Davenport, C., "Multi – Dimensional Threat Perception and State Repression: An Inquiry into why State Apply Negative Sanctions", *Amenrican Journal of Political Science*, Vol. 39, 1995.

[14] David A. Load, *Collective Behavior*, Pearson Education, Inc., 2002.

[15] David S. Meyer, Sidney Tarrow, *The Social Movement Society: Contentious Politics for a New Century*, Rowman & Littlefield Publish, Inc., 1998.

[16] David L. Westby, *The Clouded Vision: The Student Movement in the United States in the* 1960*s*, Lewisburg: Bucknell university press, 1976.

[17] Della Porta, Donatella and Herbert Reiter, *Policing Protest: The Control of Mass Demonstrations in Western Democracies*, University of Minnesota Press, 1998.

[18] Edwards, Bob and John D. McCarthy, "Resources and Social Movements Mobilization", in *D. A. Snow, S. A. Soule, and H. kriesi. Malden, The Blackwell Companion to Social Movements*, MA: Blachwell Pub, 2004.

[19] Eisentein, Zillah, *Hatreds: Racialized and Sexualized Conflicts in the* 21st *Century*, New York: Routledge, 1996.

[20] Eisinger, Peter K., "The Conditions of Protest Behavior in America Cities", *The American Political Science Review*, Vol. 67, No. 1, 1973.

[21] Emirbayer, M. and Goodwin, J., "Network Analysis, Culture, and the Problem of Agency", *American Journal of Sociology*, Vol. 99, 1994.

[22] Favre, Pierre, ed., *La Manifestation*, Paris: Presses de la Fondation Nationale des Sciences Politiques, 1990.

[23] Fireman, and William A. Gamson, "Utilitarian Logic in the Resource Mobilization Perspective", in *Mayer N. Zald, and John D. McCarthy, the Dynamics of Social Movements*, Cambridge, Mass.: Winthrop, 1979.

[24] Freeman, Jo., *The Politics of Women's Liberation: A Case Study of an Emerging Social Movement and Its Relation to the Policy Process*, New York;

London: Longman, 1978.

[25] Furedi, Frank, "Olenguruone in Mau Historiography", *Paper Presented at the One – Day Conference on the Mau Rebellion*, Institute of Commonwealth Studies, March 29, 1974.

[26] Gamson, William, A., Bruce, Fireman, and Steven Rytina, *Encounters with Unjust Authority*, The Dorsey Press, 1982.

[27] Gamson, William, A., "Political Discourse and Collective Action", in Bert K Landermans, Hanspeter Kriesi, and Sidney Tarrow, eds., *From Structure to Action: Compavring Social Movement Research across Cultures. Internationl Social Movement Research*, Vol. 1. Greenwich, Com.: JAI.

[28] Gamson, William A., *The Strategy of Social Protest*, Belmont, CA: Wadsworth, 1990.

[29] Gamson, William, "The Social Psychology of Collective Action", in Aldon D. Morris and Carol McClurg Mueller, eds., *Frontiers in Social Movement Theory*, New Haven: Yale University Press, 1992.

[30] Gavin, Kitching, *Karl Marx and the Philosophy of Praxis*, London and New York: Routledge, 1988.

[31] Geertz, Clifford, "Religion as a Cultural System", In Clifford Geertz, *The Interpretation of Cultures*, New York: Basic Books, Harper Torchbooks, 1973.

[32] Giddens, Anthony, *Sociology*, Oxford, Polity Press, 1989.

[33] Goffman, Erving, *Frame Analysis: An Essay on the Organization of Experience*, Cambridge, Mass.: Harvard University Press, 1974.

[34] Goldstone, Jack A., *Revolution and Rebellion in the Early Modern World*, Berkeley and Los Angeles: University of California Press, 1991.

[35] Goldstone, Jack A., "Social Movements and Revolutions: On the Evolution and Forms of Collectiove Action", in *Unpublished Paper*, University of California at Davis, 1997.

[36] Goldstone, Jack A., "Toward A Fourth Generation of Revolutionary Theory", *Annual Review of Political Science*, Vol. 4, 2001.

[37] Gooodwin, Teft and Janies Jasper, "Caught in a Winding, Snaring Vine: The Structural Bias of Political Theory", In Goodwin and Jassper

(*eds.*), *Rethinking Social Movements*: *Structure*, *Meaning*, *and Emotion.* Rowan & Littlefield publishers, Inc, 2004.

[38] Gould Roger V. , "Multiple Networks and Mobilization in the Paris Commune 1871", *American Sociological Review*, Vol. 56, 1991.

[39] Granovetter, Mark, "The Strength of Weak Ties", *American Journal of Sociology*, Vol. 78, 1973.

[40] Gurr, Ted R. , *Why Men Rebel*, Princeton, NJ: Princeton University Press, 1970.

[41] Hans, Toch, *The Social Psychology of Social Movements*, Indiannapolis: The Bobbs – Merrill Co. , Inc. , 1965.

[42] Hedstrom, Peter and Richard Swellberg, eds. , *Social Mechanisms. An Analytical Approach to Social Theory*, Cambridge: Cambridge University Press, 1998.

[43] Koopmans, Ruud. , "A Failed Revolution – But a Worthy Cause", *Mobilization*, Vol. 8, 2003.

[44] Herberle, Rudolf, *Social Movements*: *An Introduction to political Sociology* , New York: Appleton – Century – Crofts, 1951.

[45] Heberle, *Social Movements*, Op. cit. See also Robert M. Kloss, *Political Tendencies and Social Security*: *From the New Deal to the Great Society*, Louisians State University, August 1969.

[46] Herbert Blumer, "Collective Behavior", in Alfred M. Lee, editor, *New Outlines Principles of Sociology*, ed. 2_{nd}, rev. , New York: Barnes & Noble Books, 1951.

[47] Hirschman, Eric J. , *Shifting Involvements*: *Private Interest and Public Action*, Princeton: Princeton University Press, 1982.

[48] Hochschild, Arlie, "Ideology and Emotion Management: A Perspective and Path for Future Research", in Theodore D. Kempet, ed. , *Research Agendas in the Sociology of Emotions*, *Albany*: *State University of New York Press*, 1990.

[49] James C. Davies, February, "Towward a Theory of Revolution", *American Sociological Review* , Vol. 27, 1962.

[50] Jerome , Davis, *Contemporary Social Movements*, New York: The

Century Co. , 1930.

[51] Karstedt – Henke, Sabine, "Theorien zur Erklärung terroristischer Bewegungen", in *E. Blankenberg. Politik der inneren Sicherheit*, Frankfurt: Suhrkamp, 1980.

[52] Klandermans, Bert, *The social psychology of protest*, Oxford: Blackwell, 1997.

[53] Kornhauser, William, "Mass Society", in*International Encyclopedia of the Social Sciences* 10, New York: Macmillan and The Free Press, 1959.

[54] Kornhauser, William, *The Politics of Mass Society*, New York: Free Press, 1959.

[55] Kriesi, Hanspeter, "The Organizational Structure of New Social Movements in a Political Context", in *Doug McAdam, John McCarthy, and Mayer Zald*, *Comparative Perspectives on Social Movements*, Cambridge: Cambridge University Press, 1996.

[56] Kurt and Gladys Lang, *Collective Dynamics*, New York: Thomas Y. Crowell Co. , 1961.

[57] Lenin, *Quoted in Rustow*, *A World of Nation*, From "One Step Forward, Two Steps Backward", Robert V. Daniels, ed. , *A Documentary History of Communism*, New York, Vintage, , 1960.

[58] Linebaugh, Peter , and Marcus Rediker , "The Many – Headed Hydra: Sailors, Slaves, and the Atlantic Working Class in Eighteenth Century", *Journal of Historical Sociology*, Vol. 3, 1990.

[59] López Maya, Margarita, "Venezuela after the Caracoza: Forms of Protest in a Deinstitutionalized Context", *Bulletin of Latin American Reseach*, Vol. 21, 2002.

[60] Lorenz Von Stein, *The History of the Social Movement in France* 1978—1850, Kaethe Mangeberg, translator, Totawa News Jersey: Bedminister Press, 1964.

[61] Lumley, Robert, *States of Emergency*: *Cultures of Revolt in Italy from* 1968 *to* 1978, London: Verso, 1990.

[62] Marx, Gery T. , "Issueless Riots", in James F. Short JR. and Marvin E. Wolfgang (eds.), *Collective Violence*, New York: Aldine Atherton, 1972.

[63] McAdam, Doug, *Political Process and the Development of Black Insurgency* : 1930—1970, Chicago: University of Chicago Press, 1982.

[64] McAdam, Doug, "Conceptual Origins, Current Problems, Future Directions", in *Comparative Perspectives on Social Movements*Doug McAdam, John , McCarchy, and Meyer Zald, Cambridge: Cambridge University Press, 1996.

[65] McAdam, Doug, McCarthy, John D. , and Meyer N. Zald, *Comparative Perspectives on Social Movements: Political Opportunities, Mobilizing Structures, and Cultural Framings*, Cambridge University Press, 1996.

[66] McCarthy, John D. , and Meyer N. Zald, "The Trend of Social Movements in America: Professionalization and Resource Mobilization", in *M. N. Zald and J. D. MaCarthy*, *Social Movements in an Organizational Society: Collected Essays*, New Brunswick, N. J. : Transaction Books, 1973; "The Enduring Vitality and Resource Mobilization Theory of Social Movements" in *J. H. Turner*, *Handbook of Sociological Theory*, New York: Kluwer Academic/Plenum Publishers, 2002.

[67] McCarthy, John D. , and Meyer N. Zald, "Resource Mobilization and Social Movements: A Partial Theory", *American Journal of Sociology*, Vol. 82, 1977.

[68] Mellor, C. and Miller, J. , *Women: A Journal of Liberation*, Winter, 1969.

[69] Melucci, Alberto, *Nomads of the Present: Social Movements and Individual Needs in Contemporary Society*, Philadephia: Temple University Press, 1989.

[70] Melucci, A. , *Challenging Codes: Collective Action in the Information Age*, Cambridge University Press, 1996.

[71] Merton, Robert K. , "The Self - Fulfilling Prophecy", in *Social Theory and Social Structure*, New York: The Free Press, 1968.

[72] Meusel, Alfred, "Revolution and Counter Revolution", in R. Edwin and A. Seligman (eds), *Encyclopaedia of Social Sciences*, Vol. VⅡ—VⅢ, New York: Macmillan, 1948.

[73] Michael P. Hanagan, Lesile Page Moch and Wayne te Brake , *Chal-*

lenging Authority: *The Historical Study of Contentious Politics*, the Regents of the University of Minnesota, 1998.

[74] Miller, James, *Democracy is in the Streets*: *From Port Huron to the Siege of Chicago*, New York: Simon and Schuster, 1987.

[75] Morrison, Denton E., *Some Notes Toward Theory on Relative Deprivation*, *Social Movements*, *and Social Chance*, The American Behavioral Scientist, 1971.

[76] Nicholls, W, J., "Forging a 'New' Organizational Infrastructure for Los Angeles's Progressive Community", *International Journal of Urban and Regional Research*, Vol. 27, 2003.

[77] Nicholls, Walter, "Place, Networks, Space: Theorising the Geographies of Social Movements", *Journal Compilation Croyal Geographical Society* (*With The Institute of British Geographers*), 2009.

[78] Neil J. Smelser, *Theory of Collective Behavior*, New York: The Free Press, 1963.

[79] Oberschall, Anthony, *Social Conflict and Social Movements*, Englewood Cliffs., N. J.: Prentice – Hall, 1973.

[80] Oberschall, Anthony, *Social Movements*, New York: Transaction Books, 1993.

[81] O'Connor, L. E., "Instructions from the Woman's Page on Method, Organization and Program", *The Woman's Page*, Vol. 5, April & May: n. p., 1971.

[82] Olesen, Thomas, *International Zapatismo*: *The Construction of Solidarity in the Age of Globalization*, Lodon: Zed., 2005.

[83] Pedro Iberra, Soeial Movement and Demouraly. Palgrave Macmillan ™175 Fifth Avenue, New York, N. Y. 10010 and Houndmills, Basingstoke, Hampshire, England RGz1 6XS, 2003.

[84] Piven, Frances Fox and Richard A. Cloward, *Poor's Movements*: *Why They Succeed*, *How They Fail*, New York: Pantheon Books, 1977.

[85] Rajendra Singh, *Social Movements*, *Old and New*: *A Post – Modernist Critique*, Sage Publications: New Delhi Thousand Oaks Calif London, 2001.

[86] Ralph H. Turner. Dec. , "*The Theme of Contemporary Social* Movements", *The British Journal of Sociology*, Vol. 20, No. 4, 1969.

[87] Richard G. Rraungart, *Family Status, Socialization, and Student Politics*, (dissertation) Penn State University, 1969.

[88] Robert E. Park and Ernest W. Burgess, *Introduction to the Science of Sociology*, Chicago: University of Chicago Press, 1924.

[89] C. Wendell King, *Social Movements in the United States, New York : Random House Inc.* , 1956.

[90] *Ron E. Roberts and Robert Marsh Kloss, Social Movement: Between the Balcony and the Barricade*, The C. V. Mosby Company, 1979.

[91] Rucht, Dieter, "Political Participation in Europe. " *in Richard Sakwa and Anne Stephens, Contemporary Europe*, Houndmills, UK: Macmillan, 2005.

[92] Schuman, Fredrik, "Insurgence", in R. Edwin and A. Seligman (eds), *Encyclopaedia of Social Sciences*, Vol. VⅡ—VⅢ, pp. 18—116. New York: Macmillan, 1948.

[93] Sigmann, Jean, 1848: *The Romantic and Democartic Revolutions in Europe*, New York: Harper and Row, 1973.

[94] Skocpol, Theda, "A Critical Review of Barrington Moore's Social Origins of Dictaorship and Democracy", *Politics and Society*, Vol. 4, 1973.

[95] Smellie, K. "Riot", in R. Edwin and A. Seligman (eds), *Encyclopaedia of Social Sciences*, Vol. XⅢ, New York: Macmillan, 1948.

[96] Smelser, Neil J. , *Theory of Collective Behavior*, London: Routledge and Kegan Paul, 1962.

[97] Snow David A. , E. Burke Rochford Jr. , Steven K. Worden, and Robert D. Benford, "Frame Alignment Processes, Micromobilization, and Movement Participation", *American Sociological Review*, Vol. 51, 1986.

[98] Staggenbor, Suzanne , "The Consequences of Professionalization and Formalization in the Prochoice Movement", *American Sociological Review*, Vol. 53, 1988.

[99] Tarrow, Sidney, *Democracy and Disorder: Protest and Politics in Ltaly* 1965 - 1975, Oxford : Clarendon Press, 1989.

[100] Tarrow, Sidney, "States and Opportunities: The Political Structuring of Social Movements", in Doug McAdam, John D. McCarthy, and Mayer N. Zald (eds.), *Comparative Perspectives on Social Movements: Political Opportunities, Mobilizing Structures , and Cultural Framing*, Cambridge: Cambridge University Press, 1996.

[101] Tarrow, Sidney, *Power in Movement: Social Movements, Collective Action and Politics* , Cambridge: Cambridge University Press, 1994.

[102] Tarrow, Sidney, *Potest and Opportunisties: The Political Outcomes of Social Movements*, Campus Verlag GmbH, Frankfurt/Main, 2007.

[103] Tilly, Charles, "Rural Collective Action in Modern Europe", in Joseph Spielberg and Scott Witheford (eds.), *Forging Nations: A Comparative View of Vural Ferment and Revolt*, Michigan State University Press, 1976.

[104] Tilly, Charles, "From to Mobilization to Revolution", Reading, Mass.: Addison - Wesley, 1978.

[105] Tilly, Charles, "Parliamentarization of Popular Contention in Great Britain, 1758 - 1834", *Theory and Society*, Vol. 26 (Apr. - Jun.), 1997.

[106] Tilly, Charles, *Stories, Identities, and Political Change*, Rowman & Littlefield Publishers, Inc., 2002.

[107] Tourain, Alain, "An Introduction to the Study of Social Movements", *Social Research*, Vol. 52, No. 4, 1985.

[108] Traugott, Mark, *Repertoires and Cycles of Collective Action*, Duke University Press, 1995.

[109] Weber M., *Economy and Society*, Vol. I, Berkeley, University of California Press, 1978.

[110] Westby, L. David, *The Clouded Vision: The Student Movement in the United States in the* 1960s, 1976.

[111] Wright, Teresa, "Organization, Mobilization, and Comparative Perspectives on Opportunity", *Delivery at International Conference on Popular Contention in China, Center for Chinese Studies*, University of California, Berkeley, October 5 - 7, 2006.

[112] Zolberg, Aristide R., "Moments of Madness", *Politics and Society*, Vol. 2, 1972.

二 译著

［1］阿尔贝·加缪：《反抗者》，吕永真译，上海译文出版社 2010 年版。

［2］阿尔贝·加缪：《局外人》，柳鸣九译，上海译文出版社 2010 年版。

［3］阿兰·图海纳：《我们能否共同生存？——既彼此平等又互有差异》，狄玉明、李平沤译，商务印书馆 2003 年版。

［4］阿列克斯·卡里尼科斯：《反资本主义宣言》，罗汉等译，上海世纪出版集团 2005 年版。

［5］艾尔东·莫里斯、卡洛儿·麦克拉吉·缪勒：《社会运动理论的前沿领域》，刘能译，北京大学出版社 2002 年版。

［6］埃里克·霍布斯鲍姆：《民族与民族主义》，李金梅译，上海世纪出版集团 2006 年版。

［7］埃莉诺·奥斯特罗姆：《公共事物的治理之道》，余逊达、陈旭东译，上海三联书店 2000 年版。

［8］埃莉诺·奥斯特罗姆、罗伊·加德纳、詹姆斯·沃克：《规则、博弈与公共池塘资源》，王巧玲、任睿译，陕西出版集团、陕西人民出版社 2011 年版。

［9］安东尼·吉登斯：《民族—国家与暴力》，胡宗汉译，生活·读书·新知三联书店 1998 年版。

［10］安东尼·唐斯：《官僚制内部》，郭小聪等译，中国人民大学出版社 2006 年版。

［11］奥尔特加·加塞特：《大众的反叛》，刘训练等译，吉林出版社 2004 年版。

［12］巴林顿·摩尔：《专制与民主的社会起源》，王茁、顾洁译，上海译文出版社 2013 年版。

［13］贝弗里·J. 西尔弗：《劳工的力量：1870 年以来的工人运动》，张璐译，社会科学文献出版社 2012 年版。

［14］本尼迪克特·安德森：《想象的共同体：民族主义的起源与散布》，吴叡人译，上海世纪出版集团 2005 年版。

［15］彼得·埃文斯、迪特里希·鲁施迈耶、西达·斯考切波：《找

回国家》，方立维等译，生活·新知·三联书店 2009 年版。

[16] 彼得·卡尔佛特：《革命与反革命》，张长东等译，吉林人民出版社 2005 年版。

[17] 伯纳德·贝林：《美国革命的思想意识渊源》，涂永前等译，中国政法大学出版社 2007 年版。

[18] 查尔斯·蒂利：《社会运动，1768—2004》，胡位钧译，上海世纪出版集团 2009 年版。

[19] 查尔斯·蒂利：《集体暴力的政治》，谢岳译，上海世纪出版集团 2006 年版。

[20] 查尔斯·蒂利：《信任与统治》，胡位钧译，上海世纪出版集团 2010 年版。

[21] 查尔斯·蒂利：《欧洲的抗争与民主：1650—2000》，陈周旺、李辉、熊易寒译，格致出版社，上海人民出版社 2008 年版。

[22] 查尔斯·蒂利：《强制、资本和欧洲国家（公元 990—1992 年)》，魏洪钟译，上海世纪出版集团 2007 年版。

[23] 查尔斯·蒂利：《民主》，魏洪钟译，上海世纪出版集团 2009 年版。

[24] 查尔斯·蒂利、西德尼·塔罗：《抗争政治》，李义中译，凤凰出版集团、译林出版社 2010 年版。

[25] 达仁道夫：《现代社会冲突》，林荣远译，中国社会科学出版社 2000 年版。

[26] 大卫·哈维：《新帝国主义》，初立中、沈晓雷译，社会科学文献出版社 2009 年版。

[27] 大卫·施韦卡特：《超越资本主义》，宋萌荣译，社会科学文献出版社 2006 年版。

[28] 戴维·施韦卡特：《反对资本主义》，李智等译，中国人民大学出版社 2002 年版。

[29] 大卫·伊斯利、乔恩·克莱因伯格：《网络、群体与市场》，李晓明等译，清华大学出版社 2011 年版。

[30] 戴维·赫尔德：《驯服全球化》，童新耕译，上海世纪出版集团 2005 年版。

[31] 戴维·伊斯顿：《政治生活的系统分析》，王浦劬译，华夏出版

社 1999 年版。

[32] 丹尼尔·A. 科尔曼:《生态政治:建设一个绿色社会》,梅俊杰译,上海世纪出版集团 2006 年版。

[33] 道格·麦克亚当、西德尼·塔罗、查尔斯·蒂利:《斗争的动力》,李义中、屈平译,凤凰传媒集团、译林出版社 2006 年版。

[34] 多米尼克·莫伊西:《情感地缘政治学:恐惧、羞辱与希望的文化如何重塑我们的世界》,姚云竹译,新华出版社 2010 年版。

[35] 多娜泰拉·德拉波尔塔:《社会运动、政治暴力和国家:对意大利和德国的比较分析》,王涛、江远山译,上海世纪出版集团 2012 年版。

[36] E. P. 汤普森:《英国工人阶级的形成》,钱乘旦译,凤凰传媒集团、译林出版社 2001 年版。

[37] 戈登·S. 伍德:《美国革命的激进主义》,傅国英译,商务印书馆 2011 年版。

[38] 古斯塔夫·勒庞:《革命心理学》,佟德志译,吉林人民出版社 2004 年版。

[39] 古斯塔夫·勒庞:《乌合之众:大众心理研究》,冯克利译,中央编译出版社 2005 年版。

[40] 哈贝马斯:《公共领域的结构转型》,曹卫东、刘北城等译,学林出版社 1999 年版。

[41] 哈罗德·D. 拉斯韦尔、亚伯拉罕·卡普兰:《权力与社会:一项政治研究的框架》,王菲易译,上海世纪出版集团 2012 年版。

[42] 汉娜·阿伦特:《共和的危机》,郑辟瑞译,上海世纪出版集团、上海人民出版社 2013 年版。

[43] 汉斯彼得·克里西、库普曼斯、简·威廉·杜温达克、马可·G. 朱格尼:《西欧新社会运动——比较分析》,张峰译,重庆出版社 2006 年版。

[44] 杰克·A. 戈德斯通:《国家、政党与社会运动》,童延杰译,上海世纪出版集团 2009 年版。

[45] 杰克·赖特:《制度与社会冲突》,周伟林译,上海人民出版社 2009 年版。

[46] 卡尔·波兰尼:《大转型:我们时代的政治与经济起源》,冯

刚、刘阳译，浙江人民出版社 2007 年版。

[47] 凯斯·桑斯坦：《网络共和国：网络社会中的民主问题》，黄维明译，上海人民出版社 2003 年版。

[48] 凯斯·桑斯坦：《权利革命之后：重塑规制国》，钟瑞华译，中国人民大学出版社 2008 年版。

[49] 凯斯·桑斯坦：《谣言》，张楠迪扬译，中信出版社 2010 年版。

[50] 凯斯·桑斯坦：《极端的人群：群体行为的心理学》，尹宏毅、郭彬彬译，新华出版社 2010 年版。

[51] 路易·阿尔都塞：《保卫马克思》，顾良译，商务印书馆 2007 年版。

[52] 迈克尔·A. 豪格、多米尼克·阿布拉姆斯：《社会认同过程》，高明华译，中国人民大学出版社 2011 年版。

[53] 迈克尔·曼：《社会权力的来源》第 1 卷、第 2 卷，刘北成、李少军译，上海世纪出版集团 2007 年版。

[54] 罗伯特·贝茨：《超越市场奇迹：肯尼亚农业发展的政治经济学》，刘骥、高飞译，吉林出版集团有限责任公司 2009 年版。

[55] 罗贝特·洛根：《理解新媒介：延伸麦克卢汉》，何道宽译，复旦大学出版社 2012 年版。

[56] 罗伯特·帕特南：《使民主运转起来》，王列 、赖海榕译，江西人民出版社 2001 年版。

[57] 马克·利希巴赫、阿兰·朱克曼：《比较政治：理性、文化和结构》，褚建国等译，中国人民大学出版社 2008 年版。

[58] 马克·科兰斯基：《1968：撞击世界的年代》，程洪波、陈晓译，生活·读书·新知三联书店 2009 年版。

[59]《马克思恩格斯选集》第 1 卷，人民出版社 1995 年版。

[60]《马克思恩格斯选集》第 2 卷，人民出版社 2009 年版。

[61] 马克斯·韦伯：《经济与历史：支配的类型》，康乐等译，广西师范大学出版社 2010 年版。

[62] 马歇尔·麦克卢汉：《理解媒介：论人的延伸》，何道宽译，凤凰传媒出版集团、译林出版社 2011 年版。

[63] 曼纽尔·卡斯特：《认同的力量》，曹荣湘译，社会科学文献出版社 2006 年第 2 版。

[64] 曼纽尔·卡斯特:《网络社会：跨文化的视角》，周凯译，社会科学文献出版社 2009 年版。

[65] 曼瑟尔·奥尔森:《集体行动的逻辑》，陈郁译，上海三联书店、上海人民出版社 1995 年版。

[66] 米歇尔·克罗齐耶、埃哈尔·费埃德伯格:《行动者与系统：集体行动的政治学》，张月等译，上海世纪出版集团、上海人民出版社 2007 年版。

[67]《列宁全集》第 39 卷，人民出版社 1986 年版。

[68] 欧文·戈夫曼:《日常生活中的自我呈现》，冯刚译，北京大学出版社 2008 年版。

[69] 佩里·安德森:《交锋地带》，郭英剑、郝素玲等译，中国社会科学出版社 2008 年版。

[70] 塞缪尔·亨廷顿:《第三波，20 世纪后期民主化浪潮》，刘军宁译，上海三联书店 1998 年版。

[71] 塞缪尔·亨廷顿:《变化社会中的政治秩序》，王冠华译，上海世纪出版集团 2008 年版。

[72] 塞奇·莫斯科维奇:《群氓的时代》，许列民、薛丹云、李继红译，江苏人民出版社 2003 年版。

[73] S. N. 艾森斯塔德:《大革命与现代文明》，刘圣中译，上海世纪出版集团 2012 年版。

[74] 苏珊·邓恩:《姊妹革命：美国革命和法国革命的启示录》，杨小刚译，上海文艺出版社 2003 年版。

[75] 西达·斯考切波:《国家与社会革命：对法国、俄国和中国的比较分析》，何俊志、王学东译，上海世纪出版集团 2007 年版。

[76] 托克维尔:《旧制度与大革命》，冯棠译，商务印书馆 1996 年版。

[77] 托马斯·库恩:《科学革命的结构》，金吾伦、胡新和译，北京大学出版社 2003 年版。

[78] 托德·吉特林:《新左派运动的媒介镜像》，胡正荣、张锐译，华夏出版社 2007 年版。

[79] W. I. 托马斯、F. 兹纳涅茨基:《身处欧美的波兰农民》，张友云译，译林出版社 2000 年版。

[80] 威尔·金里卡：《少数的权利——民族主义、多元文化主义和公民》，邓红风译，上海世纪出版集团 2005 年版。

[81] 沃尔特·李普曼：《公众舆论》，阎克文译，上海世纪出版集团 2006 年版。

[82] 西德尼·塔罗：《运动中的力量：社会运动与斗争政治》，吴庆宏译，凤凰出版传媒集团、译林出版社 2005 年版。

[83] 西德尼·塔罗等：《社会运动论》，张等文、孔兆正译，吉林出版社 2011 年版。

[84] 西蒙娜·德·波伏娃：《第二性》，郑克鲁译，上海译文出版社 2011 年版。

[85] 雅克·泰克西埃：《马克思恩格斯论革命与民主》，姜志辉译，社会科学文献出版社 2012 年版。

[86] 茱迪·史珂拉：《美国公民权：寻求接纳》，刘满贵译，上海世纪出版集团 2006 年版。

[87] 詹姆斯·斯科特：《弱者的武器》，郑广怀、张敏、何江穗译，凤凰出版传媒集团、译林出版社 2007 年版。

[88] 詹姆斯·斯科特：《农民的道义经济学：东南亚的反叛与生存》，程立显、刘建译，译林出版社 2001 年版。

[89] 詹姆斯·塔利：《陌生的多样性：歧异时代的宪政主义》，黄俊龙译，上海世纪出版集团 2005 年版。

三　中文文献

[1] 冯仕政：《西方社会运动理论研究》，中国人民大学出版社 2013 年版。

[2] 何怀宏：《西方公民不服从的传统》，吉林人民出版社 2011 年版。

[3] 刘成、何涛等：《对抗和合作：二十世纪的英国工会与国家》，南京大学出版社 2011 年版。

[4] 刘金源、李义中、黄光耀：《全球化进程中的反全球化运动》，重庆出版社 2006 年版。

[5] 刘健芝、萨米尔、阿明、弗朗索瓦·浩达：《抵抗的全球化》，人民文学出版社 2009 年版。

[6] 吕庆广：《60 年代美国学生运动》，江苏人民出版社 2005 年版。

［7］蒲国良：《世界社会主义运动概论》，中国人民大学出版社 2007 年版。

［8］谢岳：《抗议政治学》，上海教育出版社 2010 年版。

［9］杨敏：《群体性事件之政府答卷》，《决策》2009 年第 1 期。

［10］左高山：《政治暴力批判》，中国人民大学出版社 2010 年版。

［11］赵鼎新：《社会与政治运动讲义》，社会科学文献出版社 2006 年版。

后记

我出生在安徽省肥东县一个偏僻的村庄，乡村孩子们的娱乐活动非常单调，游走于不同村庄看电影是其中的主要活动之一，那个时候战争片比较盛行，孩子们最为崇拜的是那些英雄人物。模仿电影中的战争情节是孩子们生活中最常见的事情，恰好一个水继站将村庄一分为二，也将村子分为东边户和西边户，两边的孩子以水继站为界，发起攻击，去占领一块高地，经常有孩子被相互扔出去的石块砸得头破血流。那时的我体弱多病，经常躺在床上吊水吃药，听到孩子哭声以及家长们后来的相互责骂声，心里总会一阵地颤动。上学后看的第一本小图书是《红日》，读的第一本小说是《林海雪原》，一方面崇拜着那些英雄人物，另一方面也惊恐于那些血腥的场景。乡村中因为抢水抗旱的村民冲突，因为各种鸡毛蒜皮而发生的邻里纠纷、家族械斗更是常有之事。内心深处，一直希望人与人之间能够多一些理解和宽容，少些争端和打骂，更不愿意看到流血冲突发生。很幸运我的成长路上，因为体弱，逃避了很多的冲突性参与，因为体弱，受到了很多的关心和爱护；很幸运我从乡村走向城市的人生路上，遇到了很多帮助、鼓励我的人们，使我的生命中有很多的温暖和感恩的记忆。但人世间为什么常常会出现争执和冲突，成为我一直挥散不去的思索。

本书是在我博士论文基础上修改而成。其中包含着诸多人士给予的关心和支持、鼓励和教导！我特别将我的感恩送给我求学路上的两位导师。第一位是我的硕士生导师，厦门大学的卓越教授，每次去拜见，都不会忘记导师亲自所泡的功夫茶，记得您柔和的声音传递的亲切和温暖，感谢在陪您调研路上，我因晕车呕吐您给我的照顾；感谢您在我写硕士论文时，将从香港带回的大量资料拿来供我研读。同样，我也将我的感恩送给我的博士生导师胡伟教授。感谢您将我收之门下，给了我再一次求学的机会。非常享受您的讲课，您用通俗易懂的方式讲解高深的学理知识。曾记得台湾地区新儒学大师韦政通教授在一次讲座中的一句话，非常适合您。他说，所谓大师，不是将高深知识学究化，而是将其直白化，大师在于举重若轻。感谢您对我博士论文选题的肯定、期许和鼓励，使我有机会对与儿时疑问相关的主题进行具体的思考和研究。真心感谢您给我做学问方面的很多细心而又耐心的指导。感谢您在深夜两点多钟回复我的电子邮件，提供给我很多博士论文所必须阅读的文献资料目录。感谢您不厌其烦的指导，每一次都是收获良多，所有的语言都无法表达对导师的感谢之情。正因如此，在我的儿子出生以后，我从两个导师的名字中各取一个字，组成我孩子的名字——“伟卓”，以表达对两位导师的尊敬和感恩。我将我的感谢送给对社会运动主题研究的许多著名专家学者，我对他们保持崇高的敬仰之情，因为我从他们的著作中收获诸多知识琼浆。赵鼎新教授的《社会与政治运动讲义》可谓开启我研究此领域的入门之作，和同济大学谢岳教授的一次长谈也使我收获颇多。

我还将我的感谢送给林冈教授，谢谢您在我读博路上的诸多关心、帮助和爱护，您的书房温馨而卷香四溢，和您的交流放松而又备受启迪。感谢郭树勇教授，您的课堂轻松而又风趣，谢谢您对我生病不能完整听完您的课的宽容，更谢谢您赠送的书籍。谢谢博士论文开题和预答辩时给予指点的齐卫平教授、商红日教授、彭勃教授、郭俊华教授、胡清副教授和郑华副教授，因为您们，才使我的博士论文更加丰满、完善和具体化。我还将我的感谢送给诸多同学们，他们是郑晓华博士、孔凡宏博士、杨红良博士、邵世志博士、窦忠秋博士、傅军博士、邓凡博士、闫芳博士和焦传凯博士等，因为你们，上海的求学生活丰富而多彩。

我还要感谢杭州师范大学政治与社会学院的院长朱俊瑞教授，您兄长一般的关心、督促和帮助，使我不能有任何的懈怠。这本专著是浙江省哲学社会科学规划课题“西方社会运动发生机制研究”（10CGZZ05YBB）、杭州市哲学社会科学规划研究基地“杭州师范大学社会建设和社会治理研究中心”重点项目“社会群体性事件发生及其治理机制研究：西方社会运动理论的视角”（2014JD32）的最终研究成果。感谢我的挚友兼同事赵定东教授的慷慨解囊，从“杭州师范大学社会学学科平台建设项目”中提供充足的出版资金赞助。

最后我要感谢我的爱人叶莲女士，读博期间孩子的出生，给您的工作之外，增加了新的负担。体弱多病的孩子，使您焦虑有加，频繁地跑医院，真正的甘苦自知。为了能挂到专家号，我经常很早就要去医院，挂好号后等待您和孩子的到来，我的很多文献资料，都是在医院的某个角落阅读完成，从中可以想象作为母亲的您，有多大的付出和辛劳。孩子虚弱的体质，也让老迈的父母双亲更加操劳，让我对二老充满愧疚和感恩。最后，也衷心感谢中国社会科学出版社编辑和校对，你们的辛苦付出，减少了拙著存在的诸多错误。从中可以看出，一本书的最终出版，必须要有锱铢必较、字斟句酌的态度，做学问也当如是，谢谢你们！

无论如何，正是因为有了你们，才使在我求学和生活路上，感到充实而温暖。如果整个世界都有这些关怀和扶持，我想那些有关抗争、冲突和争执的事件也会一少再少。感恩并祝福着！